日本全国
合成地名の事典

浅井建爾［著］

東京堂出版

はじめに

全国には無数の地名がある。古くから伝わる地名もあれば、最近になって生まれた地名もあるが、厄介なのは合成地名が全国に氾濫しているということである。合成地名とは複数の地名から文字の一部を取り、それを組み合わせて作った地名をいう。合併や土地区画整理などで行政区分が再編成された際に、おびただしい数の合成地名が生まれた。

1889年（明治22）に施行された市制町村制では、それまで7万以上あった町村が、1万5000余りに統合された。複数の町村が合併して一つの町や村になると、新しい自治体名が必要になる。その地名を巡って地域の住民が対立し、紛糾することは珍しいことではなかった。自分が生まれ育った町や村の名前には愛着がある。新たに生まれる地名にも、自分たちが住んでいた町村名を残したいと思うのは人情である。住民たちの不満を和らげる手段として考え出されたのが合成地名だといえる。「しこりを残さないためにも住民感情に配慮し、合併する町村からそれぞれ1文字ずつ取って、それを新たな自治体名にせよ」という国からの強い要請もあり、全国で合成地名が増産されることになった。

しかし、合成地名は地名研究者や学識者などの間ではすこぶる評判が悪い。脈々と受け継がれてきた伝統地名に秘められている日本の歴史や文化が、地名を分解したことによって間違って伝えられていく恐れがあるからだ。地名の文字からだけでは、それが合成地名なのか、それとも由緒ある地名なのかは区別がつかない。文化的には何の価値もない意味不明な合成地名と、先祖から伝わる伝統的な地名が同じ字体になることもあり、これが地名を解明するうえで大きな障害になっている。

たとえば、岡山県に最近まで「山陽町」という自治体が存在していた。この字体を見る限り、誰だって中国地方の瀬戸内海側を指す山陽地方の「山陽」をとった地名だと思うだろう。だが、山陽地方や山陽道の山陽とは全く関係がないのだ。この地名は、実は１９５３年（昭和28）の町村合併で西山村と高陽村が合併した際に、西山村の「山」と、高陽村の「陽」を取って命名した合成地名だったのである。

北陸の福井市には「清水町」という地名がある。「清水」という地名は全国各地にあり、その多くは地下水など清い水が湧き出していたことに由来する地名である。しかし、福井市の清水町は清い水とは全く関係がない。昭和の中頃に、志津（しづ）村、三方（みかた）村、天津（あまつ）村の3村が合併して成立したもので、何に由来した地名なのかというと、志津村の「し」、三方村の「み」、天津村の「つ」を取って「しみつ」とし、それを「しみず」に置き換え、「清水」の文字を当てたものなのである。

地名は「無形の文化財」といわれるように、その地域の歴史や文化を探る手掛かりにもなる。したがって、地名を分解して全く別のものを作り出すという合成地名は、それを否定することになる。地名を何と心得ているのだろう。ここまで地名をもてあそばれては、文字から地名の語源や由来を解明することは不可能である。

地名を研究する人や、地名から地域の文化や歴史を探ろうとしている人にとっては、どれが合成地名なのか、それをあらかじめ知っておく必要がある。地名の文字に惑わされてはならないのだ。合成地名を通じて、いまいちど地名の大切さを認識していただければと思い、本書を執筆した次第である。

２０１７年3月

浅井　建爾

日本全国 合成地名の事典 ●目次●

はじめに 1
都道府県別索引 4
Ⅰ 北海道地方の合成地名 15
Ⅱ 東北地方の合成地名 21
Ⅲ 関東地方の合成地名 65
Ⅳ 中部地方の合成地名 99
Ⅴ 近畿地方の合成地名 149
Ⅵ 中国・四国地方の合成地名 183
Ⅶ 九州地方の合成地名 225
索 引 274
参考文献 285

都道府県別索引

（「広域の合成地名」内の項目は掲載していない）

北海道

今金町／いまかねちょう……18
大中山／おおなかやま……19
北広島市／きたひろしまし……17
清川／きよかわ……19
清里町／きよさとちょう……18
幸福町／こうふくちょう……19
谷好／たによし……19
七飯町／ななえちょう……18
花川／はなかわ……20
藤城／ふじしろ……20
二海郡／ふたみぐん……18
三岩／みついわ……20

青森県

石江／いしえ……35
風間浦村／かざまうらむら……23
天間林村／てんまばやしむら……29
豊崎町／とよさきまち……35
中泊町／なかどまりまち……23
名川町／ながわまち……29
野沢／のざわ……35
福地村／ふくちむら……29
六ヶ所村／ろっかしょむら……23

岩手県

安代町／あしろちょう……30
佐倉河／さくらかわ……35
三陸町／さんりくちょう……30
住田町／すみたちょう……24
田部／たべ……36
田原／たわら……36
長島／ながしま……36
羽田町／はだちょう……36
舞川／まいかわ……36
陸前高田市／りくぜんたかたし……24

宮城県

大塩／おおしお……37
大鷹沢／おおたかさわ……37
大張／おおはり……37
七ヶ浜町／しちがはままち……24
津山町／つやまちょう……30
南三陸町／みなみさんりくちょう……24
山元町／やまもとちょう……25

秋田県

会塚／あいづか……37
秋ノ宮／あきのみや……38
荒谷／あらや……38
飯田川町／いいたがわまち……30
稲川町／いなかわまち……31
神岡町／かみおかまち……31
木原田／きはらだ……38
千畑町／せんはたまち……31
薗田／そのだ……38
大仙市／だいせんし……25
大雄村／たいゆうむら……31
田根森／たねもり……39
椿川／つばきかわ……39
豊岩／とよいわ……39
豊岡金田／とよおかきんでん……40
豊川／とよかわ……40
中三地／なかさんち……40
南外村／なんがいむら……32
西木村／にしきむら……32
八峰町／はっぽうちょう……25
樋目野／ひめの……40
福山／ふくやま……41
藤里町／ふじさとまち……26
二ツ井町／ふたついまち……32
富津内／ふつない……41
山瀬／やませ……41
山町／やままち……42
山本／やまもと……42
由利本荘市／ゆりほんじょうし……25
若美町／わかみまち……32

山形県

安丹／あんたん……42
大荒／おおあら……42
大広／おおひろ……43
大蕨岡／おおわらびおか……43
桂荒俣／かつらあらまた……43
家根合／かねあい……43
河島／かわしま……44
神花／かんばな……44
熊手島／くまてじま……44
塩井町／しおいまち……44
新斎部／しんさいぶ……45
返吉／そりよし……45
立川町／たちかわまち……32
当山／とうやま……45
中楯／なかだて……45
中橋／なかはし……46
夏茂／なつも……46
成興野／なりこうや……46
西片屋／にしかたや……46
西川町／にしかわまち……26
堀野／ほりの……47

横田尻／よこたじり…47

福島県

会津高田町／あいづたかだまち…33
会津坂下町／あいづばんげまち…26
会津本郷町／あいづほんごうまち…33
会津美里町／あいづみさとまち…27
会津若松市／あいづわかまつし…26
浅山／あさやま…47
東田／あずまだ…47
熱塩加納村／あつしおかのうむら…33
天沼／あまぬま…48
飯舘村／いいたてむら…27
猪倉野／いくらの…48
一川／いちかわ…48
一ノ木／いちのき…49
牛川／うしかわ…49
海老細／えびさい…49
御池田／おいけだ…49
大沖／おおおき…50
大上／おおかみ…50
大熊町／おおくままち…27
大関／おおぜき…50
大田／おおた…50
大田木／おおたぎ…51
大玉村／おおたまむら…28
大田原／おおたわら…51
大綱木／おおつなぎ…51
大柳／おおやなぎ…51
大山／おおやま…52
大柳／おおりゅう…52
岡島／おかじま…52
沖高／おきたか…52
尾野本／おのもと…53
鏡石町／かがみいしまち…28
勝大／かつおお…53
勝原／かつはら…53
金橋／かなはし…53
金谷川／かなやがわ…54
金田／かねだ…54
萱根／かやね…54
川部町／かわべまち…54
北塩原村／きたしおばらむら…28
熊ノ目／くまのめ…55
小椿／こつばき…55
小舟寺／こふなじ…55
小府根／こふね…56
佐野目／さのめ…56
塩庭／しおにわ…56
下堀／しもぼり…56
白沢村／しらさわむら…33
杉屋／すぎや…57
関都／せきと…57
大信村／たいしんむら…34
高郷村／たかさとむら…34
田川／たがわ…57
壺楊／つぼよう…57
鶴沢／つるざわ…58
戸赤／とあか…58
樋島／といしま…58
富川／とみかわ…58
富津町／とみつまち…59
中泉／なかいずみ…59
長岡／ながおか…59
中小松／なかこまつ…59
中屋沢／なかやざわ…60
中山／なかやま…60
新鶴村／にいつるむら…34
新江木／にえき…60
沼越／ぬまこし…61
野田町／のだまち…61
橋丸／はしまる…61
東長原／ひがしながはら…61
平石／ひらいし…62
平田村／ひらたむら…28
福重岡／ふくえおか…62
藤家舘／ふじいえたて…62
双葉郡／ふたばぐん…29
双葉町／ふたばまち…28
船杉／ふなすぎ…63
宝坂／ほうさか…63
細八／ほそはち…63
松山町／まつやままち…63
真宮／まみや…64
三穂田町／みほたまち…64
本岡／もとおか…64

茨城県

伊崎／いさき…80
大野村／おおのむら…76
小美玉市／おみたまし…68
勝田市／かつたし…76
金砂郷町／かなさごうまち…76
神栖市／かみすし…68
茎崎町／くきざきまち…77
桜／さくら…80
里美村／さとみむら…77
島須／します…80
常総市／じょうそうし…68
高田町／たかだちょう…81
田水山／たみやま…81
つくばみらい市／つくばみらいし…68
中田／なかた…81

中延／なかのべ……81
名崎／なさき……82
馴柴町／なれしばまち……82
常陸太田市／ひたちおおたし……68
常陸大宮市／ひたちおおみやし……69
福二町／ふくじまち……82
柳河町／やなかわちょう……82
谷和原村／やわらむら……77

栃木県

市貝町／いちかいまち……69
亀久／かめひさ……83
静和／しずわ……83
島方／しまかた……83
関堀町／せきぼりちょう……83
滝岡／たきおか……84
千塚町／ちづかまち……84
那須烏山市／なすからすやまし……69
那須塩原市／なすしおばらし……69

群馬県

大泉町／おおいずみまち……70
大高嶋／おおたかしま……84
小野上村／おのがみむら……77
亀泉町／かめいずみまち……84
六合村／くにむら……78
倉渕村／くらぶちむら……78
佐波郡／さわぐん……70
高山村／たかやまむら……70
多野郡／たのぐん……70
富若町／とみわかちょう……85
東吾妻町／ひがしあがつままち……70
松谷／まつや……85
箕郷町／みのさとまち……78
藪塚本町／やぶづかほんまち……78

埼玉県

江和井／えわい……85
神泉村／かみいずみむら……78
川鶴／かわつる……85
川本町／かわもとまち……79
川柳町／かわやなぎちょう……86
北岩岡／きたいわおか……86
北中／きたなか……86
神保原町／じんぼはらまち……87
鶴瀬／つるせ……87
戸川／とがわ……87
戸島／としま……87
日高市／ひだかし……71
水谷／みずたに……88
宮代町／みやしろまち……71
宮原町／みやはらちょう……88
毛呂山町／もろやままち……71
八潮市／やしおし……71

千葉県

海士有木／あまありき……88
天津小湊町／あまつこみなとまち……79
市野郷／いちのごう……88
大網白里市／おおあみしらさとし……72
大井戸／おおいど……89
大稲／おおいね……89
大中／おおなか……89
鬼高／おにたか……90
川畑／かわはた……90
古原／こはら……90
山武郡／さんぶぐん……73
山武市／さんむし……72
大栄町／たいえいまち……79
武野里／たけのさと……90
長生郡／ちょうせいぐん……73
長生村／ちょうせいむら……72
津田沼／つだぬま……91
鶴奉／つるほう……91
富里市／とみさとし……72
新島／にいじま……91
野栄町／のさかまち……79
水岡／みずおか……91
睦沢町／むつざわまち……72
本埜村／もとのむら……80
山滝野／やまたきの……92
横芝光町／よこしばひかりまち……73
吉沢／よしざわ……92
竜岡／りゅうおか……92

東京都

昭島市／あきしまし……74
梅島／うめじま……92
大田区／おおたく……73
紀尾井町／きおいちょう……93
清瀬市／きよせし……74
国立市／くにたちし……74
駒沢／こまざわ……93
小茂根／こもね……93
塩浜／しおはま……93
墨田区／すみだく……74
千石／せんごく（江東区）……93
千石／せんごく（文京区）……94
大京町／だいきょうちょう……94
代沢／だいざわ……94
長岡／ながおか……94
中野区／なかのく……74
成田西／なりたにし……94

成田東／なりたひがし……94
蓮根／はすね……95
早宮／はやみや……95
東久留米市／ひがしくるめし……75
東大和市／ひがしやまとし……75
保塚町／ほづかちょう……94
堀船／ほりふね……95
本駒込／ほんこまごめ……95
本塩町／ほんしおちょう……95
松江／まつえ……95
松が谷／まつがや……96
瑞江／みずえ……96
武蔵村山市／むさしむらやまし……75

神奈川県

麻溝台／あさみぞだい……96
新磯野／あらいその……96
生田／いくた……96
田島町／たじまちょう……97
田奈／たな……97
中井町／なかいまち……75
久木／ひさぎ……97

新潟県

荻野町／おぎのちょう……115
金井町／かないまち……107
金塚／かなづか……116
上川村／かみかわむら……107
神林村／かみはやしむら……108
加茂歌代／かもうたしろ……116
木山／きやま……116
京ヶ瀬村／きょうがせむら……108
笹神村／ささかみむら……108
沢下条／さわげじょう……116
島田／しまだ……117
新長／しんちょう……117
新宮／しんみや……117
関川村／せきかわむら……102
大小／だいしょう……117
高島町／たかしままち……118
高千／たかち……118
田沢／たざわ……118
豊実／とよみ……118
中川／なかがわ……119
中島／なかじま……119
長野／ながの……119
羽吉／はよし……119
広神村／ひろかみむら……108
福戸／ふくと……120
舟下／ふなしも……120
本明／ほんみょう……120
松島／まつしま……120
和島村／わしまむら……109

富山県

高波／たかなみ……121
鳳珠郡／ほうすぐん……102

石川県

尾口村／おぐちむら……109
金野町／かねのまち……121
小金町／こがねまち……121
古府町／こふまち……121
里川町／さとかわまち……122
竹太／たけだ……122
中海町／なかうみまち……122
古河町／ふるかわまち……122
宝達志水町／ほうだつしみずちょう……102
本木／ほんき……122
美川町／みかわまち……109
宮地／みやち……123
山口町／やまぐちまち……123

福井県

国高／くにたか……123
清水町／しみずちょう……109
新横江／しんよこえ……124
三方上中郡／みかたかみなかぐん……102

山梨県

芦安村／あしやすむら……110
市川三郷町／いちかわみさとちょう……102
忍野村／おしのむら……103
清哲町／せいてつまち……124
富沢町／とみざわちょう……110
中田町／なかだまち……124
富士河口湖町／ふじかわぐちこまち……103
円野町／まるのまち……124
山保／やまほ……125
六郷町／ろくごうちょう……110

長野県

赤穂／あかほ……125
浅科村／あさしなむら……111
稲田／いなだ……125
大鹿村／おおしかむら……103
押羽／おしは……125
木曾福島町／きそふくしままち……111
更埴市／こうしょくし……110
坂井村／さかいむら……111
佐久穂町／さくほまち……104
四賀／しが……126
四賀村／しがむら……111

信更町／しんこうまち……126
信州新町／しんしゅうしんまち……111
高山村／たかやまむら……104
東御市／とうみし……103
常入／ときいり……126
豊科町／とよしなまち……112
豊田村／とよたむら……112
長門町／ながとまち……112
中松／なかまつ……126
長和町／ながわまち……104
楢川村／ならかわむら……112
菱平／ひしだいら……126
日原／ひはら……127
三田／みた……127
八千穂村／やちほむら……113
読書／よみかき……127
若穂／わかほ……127

岐阜県

鮎立／あゆたて……128
有穂／ありほ……128
入間／いるま……128
岩瀬／いわせ……129
大谷／おおたに……129
大原／おおはら……129
海津市／かいづし……104
片原／かたはら……130
真正町／しんせいちょう……113
戸部／とべ……130
富加町／とみかちょう……105
羽島市／はしまし……105
美濃加茂市／みのかもし……104
山岡町／やまおかちょう……113
横野／よこの……130

静岡県

新島／あらしま……130
梅山／うめやま……131
大須賀町／おおすかちょう……113
大幡／おおはた……131
笠梅／かさうめ……131
神島／かみしま……131
神谷城／かみやしろ……132
新津町／しんづちょう……132
須原／すはら……132
大東町／だいとうちょう……114
高尾／たかお……132
龍山村／たつやまむら……114
寺島／てらしま……133
長泉町／ながいずみちょう……105
中川／なかがわ……133
浜岡町／はまおかちょう……114
藤上原／ふじかんばら……133
宮加三／みやかみ……133
谷中／やなか……134
竜洋町／りゅうようちょう……114

愛知県

浅谷／あさや……134
池田／いけだ……134
井沢町／いざわちょう……135
石野町／いしのちょう……135
猪高町／いたかちょう……135
一社／いっしゃ……135
稲沢市／いなざわし……105
稲武町／いなぶちょう……115
岩中町／いわなかちょう……136
植大／うえだい……136
卯坂／うさか……136
江島町／えじまちょう……136
大口町／おおぐちちょう……106
大高味町／おおたかみちょう……137
大田町／おおたまち……137
大柳町／おおやなぎちょう……137
小久田町／おくだちょう……138
押井町／おしいちょう……138
尾張旭市／おわりあさひし……106
鍛埜町／かじのちょう……138
金野／かねの……138
金平町／かねひらちょう……139
蒲郡市／がまごおりし……106
河原町／かわはらちょう……139
北崎町／きたさきまち……139
熊味町／くまみちょう……139
小本／こもと……140
才栗町／さいくりちょう……140
坂宇場／さかうば……140
島本／しまもと……140
須依町／すえちょう……141
田折町／たおりちょう……141
高浜市／たかはまし……106
高社／たかやしろ……141
武豊町／たけとよちょう……107
玉野町／たまのちょう……141
黄柳野／つげの……142
豊山町／とよやまちょう……107
中伊町／なかいちょう……142
中島／なかじま……142
永野／ながの……143
野林町／のばやしちょう……143
幡山町／はたやまちょう……143
八開村／はちかいむら……115
花沢町／はなざわちょう……143
富木島町／ふきしままち……143
福屋／ふくや……144
藤岡町／ふじおかちょう……115
細光町／ほそみつちょう……144

保見町／ほみちょう……144
前野／まえの……145
南大須町／みなみおおすちょう……145
三谷原町／みやはらちょう……145
椋岡／むくおか……145
睦平／むつひら……146
室口町／むろぐちちょう……146
森川町／もりかわちょう……146
八熊／やぐま……147
矢高／やたか……147
山谷町／やまがいちょう……147

三重県

安芸郡／あげぐん……155
安坂山町／あさかやまちょう……158
阿山郡／あやまぐん……155
井口中町／いぐちなかちょう……158
井田川町／いだがわちょう……158
井内林／いのうちばやし……158
大宮町／おおみやちょう……154
小社曾根／おごそそね……159
神川町／かみかわちょう……159
神森／かもり……159
紀勢町／きせいちょう……154
清滝／きよたき……159
芸濃町／げいのうちょう……155
菅合／すがあい……159
大紀町／たいきちょう……151
高奈／たかな……160
富州原／とみすはら……160
名賀郡／ながぐん……156
両尾町／ふたおちょう……160
太森町／ふともりちょう……160
三雲町／みくもちょう……155
明和町／めいわちょう……151

滋賀県

鮎河／あいが……161
愛荘町／あいしょうちょう……151
石橋／いしはし……161
岩瀬／いわせ……161
賀田山／かたやま……162
苅原／かりはら……162
貴生川／きぶかわ……162
清崎／きよさき……162
清田／きよた……163
白王町／しらおうちょう……163
新旭町／しんあさひちょう……156
新宮町／しんぐうちょう……163
杉山／すぎやま……163
瀬ノ音／せのおと……164
立田町／たつたちょう……164
中主町／ちゅうずちょう……156
秦荘町／はたしょうちょう……156
平田町／ひらたちょう……164
宮司町／みやしちょう……165
本市場／もといちば……165
安井川／やすいがわ……165
和野／わの……165

京都府

五泉町／いいずみちょう……166
岩山／いわやま……166
内久保／うちくぼ……166
内林／うちばやし……167
老富町／おいとみちょう……167
河原林町／かわらばやしちょう……167
京田辺市／きょうたなべし……151
久御山町／くみやまちょう……152
故屋岡町／こやおかちょう……167
島津／しまづ……168
西坂町／にしざかちょう……168
畑野町／はたのちょう……168
福稲／ふくいな……168
細野町／ほそのちょう……169
保野田／ほのだ……169
宮前町／みやざきちょう……169
宮津／みやづ……170
三山木／みやまき……170
諸畑／もろはた……170
吉川町／よしかわちょう……170

大阪府

大冠町／おおかんむりちょう……171
河内長野市／かわちながのし……152
木川／きかわ……171
千早赤阪村／ちはやあかさかむら……152
豊能町／とよのちょう……152
中本／なかもと……171
野作／のさく……171
宮島／みやじま……172

兵庫県

井吹台／いぶきだい……172
大木谷／おおきだに……172
大島町／おおしまちょう……172
大富／おおとみ……172
大中／おおなか……173
樫山町／かしやまちょう……173
神河町／かみかわちょう……152
香美町／かみちょう……153
北浜町／きたはまちょう……173
栗町／くりまち……173
香寺町／こうでらちょう……157
才金／さいかね……174

西庄／さいしょう……174
塩瀬町／しおせちょう……174
塩山／しおやま……174
須賀沢／すかざわ……175
鷆和／てんわ……175
長貞／ながさだ……175
延吉／のぶよし……175
復井町／ふくいちょう……176
古田／ふるた……176
美方郡／みかたぐん……153
美方町／みかたちょう……157
御国野町／みくにのちょう……176
八木町／やぎまち……176
安富町／やすとみちょう……157
山田町／やまだちょう……177
山本／やまもと……177
両月町／わちちょう……177

奈良県

石木町／いしきちょう……177
大和田町／おおわだちょう……178
小川／おがわ……178
神下／こうか……178
小椽／ことち……178
杉清／すぎせ……178
大東／だいとう……179
野迫川村／のせがわむら……153
原谷／はらだに……179
山添村／やまぞえむら……153
山辺三／やまべさん……179
吉新／よししん……179

和歌山県

大古／おおふる……180
海草郡／かいそうぐん……154
紀美野町／きみのちょう……153
高池／たかいけ……180
中筋日延／なかすじひのべ……180
中津村／なかつむら……157
長野／ながの……180
那智勝浦町／なちかつうらちょう……154
藤田町／ふじたちょう……181
森小手穂／もりおてぼ……181

鳥取県

市山／いちやま……200
岩美町／いわみちょう……185
岩吉／いわよし……200
浦津／うらつ……201
大島／おおしま……201
大殿／おおとの……201
岡木／おかき……201
奥崎／おくさき……201
北福／きたふく……202
清原／きよはら……202
気高郡／けたかぐん……190
気高町／けたかちょう……190
古豊千／こほうち……203
坂長／さかちょう……203
関金町／せきがねちょう……190
大栄町／だいえいちょう……190
大桷／だいかく……203
高島／たかしま……203
高福／たかふく……204
田住／たすみ……204
美用／びよう……204
福部村／ふくべそん……190
福守／ふくもり……204
古長／ふるなが……204
別宮／べつみや……205
北栄町／ほくえいちょう……185
本鹿／ほんが……205
宮場／みやば……205
八金／やかね……206
八頭郡／やずぐん……186
八頭町／やずちょう……185
湯梨浜町／ゆりはまちょう……186
善田／よしだ……206
両三柳／りょうみつやなぎ……206

島根県

赤来町／あかぎちょう……191
朝山町／あさやまちょう……206
荒茅町／あらかやちょう……207
大金町／おおがねちょう……207
大代町／おおしろちょう……207
荻杼町／おぎとちちょう……207
乙加宮／おつかみや……208
鹿島町／かしまちょう……191
金田町／かねたちょう……208
上島町／かみしまちょう……208
川平町／かわひらちょう……208
神氷／かんぴ……209
黒井田町／くろいだちょう……209
耕田／こうだ……209
佐田町／さだちょう……191
下横町／しもよこちょう……209
荘成町／しょうじょうちょう……210
白谷／しらたに……210
玉湯町／たまゆちょう……191
鳥井／とりい……210
中曾野／なかその……210
長福／ながふく……211
中湯石／なかゆいし……211
名島／なしま……211
仁摩町／にまちょう……191
抜月／ぬくつき……211

羽須美村／はすみむら……192
原鹿／はらしか……212
美都町／みとちょう……192
山下／やました……212

岡山県

赤磐郡／あかいわぐん……193
赤磐市／あかいわし……186
阿哲郡／あてつぐん……193
粟野／あわの……212
岩田町／いわたちょう……212
宇生／うぶ……213
奥田／おくだ……213
加賀郡／かがぐん……187
加三方／かみがた……213
光木／こうき……214
里庄町／さとしょうちょう……187
山陽町／さんようちょう……192
上東／じょうとう……214
神郷町／しんごうちょう……192
新本／しんぽん……214
田賀／たが……214
高倉町／たかくらちょう……215
田益／たます……215
玉野市／たまのし……186
父井原／ちちいはら……215
津川町／つがわちょう……216
都窪郡／つくぼぐん……187
灘崎町／なださきちょう……193
納地／のうち……216
畑鮎／はたあゆ……216
美星町／びせいちょう……193
平福／ひらふく……216
福田／ふくだ……216
福浜町／ふくはまちょう……217
真神／まがみ……217
松原町／まつばらちょう……217
真庭郡／まにわぐん……187
真庭市／まにわし……186
見石／みいし……217
御津郡／みつぐん……194
御津町／みつちょう……193
海吉／みよし……218

広島県

芦品郡／あしなぐん……195
上田町／うえだまち……218
大柿町／おおがきちょう……194
沖美町／おきみちょう……194
金江町／かなえちょう……218
河佐町／かわさちょう……218
君田村／きみたそん……194
口田／くちだ……219
口和町／くちわちょう……194
栗谷町／くりたにちょう……219
郷曽／ごうそ……219
甲田町／こうだちょう……195
総領町／そうりょうちょう……195
高西町／たかにしちょう……219
豊浜町／とよはまちょう……195
原田町／はらだちょう……220
深安郡／ふかやすぐん……196
双三郡／ふたみぐん……196
古田台／ふるただい……220
峰田町／みねたちょう……220

山口県

山陽小野田市／さんようおのだし……187
高千帆／たかちほ……220
田万川町／たまがわちょう……196

徳島県

藍住町／あいずみちょう……188
阿野／あの……220
大津町／おおつちょう……221
木沢村／きさわそん……196
三加茂町／みかもちょう……197
三島／みしま……221
見能林町／みのばやしちょう……221
山川町／やまかわちょう……197

香川県

綾歌郡／あやうたぐん……188
綾歌町／あやうたちょう……197
大川郡／おおかわぐん……198
大川町／おおかわちょう……197
笠田笠岡／かさだかさおか……222
笠田竹田／かさだたけだ……222
木田郡／きたぐん……188
仲多度郡／なかたどぐん……188
三豊郡／みとよぐん……198
三豊市／みとよし……188

愛媛県

伊予三島市／いよみしまし……198
大西町／おおにしちょう……198
金田町／かなだちょう……222
川内町／かわうちちょう……198
川上町／かわかみちょう……222
神郷／こうざと……222
周桑郡／しゅうそうぐん……199
城川町／しろかわちょう……199
高津町／たかつちょう……223
豊岡町／とよおかちょう……223
中萩町／なかはぎちょう……223
平野町／ひらのちょう……223
松野町／まつのちょう……189
柳谷村／やなだにむら……199

高知県

江川崎／えかわさき……223
大月町／おおつきちょう……189
大豊町／おおとよちょう……189
数神／かずこう……224
十和村／とおわそん……200
徳王子／とくおうじ……224
土佐清水市／とさしみずし……189
山奈町／やまなちょう……224
吉川村／よしかわそん……200

福岡県

安眞木／あまぎ……237
猪位金／いいかね……238
生岩／いきいわ……238
市場／いちば……238
糸島郡／いとしまぐん……233
糸島市／いとしまし……227
今任原／いまとうばる……239
大木町／おおきまち……228
大草／おおくさ……239
大任町／おおとうまち……228
大廣園／おおひろぞの……239
岡垣町／おかがきまち……228
長行／おさゆき……239
尾野／おの……240
嘉穂郡／かほぐん……229
嘉穂町／かほまち……232
川犬／かわいぬ……240
川宮／かわみや……240
島田／しまだ……241
砂津／すなつ……241
井田／せいでん……241
田隈／たぐま……241
竹飯／たけい……241
武島／たけしま……242
田浦／たのうら……242
築上郡／ちくじょうぐん……229
築上町／ちくじょうまち……228
筑穂町／ちくほまち……232
辻三／つじみつ……242
徳吉／とくよし……243
中井／なかい……243
野田／のだ……243
久山町／ひさやままち……229
福津市／ふくつし……227
藤光町／ふじみつまち……244
方城町／ほうじょうまち……232
松田／まつだ（みやこ町）……244
松田／まつだ（みやま市）……244
三川町／みかわまち……244
三萩野／みはぎの……244
みやま市／みやまし……227
宮若市／みやわかし……227
行橋市／ゆくはしし……227

佐賀県

久保泉町／くぼいずみまち……245
高木瀬町／たかきせまち……245
二里／にり……245
浜玉町／はまたまちょう……233
三田川町／みたがわちょう……233
三養基郡／みやきぐん……229
みやき町／みやきちょう……229

長崎県

愛野町／あいのまち……233
小長井町／こながいちょう……234
本野町／もとのまち……246
吉井町／よしいちょう……234

熊本県

秋津／あきつ……246
麻山／あさやま……246
池永／いけなが……246
今田／いまだ……247
今吉野／いまよしの……247
岩古曾町／いわこそまち……247
宇城市／うきし……230
恵塚町／えづかまち……247
大井早／おおいそう……248
大平／おおひら（菊池市）……248
大平／おおひら（山都町）……234
岡原村／おかはるむら……249
小木／おぎ……249
折崎／おりさき……230
嘉島町／かしままち……249
亀場町／かめばまち……249
亀松／かめまつ……236
鹿本郡／かもとぐん……234
鹿本町／かもとまち……250
川野／かわの……235
菊鹿町／きくかまち……235
旭志村／きょくしむら……250
黒川／くろかわ……250
神合町／こうあいまち……251
坂野／さかの……251
三野／さんの……251
塩原／しおばる……251
島木／しまき……252
島田／しまだ……252
島地／しまち……252
上寺／じょうてら……252
新小／しんこ……253
神馬町／しんめまち……253
杉木／すぎき……253
須原／すばる……235
岱明町／たいめいまち……235

高木／たかぎ……254
田上／たがみ……254
千町／ちまち……254
長陽村／ちょうようむら……235
津田／つだ……254
鶴ヶ田／つるけた……255
手野／ての……255
寺迫／てらさこ……255
天水町／てんすいまち……236
富合町／とみあいまち……236
豊間／とよま……255
中川／なかがわ……256
永塩／ながしお……256
中島／なかしま……256
長原／ながはら……256
中松／なかまつ……257
長山／ながやま……257
和水町／なごみまち……230
錦町／にしきまち……230
西原村／にしはらむら……230
野鶴町／のづるまち……257
八木／はちぼく……258
花上／はながみ……258
久石／ひさいし……258
姫戸町／ひめどまち……236
福浜／ふくはま……258
二浦町／ふたうらまち……259
古石／ふるいし……259
飽託郡／ほうたくぐん……236
水野／みずの……259
宮野／みやの……259
山江村／やまえむら……231
良町／ややまち……260
四ツ原／よつはら……260
米迫／よねさこ……260
両出／りょうで……260

大分県

浅瀬／あさせ……261
井迫／いさこ……261
江須賀／えすか……261
大田俣水／おおたまたみず……262
大鶴町／おおつるまち……262
岡川／おかがわ……262
小田／おだ……262
小山町／おやままち……263
上尾塚／かみおつか……263
神堤／かみつつみ……263
越生／こしお……264
下原／しもばる……264
城井／じょうい……264
関園／せきぞの……264
高原／たかはら……265
高山／たかやま……265
竹矢／たけや……265
坪泉／つぼいずみ……265
鶴岡町／つるおかまち……266
鶴瀬／つるせ……266
富清／とみきよ……266
鳥田／とりた……266
直川村／なおかわそん……237
長畑／ながはた……267
梨小／なしこ……267
荷尾杵／におき……267
西泉／にしいずみ……268
野田／のだ……268
日野／ひの……268
福良木／ふくらぎ……269
船田／ふなだ……269
古野／ふるの……269
馬背畑／ませばた……269
丸亀／まるがめ……270
宮生／みやお……270
宮野／みやの……270
屋原／やばる……271
湯布院町／ゆふいんちょう……237

宮崎県

木城町／きじょうちょう……231
新富町／しんとみちょう……231
波島／なみしま……271

鹿児島県

いちき串木野市／いちきくしきのし……231
薩摩川内市／さつませんだいし……231
十島村／としまむら……232
日吉町／ひよしちょう……237
湯島町／ゆしまちょう……271

沖縄県

伊原／いはら……271
今泊／いまどまり……271
謝名城／じゃなぐすく……272
諸志／しょし……272
田嘉里／たかざと……272
高平／たかひら……272
束里／つかざと……272
仲間／なかま……273
山里／やまざと……273

Ⅰ 北海道地方の合成地名

広域の合成地名

狩勝峠 かりかちとうげ［石狩国＋十勝国］

上川総合振興局（旧・上川支庁）と十勝総合振興局（旧・十勝支庁）の境界にある国道38号の峠で、原生林の絶景地として知られている。峠名は旧国名の石狩国の「狩」と、十勝国の「勝」を取って命名したもの。

狩振岳 かりふりだけ［石狩国＋胆振国］

日高山脈の北部、石狩振興局（旧・石狩支庁）と胆振《いぶり》総合振興局（旧・胆振支庁）の境界にある山。山名は旧国名の石狩国の「狩」と、胆振国の「振」を取って命名したものだが、境界の変更により、狩振岳は現在の上川総合振興局、日高振興局（旧・日高支庁）、十勝総合振興局の、3振興局の境界近くにそびえることになった。

根釧台地 こんせんだいち［根室国＋釧路国］

北海道の東端、根室振興局（旧・根室支庁）と釧路総合振興局（旧・釧路支庁）にまたがる日本最大の台地。「根釧原野」という別称もある。地名は旧国名の根室国の「根」と、釧路国の「釧」を取って命名したもの。

塩狩峠 しおかりとうげ［天塩国＋石狩国］

旧・天塩国と石狩国（ともに上川総合振興局）の境界にある国道40号の峠。天塩川水系と石狩川水系の分水嶺にもなっている。峠名は天塩国の「塩」と、石狩国の「狩」を取って命名したもの。

常紋峠 じょうもんとうげ［常呂郡＋紋別郡］

北海道の東北部、オホーツク総合振興局（旧・網走支庁）にある常呂《ところ》郡（現・北見市）と、紋別郡（現・遠軽町）の境界にある峠で、峠名は常呂郡の「常」と、紋別郡の「紋」を取って命名したもの。

石北峠 せきほくとうげ［石狩国＋北見国］

上川総合振興局（旧・上川支庁）とオホーツク総合振興局（旧・網走支庁）の境界にある国道39号の峠。峠名は旧国名の石狩国の「石」と、北見国の「北」を取って命名したもの。鉄道にJR石北本線がある。

釧北峠 せんぽくとうげ ［釧路国＋北見国］

釧路総合振興局（旧・釧路支庁）とオホーツク総合振興局（旧・網走支庁）の境界にある国道240号の峠。峠名は旧国名の釧路国の「釧」と、北見国の「北」を取って命名したもの。

天北原野 てんぽくげんや ［天塩国＋北見国］

北海道北部、天塩川下流の旧・天塩国と北見国にまたがる広大な原野で、地名は旧国名の天塩国の「天」と、北見国の「北」を取って命名したもの。

日勝峠 にっしょうとうげ ［日高国＋十勝国］

日高山脈の北部、日高振興局（旧・日高支庁）と十勝総合振興局（旧・十勝支庁）の境界にある峠。峠名は国道274号（日勝道路）が開通した際、旧国名の日高国の「日」と、十勝国の「勝」を取って命名したもの。

日胆 にったん ［日高国＋胆振国］

北海道南部の日高振興局（旧・日高支庁）と、胆《い》振《ぶり》総合振興局（旧・胆振支庁）の総称。地名は旧国名の日高国の「日」と、胆振国の「胆」を取って命名したもの。

市町村・郡の合成地名

「市」「町村」「郡」の順に掲載

北広島市 きたひろしまし ［北海道＋広島町］

札幌市の南東部に隣接する、広島県からの入植者による開拓をルーツとする都市。1894年（明治27）、月寒村から分村して広島村が成立。1968年（昭和43）、町に昇格。1996年（平成8）、市制施行して北広島市が発足。市名は広島県広島市との混同を避けるため、広島町の「広島」に、北海道の「北」を冠して命名したもの。市制が施行される前から北広島駅が存在していたので、駅名に由来した市名だとも言える。

今金町 いまかねちょう [今村藤次郎＋金森石郎]（檜山振興局瀬棚郡）

渡島《おしま》半島基部の内陸にある農業を主産業とする町。1897年（明治30）、瀬棚町から分村して利別《としべつ》村として成立。1947年（昭和22）、町に昇格する際に、利別村から今金町に改称される。町名は開拓功労者の今村藤次郎の「今」と、金森石郎の「金」を取って命名したもの。

清里町 きよさとちょう [小清水村＋斜里町]（オホーツク総合振興局斜里郡）

斜里岳西麓に開けた畑作と酪農が主産業の町。1943年（昭和18）、小清水村の一部と斜里町の一部が分村して上斜里村が発足。1955年（昭和30）、町制を施行し、改称して清里町になる。町名は分村する前の小清水村の「清」と、斜里町の「里」を取って命名したもの。

七飯町 ななえちょう [七重村＋飯田村]（渡島総合振興局亀田郡）

駒ヶ岳の南麓に開けた農業の町。町の北部に、景勝地として知られる大沼国定公園がある。1879年（明治12）、七重村と飯田村が合併して七飯村が成立。村名は七重村の「七」と、飯田村の「飯」を取って命名されたが、読みは七重村の「ななえ」が採用されたため、「七飯」を「ななえ」と読む難読な地名になった。1957年（昭和32）、町に昇格して七飯町になる。

二海郡 ふたみぐん [太平洋(海)＋日本海]（渡島総合振興局）

2005年（平成17）、太平洋側の山越郡八雲町（渡島総合振興局）と、日本海側の爾志《にし》郡熊石町（檜山振興局）が合併して八雲町になる。所属する郡が異なる町と町が合併するため、新郡名は「太平洋と日本海の二つの海に面する郡」という意味から二海郡と命名された。

小地名（字名）として残る合成地名

大中山　おおなかやま［大川村＋中島村＋山］（亀田郡七飯町）

1879年（明治12）、大川村と中島村が合併して大中山村が成立。村名は大川村の「大」と、中島村の「中」、それに山の麓にある村であることから「山」を取って「大中山」と命名したもの。1902年（明治35）、大中山村、七飯《ななえ》村、藤城村など6村が合併して七飯村になり、1957年（昭和32）、町に昇格して七飯町になる。

清川　きよかわ［清水村＋濁川村］（北斗市）

1881年（明治14）、清水村と濁川村が合併して清川村が成立。村名は清水村の「清」と、濁川村の「川」を取って命名したもの。1900年（明治33）、清川村は上磯村、富川村、中野村、谷好村の4村と合併して上磯村になり消滅。1918年（大正7）、町に昇格して上磯町になり、2006年（平成18）、大野町と合併し、市制施行して北斗市が発足。

幸福町　こうふくちょう［幸震＋福井県］（帯広市）

1897年（明治30）、福井県からの入植者によって開拓された地で、アイヌ語で「サチナイ」と呼ばれていた。地震のことを和語で「ない」という。サチナイに「幸震」の字を当て、「こうしん」と読ませていたが、福井県人によって開発された地であることから、幸震の「幸」と福井県の「福」を取って「幸福」に改名された。

谷好　たによし［三谷村＋三好村］（北斗市）

1879年（明治12）、三谷村と三好村が合併して谷好村が成立。村名は三谷村の「谷」と、三好村の「好」を取って命名したもの。1900年（明治33）、谷好村は上磯村、清川村、富川村、中野村の

４村と合併して上磯村になり消滅。１９１８年（大正7）、町に昇格して上磯町が発足し、２００６年（平成18）、大野町と合併し、市制施行して北斗市になる。

花川 はなかわ ［花畔村＋樽川村］（石狩市）

１９０２年（明治35）、花畔《ばんなぐろ》村と樽川村が合併して花川村が成立。村名は花畔村の「花」と、樽川村の「川」を取って命名したもの。１９０７年（明治40）、花川村と石狩町が合併して石狩町になり、１９９６年（平成8）、市制施行して石狩市になる。

藤城 ふじしろ ［藤山村＋城山村］（亀田郡七飯町）

１８８１年（明治14）、藤山村と城山村が合併して藤城村が成立。村名は藤山村の「藤」と、城山村の「城」を取って命名したもの。１９０２年（明治35）、藤城村、大中山村、七飯村など6村が合併して七飯村が発足し、１９５７年（昭和32）、町に昇格して七飯町になる。

三岩 みついわ ［三菜頃＋岩内］（沙流郡日高町）

１９４３年（昭和18）、日高村の村内にある地区名の再編で、三菜頃《さんなころ》と岩内が統合され三岩が成立。地名は三菜頃の「三」と、岩内の「岩」を取って命名したもの。日高村は１９６２年（昭和37）、町に昇格して日高町になる。

Ⅱ　東北地方の合成地名

広域の合成地名

奥羽山脈　おううさんみゃく　［陸奥国＋出羽国］

東北地方の中央部を南北に貫いている脊梁山脈。太平洋側の旧国名である陸奥《むつ》国と、日本海側の出羽国の境界に横たわっている山脈であることから、陸奥国の「奥」と、出羽《でわ》国の「羽」を取って命名したもの。鉄道にＪＲ奥羽本線、そのほか奥羽地方、奥羽三名湯などがある。

三陸海岸　さんりくかいがん　［陸奥国＋陸中国＋陸前国（三つの陸）］

青森県の八戸市から宮城県の牡鹿《おしか》半島まで続くリアス式の海岸線。「三陸」は太平洋沿岸部地域の呼称としても用いられる。旧国名である陸奥、陸中、陸前の3国にまたがることから生まれた呼称。鉄道に三陸鉄道がある。

常磐　じょうばん　［常陸国＋磐城国］

福島県南東部から、茨城県北東部にかけての地域を指す。地名は茨城県の旧国名である常陸《ひたち》国の「常」と、福島県南東部の旧国名である磐城《いわき》国の「磐」を取って命名したもの。常磐炭田で発展した地域で、かつては「常磐市」という自治体が存在していたが、１９６６年（昭和41）、常磐市など5市9町が合併して「いわき市」になる。鉄道にＪＲ常磐線、そのほか常磐温泉、常磐自動車道などがある。

仙塩　せんえん　［仙台市＋塩竈市］

仙台市から塩竈市にまたがる一帯の地域名。地名は仙台市の「仙」と、塩竈市の「塩」を取ったもの。

仙岩峠　せんがんとうげ　［仙北郡＋岩手郡］

秋田県仙北郡田沢湖町（現・仙北市）と、岩手県岩手郡雫石町の境界にある峠で、奥羽山脈を越える国道46号上にある。峠名は仙北郡の「仙」と、岩手郡の「岩」を取って命名したもの。峠上に仙岩峠貫通記念の石碑が立つ。

磐越 ばんえつ ［磐城国＋越後国］

福島県と新潟県にまたがる地域名。地名は福島県南東部の旧国名である磐城国の「磐」と、新潟県の旧国名である越後国の「越」を取ったもの。鉄道にJR磐越東線・磐越西線がある。

陸羽 りくう ［陸奥国＋出羽国］

東北地方の別称。太平洋側の旧国名である陸奥国の「陸」と、日本海側の旧国名である出羽国の「羽」を取って命名したもの。奥州街道の別称として陸羽街道ということもある。

市町村・郡の合成地名

「市」「町村」「郡」の順に掲載

▼青森県

風間浦村 かざまうらむら ［下風呂村＋易国間村＋蛇浦村］（下北郡）

下北半島にある津軽海峡に面した本州最北端の村。村の東端に下風呂《しもふろ》温泉がある。1889年（明治22）、町村制の施行により、下風呂村、易国間《いこくま》村、蛇浦《へびうら》村の3村が合併して風間浦村が成立。村名は下風呂村の「風」、易国間村の「間」、蛇浦村の「浦」を取って命名したもの。

中泊町 なかどまりまち ［中里町＋小泊村］（北津軽郡）

津軽半島の中北部にある漁業を主産業とする町。2005年（平成17）、津軽半島中部の中里町と、半島西北端の小泊村が合併して中泊町が成立。町名は中里町の「中」と、小泊村の「泊」を取って命名したもの。両町村の合併が市浦村（現・五所川原市）を間に挟んで行われたため、中里町と小泊村が飛び地関係になっている。町役場は旧・中里町に置かれている。

六ヶ所村 ろっかしょむら ［六つの村が1ヶ所に集まる］（上北郡）

下北半島基部の太平洋側にある村で、核燃料サイクル施設や石油備蓄基地がある。村の南側が小川原湖に面している。1889年（明治22）、町村制の施行により、倉内村、平沼村、出戸《でと》村、泊、鷹架《たかほこ》村、尾鮫《おぶち》村の6村（集落）が合併して六ヶ所村が成立。村名は六つの村が合併して一ヶ所に集まることに因む。

▼岩手県

陸前高田市 りくぜんたかたし［陸前国＋高田町］

1955年（昭和30）、高田《たかた》町、気仙町、広田町、小友村、米崎村、矢作《やはぎ》村、竹駒村、横田村の8町村が合併し、市制施行して陸前高田市が成立。市名は新潟県高田《たかだ》市（現・上越市）との混同を避けるため、高田町の「高田」に、この地域の旧国名である「陸前」を冠して命名したもの。

住田町 すみたちょう［上有住村＋下有住村＋世田米町］（気仙郡）

県の南東部、遠野市と陸前高田市に挟まれた内陸の町で、釜石市との境界に五葉山がそびえる。1955年（昭和30）、上有住《ありす》村、下有住村、世田米《せたまい》町の3町村が合併して住田町が成立。町名は上有住村および下有住村の「住」と、世田米町の「田」を取って命名したもの。

▼宮城県

七ヶ浜町 しちがはままち［東宮浜＋代ヶ崎浜＋吉田浜＋花渕浜＋菖蒲田浜＋松ヶ浜＋湊浜（七ヶ所の浜）］（宮城郡）

日本三景の一つとして知られる松島湾の南岸に位置する。1889年（明治22）、町村制の施行により、塩竈村の一部が分立して七ヶ浜村が成立。村名は沿岸にあった七つの集落（浜）の東宮浜、代ヶ崎浜、吉田浜、花渕浜、菖蒲田浜、松ヶ浜、湊浜が合併したことに因んで命名されたもの。1959年（昭和34）、町に昇格して七ヶ浜町になる。

南三陸町 みなみさんりくちょう［南＋陸奥国＋陸中国＋陸前国（三つの陸）］（本吉郡）

2005年（平成17）、志津川町と歌津町が合併して南三陸町が成立。町名は三陸海岸の南部に位置することに由来するが、三陸という地名は、陸奥国、陸中国、陸前国の三つの「陸」に因んだもの。

山元町 やまもとちょう ［山下村＋坂元村］（亘理郡）

県の南東端に位置する。南は福島県に隣接し、東側は太平洋に面する果樹栽培が盛んな町。1955年（昭和30）、山下村と坂元村が合併し、町に昇格して山元町が成立。町名は山下村の「山」と、坂元村の「元」を取って命名したもの。

▼秋田県

大仙市 だいせんし ［大曲市＋仙北郡］

日本海と奥羽山脈に挟まれた横手盆地の北部を市域とする。市の中心部でJR奥羽本線と、田沢湖線が分岐している。2005年（平成17）、大曲市と仙北郡の7町村（神岡町、仙北町、西仙北町、中仙町、太田町、協和町、南外村《なんがい》）が合併し、市制施行して大仙市が発足。市名は大曲市の「大」と、仙北郡の「仙」を取って命名したもの。

由利本荘市 ゆりほんじょうし ［由利郡＋本荘市］

県南西部の日本海に面する市。子吉川《こよし》の河口付近に中心市街地が形成され、南側の山形県との県境に鳥海山がそびえている。2005年（平成17）、本荘市と由利郡の7町（岩城町、大内町、由利町、東由利町、西目町、矢島町、鳥海町）が合併し、市制施行して由利本荘市が成立。市名は新市の核となる本荘市の市名に、郡名の「由利」を冠して命名したもの。

八峰町 はっぽうちょう ［八森町＋峰浜村］（山本郡）

日本海に面する県北西端の町で、町の北部に世界遺産に登録された白神山地がそびえている。2006年（平成18）、八森町と峰浜村が合併して八峰町が成立。町名は八森町の「八」と、峰浜村の「峰」を取って命名したもの。旧村の峰浜村も合成地名で、1955年（昭和30）、塙川村《はなわがわ》と沢目村が合併した際に、塙川村が山側にあることから「峰」、沢目村が日本海沿岸にあることから「浜」という文字で表わし、それを組み合わせて「峰浜」としたもの。

藤里町 ふじさとまち［藤琴村＋粕毛村（景勝地の素波里）］（山本郡）

県の最北部に位置し、青森県との県境に世界遺産に登録された白神山地が横たわっている。1955年（昭和30）、藤琴村と粕毛《かすげ》村が合併して藤里村が成立。村名は藤琴村の「藤」と、粕毛村にある景勝地の素波里《すばり》の「里」を取って命名したもの。1963年（昭和38）、町に昇格して藤里町になる。

▼山形県

西川町 にしかわまち［西山村＋川土居村］（西村山郡）

最上川支流の寒河江《さがえ》川流域に開けた県のほぼ中央にある町で、町の北端に出羽三山の月山《がっさん》が、南端には朝日岳がそびえている。1954年（昭和29）、西山村、川土居村、本道寺村、大井沢村の4村が合併し、町制施行して西川町が成立。町名は西山村の「西」と、川土居村の「川」を取って命名したもの。

▼福島県

会津若松市 あいづわかまつし［会津＋若松市］

県のほぼ中央、猪苗代湖の西側にある旧城下町。1889年（明治22）、町村制の施行により若松町が成立し、1899年（明治32）、市制施行して若松市になる。1955年（昭和30）、北会津郡の7村（湊村、一箕《いっき》村、高野村、神指《こうざし》村、門田村、大戸村、東山村）を編入した際に、福岡県若松市（現・北九州市若松区）との混同を避けるため、福島県西部の地域名である「会津」を冠して、市名を会津若松市に改称。

会津坂下町 あいづばんげまち［会津＋坂下町］（河沼郡）

会津盆地の西部、喜多方市の南に隣接する。1955年（昭和30）、坂下《ばんげ》町、若宮村、金上村、川西村、広瀬村、八幡村の6町村が合併して会津坂下町が成立。町名は岐阜県の坂下《さかした》町との混同を避けるため、坂下町の「坂下」に、福島県西部の地域名である「会津」を冠したもの。

会津美里町 あいづみさとまち［会津＋美しい里］（大沼郡）

会津盆地の南西部に位置する会津焼の名産地。2005年（平成17）、会津高田町、会津本郷町、新鶴村の3町村が合併して会津美里町が成立。町名の「会津」は福島県西部の地域名。「美里」は「美しい里」であることを願ってつけた瑞祥地名。

飯舘村 いいたてむら［飯曾村＋大舘村］（相馬郡）

福島県の東部に横たわる阿武隈高地の北部に位置する農山村。1956年（昭和31）、飯曾村と大舘村が合併して飯舘村が成立。村名は飯曾村の「飯」と、大舘村の「舘」を取って命名したもの。飯曾村も合成地名で、1889年（明治22）、町村制の施行により、飯樋《いいとい》村と比曾村が合併した際に、飯樋村の「飯」と比曾村の「曾」を取って命名したもの。大舘村も1942年（昭和17）、大須村と新舘村が合併して、大須村の「大」と新舘村の「舘」を取った合成地名。さらに大須村も、1889年（明治22）の町村制施行で、大倉村と佐須村が合併し、大倉村の「大」と、佐須村の「須」を組み合わせた合成地名だった。

大熊町 おおくままち［大野村＋熊町村］（双葉郡）

太平洋岸の中央部に位置する。2011年（平成23）3月に発生した東日本大震災で大きな被害を出した、東京電力福島第一原子力発電所が立地している。1954年（昭和29）、大野村と熊町村が合併し、町制施行して大熊町が成立。町名は大野村の「大」と、熊町村の「熊」を取って命名したもの。大野村も1889年（明治22）の町村制の施行により、大川原村、野上村、下野上村の3村が合併し、大川原村の「大」と野上村および下野上村の「野」を取った合成地名。

大玉村 おおたまむら［大山村＋玉井村］（安達郡）

郡山市の北に隣接する農村で、村の北端に安達太《あだた》良《ら》山がそびえている。1955年（昭和30）、大山村と玉井村が合併して大玉村が成立。村名は大山村の「大」と、玉井村の「玉」を取って命名したもの。旧村の大山村も合成地名で、1889年（明治22）の町村制施行により、大江《だいえ》村と椚山《くぬぎやま》村が合併した際、大江村の「大」と、椚山村の「山」を取ってつけたもの。

鏡石町 かがみいしまち［鏡田村＋久来石村＋笠石村］（岩瀬郡）

県の中南部にある農業の町。文部省（現・文部科学省）唱歌の「牧場の朝」のモデルになった岩瀬牧場がある。1889年（明治22）、町村制の施行により、鏡田村、久来石《きゅうらいし》村、笠石村、成田村の4村が合併して鏡石村が成立。村名は鏡田村の「鏡」と、久来石村および笠石村の「石」を取って命名したもの。1962年（昭和37）、町に昇格して鏡石町になる。

北塩原村 きたしおばらむら［北山村＋大塩村＋檜原村］（耶麻郡）

磐梯山の北に広がる農山村で、村の東部に観光地として名高い裏磐梯高原が広がっている。1954年（昭和29）、北山村、大塩村、檜原村の3村が合併して北塩原村が成立。村名は北山村の「北」、大塩村の「塩」、檜原村の「原」を取って命名したもの。

平田村 ひらたむら［小平村＋蓬田村］（石川郡）

いわき市と郡山市の中間に位置する阿武隈高地に開けた農山村で、ジンギスカンが村の名物料理になっている。1955年（昭和30）、小平村と蓬田《よもぎだ》村が合併して平田村が成立。村名は小平村の「平」と、蓬田村の「田」を取って命名したもの。

双葉町 ふたばまち［標葉郡＋楢葉郡（双つの葉）］（双葉郡）

1951年（昭和26）、新山町と長塚村が合併して標《しね》葉《は》町が成立するが、1956年（昭和31）、双葉町に改称される。町名は郡名に由来する。郡名は1896年（明治29）、標葉郡と楢葉郡が統合された際、標葉郡の「葉」と楢葉郡の「葉」の二（双）つの「葉」に因んで「双葉」と命名したもの。

双葉郡　ふたばぐん　［標葉郡＋楢葉郡（双つの葉）］

太平洋側の浜通り中央部を占める郡。2011年（平成23）3月に発生した東日本大震災で、甚大な被害に見舞われた地域である。1896年（明治29）、標葉郡と楢葉郡が統合して双葉郡が成立。郡名は標葉郡の「葉」と、楢葉郡の「葉」の「二（双）つの葉」に由来する。

平成になるまで存在した市町村・郡の合成地名

▼青森県

天間林村　てんまばやしむら　［天間舘村＋榎林村］（現・上北郡七戸町）

1889年（明治22）、町村制の施行により、天《てん》間舘《まだて》村、榎林村、中岫《なかぐき》村、花松村、野崎村、附田村、二ッ森村の7村が合併して天間林村が成立。村名は天間舘村の「天間」と、榎林村の「林」を取って命名したもの。2005年（平成17）、七戸町と合併して七戸町になり消滅。

名川町　ながわまち　［名久井村＋北川村］（現・三戸郡南部町）

1955年（昭和30）、名久井村と北川村が合併し、町制施行して名川町が成立。町名は名久井村の「名」と、北川村の「川」を取って命名したもの。2006年（平成18）、南部町および福地村と合併して南部町になり消滅。

福地村　ふくちむら　［田部村（旧・福田村）＋地引村］（現・三戸郡南部町）

1955年（昭和30）、田部村と地引村が合併して福地村が成立。村名は田部村の旧村の一つである福田村の「福」と、地引村の「地」を取って命名したもの。2006年（平成18）、南部町および名川町と合併して南部町になり消滅。

▼岩手県

安代町 あしろちょう［安比川＋米代川］（現・八幡平市）

1956年（昭和31）、荒沢村と田山村が合併し、町制施行して安代町が成立。町名は町内を流れている安比《あっぴ》川の「安」と、米代川の「代」を取って命名したもの。2005年（平成17）、安代町と西根町、松尾村の3町村が合併し、市制施行して八幡平《はちまんたい》市になり消滅。

三陸町 さんりくちょう［陸奥国＋陸中国＋陸前国（三つの陸）］（現・大船渡市）

1956年（昭和31）、吉浜村、越喜来《おきらい》村、綾里村の3村が合併して三陸村が成立。村名は三陸海岸に面していることに由来するが、三陸という地名は、陸奥国の「陸」、陸中国の「陸」、陸前国の「陸」の三つの「陸」に因んでつけられたもの。1967年（昭和42）、町に昇格して三陸町になり、2001年（平成13）、大船渡市に編入されて消滅。

▼宮城県

津山町 つやまちょう［柳津町＋横山村］（現・登米市）

1954年（昭和29）、柳津町と横山村が合併して津山町が成立。町名は柳津町の「津」と、横山村の「山」を取って命名したもの。2005年（平成17）、登米《とよま》郡の9町（津山町、登米町、迫《はさま》町、東和町、中田町、豊里町、米山町、石越町、南方町）が合併し、市制施行して登米《とめ》市になり消滅。

▼秋田県

飯田川町 いいたがわまち［飯塚村＋和田妹川村＋下虻川村］（現・潟上市）

1889年（明治22）、町村制の施行により、飯塚村、和田《わだ》妹川《いもかわ》村、下虻川《しもあぶかわ》村、金山村の4村が合併して飯田川村が成立。村名は飯塚村の「飯」と、和田妹川村の「田」、下虻川村の「川」を取って命名したもの。1935年(昭和10)、町に昇格して飯田川町になる。2005年(平成17)、天王町および昭和町と合併し、市制施行して潟上《かたがみ》市になり消滅。

稲川町 いなかわまち [稲庭町+川連町](現・湯沢市)

1956年(昭和31)、稲庭町、川連《かわつら》町、三梨村の3町村が合併して稲庭川連町が成立。町名は稲庭町と川連町の町名をそのまま繋いだものだが、1966年(昭和41)、稲庭川連町を短縮して、稲庭町の「稲」と川連町の「川」を取って命名した稲川町に改称。2005年(平成17)、湯沢市、雄勝町、皆瀬村の3市町村と合併して湯沢市になり消滅。

神岡町 かみおかまち [神宮寺町+下檜岡村](現・大仙市)

1955年(昭和30)、神宮寺町と下檜岡村が合併して神岡町が成立。町名は神宮寺町の「神」と、下檜岡村の「岡」を取って命名したもの。2005年(平成17)、神岡町、大曲市、仙北町、西仙北町、中仙町、協和町、太田町、南外村の8市町村が合併し、市制施行して大仙市になり消滅。

千畑町 せんはたまち [千屋村+畑屋村](現・仙北郡美郷町)

1955年(昭和30)、千屋村と畑屋村が合併して千畑村が成立。村名は千屋村の「千」と、畑屋村の「畑」を取って命名したもの。1986年(昭和61)、町に昇格して千畑町が発足し、2004年(平成16)、千畑町、六郷町、仙南村の3町村が合併して美郷町になり消滅。

大雄村 たいゆうむら [大戸川+雄物川](現・横手市)

1955年(昭和30)、阿気《あげ》村と田根森村が合併して大雄村が成立。村名は村内を流れる横手川支流の大戸川の「大」と、雄物《おもの》川の「雄」を取って命名したもの。2005年(平成17)、大雄村、横手市、増田町、平鹿町、雄物川町、大森町、十文字町、山内村の8市町村が合併して横手市になり消滅。

南外村 なんがいむら ［南楢岡村＋外小友村］（現・大仙市）

１９５５年（昭和30）、南楢岡村と外小友《そとおとも》村が合併して南外村が成立。村名は南楢岡村の「南」と、外小友村の「外」を取って命名したもの。２００５年（平成17）、南外村、大曲市、神岡町、協和町、仙北町、西仙北町、中仙町、太田町の8市町村が合併し、市制施行して大仙市になり消滅。

西木村 にしきむら ［西明寺村＋檜木内村］（現・仙北市）

１９５６年（昭和31）、西明寺村と檜木内《ひのきない》村が合併して西木村が成立。村名は西明寺村の「西」と、檜木内村の「木」を取って命名したもの。２００５年（平成17）、西木村、角館町、田沢湖町の3町村が合併し、市制施行して仙北市になり消滅。

二ツ井町 ふたついまち ［比井野村＋薄井村（二ツの井）］（現・能代市）

１８７６年（明治9）、比井野村と薄井村が合併して二ツ井村が成立。村名は比井野村の「井」と、薄井村の「井」の「二ツの井」に因んで命名されたもの。１９０２年（明治35）、町に昇格して二ツ井町が発足し、２００６年（平成18）、能代市と合併して能代市になり消滅。

若美町 わかみまち ［渡部（わたべ）＋角間崎（かくまざき）＋宮沢（みやざわ）］（現・男鹿市）

１９５６年（昭和31）、潟西村と払戸《ふっと》村が合併して琴浜村が成立。１９７０年（昭和45）、琴浜村が町に昇格した際、若美町に改称する。町名は町内にあった渡部、角間崎、宮沢の3地域の頭文字を平仮名で「わ」「か」「み」と表記して、それに好字の「若美」を当てたもの。２００５年（平成17）、男鹿市と合併して男鹿市になり消滅。

▼山形県

立川町 たちかわまち ［立谷沢村＋狩川町＋清川村］（現・東田川郡庄内町）

１９５４年（昭和29）、立谷沢村、狩川町、清川

村の3町村が合併して立川町が成立。町名は立谷沢村の「立」と、狩川町および清川村の「川」を取って命名したもの。2005年（平成17）、余目《あまるめ》町と合併して庄内町になり消滅。

▼福島県

会津高田町 あいづたかだまち［会津＋高田町］（現・大沼郡会津美里町）

1955年（昭和30）、高田町、赤沢村、永井野村、尾岐《おまた》村、東尾岐村、旭村、藤川村の7町村が合併して会津高田町が成立。町名は新潟県高田市（現・上越市）との混同を避けるため、高田町の「高田」に、福島県西部の地域名である「会津」を冠して新町名としたもの。2005年（平成17）、会津高田町、会津本郷町、新鶴村の3町村が合併して会津美里町になり消滅。

会津本郷町 あいづほんごうまち［会津＋本郷町］（現・大沼郡会津美里町）

1992年（平成4）、本郷町が他県の同地名との混同を避けるため、福島県西部の地域名である「会津」を冠して会津本郷町に改称。2005年（平成17）、会津本郷町、会津高田町、新鶴村の3町村が合併して会津美里町になり消滅。

熱塩加納村 あつしおかのうむら［熱塩村＋加納村］（現・喜多方市）

1954年（昭和29）、熱塩村と加納村および朝倉村（一部）が合併して熱塩加納村が成立。村名は熱塩村の「熱塩」と加納村の「加納」をそのまま繋ぎ合わせて命名したもの。2006年（平成18）、熱塩加納村、喜多方市、塩川町、山都《やまと》町、高郷村の5市町村が合併して喜多方市になり消滅。

白沢村 しらさわむら［白岩村＋和木沢村］（現・本宮市）

1955年（昭和30）、白岩村と和木沢村が合併して白沢村が成立。村名は白岩村の「白」と、和木沢村の「沢」を取って命名したもの。和木沢村も1

889年（明治22）、町村制の施行により、和田村、高木村、糠沢村の3村が合併し、和田村の「和」、高木村の「木」、糠沢村の「沢」を取った合成地名。2007年（平成19）、白沢村は本宮町と合併し、市制施行して本宮市になり消滅。

大信村 たいしんむら［大屋村＋信夫村］（現・白河市）

1955年（昭和30）、大屋村と信夫《しのぶ》村が合併して大信村が成立。村名は大屋村の「大」と、信夫村の「信」を取って命名したもの。大屋村も1889年（明治22）、大里村、下小屋村、隈戸村の3村が合併した際に、大里村の「大」と、下小屋村の「屋」を取った合成地名。2005年（平成17）、大信村、白河市、表郷《おもてごう》村、東《ひがし》村の4市村が合併して白河市になり消滅。

高郷村 たかさとむら［高寺村＋山郷村＋新郷村］（現・喜多方市）

1955年（昭和30）、高寺村、山郷村、新郷村、千咲村の4村が合併して高郷村が成立。村名は高寺村の「高」と、山郷村および新郷村の「郷」を取って命名したもの。2006年（平成18）、高郷村、喜多方市、塩川町、山都町、熱塩加納村の5市町村が合併して喜多方市になり消滅。

新鶴村 にいつるむら［新田村＋鶴野辺村］（現・大沼郡会津美里町）

1898年（明治31）、新田《にった》村と鶴野辺村が合併して新鶴村が成立。村名は新田村の「新」と、鶴野辺村の「鶴」を取って命名したもの。新田村も1889年（明治22）、町村制の施行により、新屋敷村、立石田村、和田目村、沼田村、小沢村の5村が合併して発足する際、新屋敷村の「新」と、立石田村・和田目村・沼田村の「田」を取った合成地名。新鶴村は2005年（平成17）、会津本郷町および会津高田町と合併して会津美里町になり消滅。

小地名（字名）として残る合成地名

▼青森県

石江 いしえ［石神村＋江渡村］（青森市）

１８７５年（明治8）、石神村と江渡村が合併して石江村が成立。村名は石神村の「石」と、江渡村の「江」を取って命名したもの。１８８９年（明治22）、町村制の施行により、石江村、新城村、戸門村、鶴ヶ坂村、岡町村の5村が合併して新城村が発足し、１９５５年（昭和30）、青森市に編入される。

豊崎町 とよさきまち［豊間内村＋七崎村］（八戸市）

１８８９年（明治22）、町村制の施行により、豊間内村、七崎村、境沢村の3村が合併して豊崎村が成立。村名は豊間内村の「豊」と、七崎村の「崎」を取って命名したもの。１９５５年（昭和30）、八戸市に編入される。

野沢 のざわ［吉野田村＋樽沢村］（青森市）

１８８９年（明治22）、町村制の施行により、吉野田村、樽沢村、郷山前村、銀《しろがね》村の4村が合併して野沢村が成立。村名は吉野田村の「野」と、樽沢村の「沢」を取って命名したもの。１９５４年（昭和29）、野沢村、浪岡町、女鹿沢《めがさわ》村、大杉村、五郷村の5町村が合併して浪岡町が発足。２００５年（平成17）、浪岡町が青森市と合併して青森市になる。

▼岩手県

佐倉河 さくらかわ［宇佐村＋満倉村＋下河原村］（奥州市）

１８８９年（明治22）、町村制の施行により、宇佐村、満倉村、下河原村、常盤《ときわ》村（一部）の4村が合併して佐倉河村が成立。村名は宇佐村の「佐」、満倉村の「倉」、下河原村の「河」を取って命名したもの。１９５４年（昭和29）、佐倉河村、水沢町など6町村が合併し、市制施行して水沢市になる。２００６年（平成18）、水沢市、江刺市、前沢町、胆沢《いさわ》町、衣川村の5市町村が合併し、市制施行して奥州市が発足する。

田部 たべ［田野村＋冬部村］（岩手郡葛巻町）

　1889年（明治22）、町村制の施行により、田野村と冬部村が合併して田部村が成立。村名は田野村の「田」と、冬部村の「部」を取って命名したもの。1955年（昭和30）、田部村、葛巻《くずまき》町、江刈村の3町村が合併して葛巻町になる。

田原 たわら［田代村＋石原村］（奥州市）

　1889年（明治22）、町村制の施行により、田代村と石原村が合併して田原村が成立。村名は田代村の「田」と、石原村の「原」を取って命名したもの。1955年（昭和30）、田原村、岩谷堂町など10町村が合併して江刺町が発足し、1958年（昭和33）、市制施行。2006年（平成18）、江刺市、水沢市、前沢町、胆沢町、衣川村の5市町村が合併し、市制施行して奥州市になる。

長島 ながしま［長部村＋小島村］（西磐井郡平泉町）

　1889年（明治22）、町村制の施行により、長《おさ》部《べ》村と小島村が合併して長島村が成立。村名は長部村の「長」と、小島村の「島」を取って命名したもの。1955年（昭和30）、長島村と平泉町が合併して平泉町になる。

羽田町 はだちょう［羽黒堂村＋田茂山村＋黒田助村］（奥州市）

　1875年（明治8）、羽黒堂村、田茂山村、黒田助村、鶯沢村の4村が合併して羽田村が成立。村名は羽黒堂村の「羽」と、田茂山村および黒田助村の「田」を取って命名したもの。1889年（明治22）、単独で村制を施行し、1954年（昭和29）、羽田村、水沢町など6町村が合併し、市制施行して水沢市が発足。2006年（平成18）、水沢市、江刺市、前沢町、胆沢町、衣川村の5市町村が合併し、市制施行して奥州市になる。

舞川 まいかわ［舞草村＋相川村］（一関市）

　1889年（明治22）、町村制の施行により、舞草村と相川村が合併して舞川村が成立。村名は舞草村の「舞」と、相川村の「川」を取って命名したもの。1955年（昭和30）、舞川村、厳美《げんび》村、萩荘《はぎしょう》村、弥栄《やさかえ》村の4村が一関市と合併し、一関市になる。

▼宮城県

大塩　おおしお［大窪村＋塩入村］（東松島市）

1889年（明治22）、町村制の施行により、大窪村、塩入村、赤井村、須江村、広渕村の5村が合併して深谷村が成立。1896年（明治29）、深谷村は5村に分割され、深谷村大窪と深谷村塩入は、統合して大塩村として発足。村名は大窪の「大」と、塩入の「塩」を取って命名したもの。1955年（昭和30）、大塩村、矢本町、赤井村の3町村が合併して矢本町になり、2005年（平成17）、鳴瀬町と合併し、市制施行して東松島市になる。

大鷹沢　おおたかさわ［大町村＋鷹巣村＋三沢村］（白石市）

1889年（明治22）、町村制の施行により、大町村、鷹巣村（一部）、三沢村の3村が合併して大鷹沢村が成立。村名は大町村の「大」、鷹巣村の「鷹」、三沢村の「沢」を取って命名したもの。1954年（昭和29）、大鷹沢村、白石町など7町村が合併し、市制施行して白石市になる。

大張　おおはり［大蔵村＋川張村］（伊具郡丸森町）

1889年（明治22）、町村制の施行により、大蔵村と川張村が合併して大張村が成立。村名は大蔵村の「大」と、川張村の「張」を取って命名したもの。1954年（昭和29）、大張村、丸森町など8町村が合併して丸森町になる。

▼秋田県

会塚　あいづか［大塚村＋西石塚村（塚と塚が会う）］（横手市）

1876年（明治9）、大塚村と西石塚村が合併して会塚村が成立。村名は大塚村と西石塚村の二つの「塚」が一緒になる（会う）ことに因んで命名されたもの。1889年（明治22）、町村制の施行により、会塚村、沼舘村、今宿村、矢神村、二井山《にいやま》村の5村が合併して沼舘村になり、1901年（明治34）、町に昇格。1955年（昭和30）、沼舘町、福地村、里見村、明治村（一部）の4町村が合併して雄物川町が発足。2005年（平成17）、雄物川町、横手市など8市町村が合併して横手市になる。

秋ノ宮 あきのみや ［秋田県＋宮城県］（湯沢市）

1889年（明治22）、町村制の施行により、中村、役内村、川井村の3村が合併して秋ノ宮村が成立。村名は秋田と宮城の県境があることに因む。1955年（昭和30）、秋ノ宮村、横堀町、院内町の3町村が合併して雄勝《おがち》町が発足し、2005年（平成17）、雄勝町、湯沢市、稲川町、皆瀬村の4市町村が合併して湯沢市になる。

荒谷 あらや ［荒川村＋万谷村］（鹿角郡小坂町）

1876年（明治9）、荒川村と万谷村が合併して荒谷村が成立。村名は荒川村の「荒」と、万谷村の「谷」を取って命名したもの。1889年（明治22）、町村制の施行により、荒谷村、山根村、上向村、大地村の4村が合併して七滝村が発足し、1955年（昭和30）、七滝村と小坂町が合併して小坂町になる。

木原田 きはらだ ［木売沢村＋江原田村］（大仙市）

1877年（明治10）、木売沢村と江原田村が合併して木原田村が成立。村名は木売沢村の「木」と、江原田村の「原田」を取って命名したもの。1889年（明治22）、町村制の施行により、木原田村など6村が合併して強首《こわくび》村になり、1955年（昭和30）、強首村、刈和野町、土川村、大沢郷村の4町村が合併して西仙北町が発足。2005年（平成17）、西仙北町、大曲市など8市町村が合併し、市制施行して大仙市になる。

薗田 そのだ ［上花園（薗）村＋下花園（薗）村＋釣田新田村］（仙

北市）

１８７７年（明治10）、上花園村、下花園村、釣田新田村の３村が合併して薗田村が成立。村名は上花園村および下花園村の「園」を「薗」に代え、釣田新田村の「田」を取って命名したもの。１８８９年（明治22）、町村制の施行により、薗田村、白岩村、白岩広久内村の３村が合併して白岩村になり、１９５５年（昭和30）、白岩村、角館町、中川村、雲沢村の４町村が合併して角館町が発足。２００５年（平成17）、角館町、田沢湖町、西木村の３町村が合併し、市制施行して仙北市になる。

田根森 たねもり ［田村＋下吉田村＋根田谷地村＋桜森村］（横手市）

１８７６年（明治９）、田村、下吉田村、根田谷地《こんだやち》村、桜森村の４村が合併して田根森村が成立。村名は田村および下吉田村の「田」、根田谷地村の「根」、桜森村の「森」を取って命名したもの。１９５５年（昭和30）、田根森村と阿気《あげ》村が合併して大雄村が発足し、２００５年（平成17）、大雄村、横手市など８市町村が合併して横手市になる。

椿川 つばきかわ ［椿台村＋手倉川原村］（雄勝郡東成瀬村）

１８７６年（明治９）、椿台村、手倉川原村、檜山台村の３村が合併して椿川村が成立。村名は椿台村の「椿」と、手倉川原村の「川」を取って命名したもの。１８８９年（明治22）、町村制の施行により椿川村、田子内《たごない》村、岩井川村の３村が合併して東成瀬村になる。

豊岩 とよいわ ［豊巻村＋石田坂村＋小山村］（秋田市）

１８８９年（明治22）、町村制の施行により、豊巻村、石田坂村、小山村の３村が合併して豊岩村が成立。村名は石田坂村の「石」と小山村の「山」の文字を組み合わせて「岩」の文字を作り、豊巻村の「豊」を冠して「豊岩」としたもの。１９５４年（昭和29）年、秋田市に編入される。

豊岡金田 とよおかきんでん［豊岡村＋金光寺村＋和田村］（山本郡三種町）

1876年（明治9）、豊岡村と金光寺村、和田村の3村が合併して豊岡金田村が成立。村名は豊岡村の「豊岡」、金光寺村の「金」、和田村の「田」を取って命名したもの。1889年（明治22）、町村制の施行により、豊岡金田村と外岡村、志戸橋村が合併して金岡村が発足。金岡村も豊岡金田村の「金」と、外岡村の「岡」を取った合成地名。1955年（昭和30）、金岡村、森岳《もりたけ》村、下岩川村の3村が合併して山本村になり、1962年（昭和37）、町に昇格。2006年（平成18）、山本町、八竜町、琴丘町の3町が合併して三種《みたね》町になる。

豊川 とよかわ［豊受村＋田川村＋長谷川村］（大仙市）

1889年（明治22）、町村制の施行により、豊受村、田川村、長谷川村、八幡林村、東長野村の5村が合併して豊川村が成立。村名は豊受村の「豊」と、田川村および長谷川村の「川」を取って命名したもの。1955年（昭和30）、豊川村、長野町、清水村、豊岡村の4町村が合併して中仙町が発足し、2005年（平成17）、中仙町、大曲市など8市町村が合併し、市制施行して大仙市になる。

中三地 なかさんち［中野村＋中村＋三日市村＋立居地村］（にかほ市）

1876年（明治9）、中野村、中村、三日市村、立居地《たちいち》村の4村が合併して中三地村が成立。村名は中野村および中村の「中」と、三日市村の「三」、立居地村の「地」を取って命名したもの。1889年（明治22）、町村制の施行により、中三地村など6村が合併して小出村が発足。1955年（昭和30）、小出村、平沢町、院内町の3町村が合併して仁賀保町になり、2005年（平成17）、仁賀保町、金浦町、象潟《きさかた》町の3町が合併し、市制施行して仁賀保を平仮名で表記した「にかほ市」として発足。

樋目野 ひめの［樋ノ口村＋百目木村＋三十野村］（にかほ市）

1876（明治9）、樋ノ口村、百目木村、三十野村の3村が合併して樋目野村が成立。村名は樋ノ口村の「樋」と、百目木村の「目」、三十野村の「野」を取って命名したもの。1889年（明治22）、町村制の施行により、樋目野村など6村が合併して小出村が発足。1955年（昭和30）、小出村、平沢町、院内町の3町村が合併して仁賀保町になり、2005年（平成17）、仁賀保町、金浦町、象潟町の3町が合併し、市制施行して「にかほ市」になる。

福山 ふくやま ［福田村＋横山村］（由利本荘市）

1876年（明治9）、福田村、横山村、長者屋敷村の3村が合併して福山村が成立。村名は福田村の「福」と、横山村の「山」を取って命名したもの。1889年（明治22）、町村制の施行により、福山村など6村が合併して南打越村になり、1954年（昭和29）、南打越村など6村が本荘町に編入され、市制施行して本荘市が発足。2005年（平成17）年、本荘市と由利郡の7町が合併して由利本荘市になる。新市名は本荘市に、郡名の「由利」を冠したもの。

富津内 ふつない ［富田村＋中津又村＋下山内村］（南秋田郡五城目町）

1889年（明治22）、町村制の施行により、富田村、中津又村、下山内村の3村が合併して富津内村が成立。村名は富田村の「富」、中津又村の「津」、下山内村の「内」を取って命名したもの。1955年（昭和30）、富津内村、五城目町、大川村、馬場目村、内川村の5町村が合併して五城目町になる。

山瀬 やませ ［山田村＋岩瀬村］（大館市）

1889年（明治22）、町村制の施行により、山田村と岩瀬村が合併して山瀬村が成立。村名は山田村の「山」と、岩瀬村の「瀬」を取って命名したもの。1956年（昭和31）、早口町と合併して田代町になり、2005年（平成17）、大館市に編入される。

山町 やままち［山田村＋町田村］（男鹿市）

１８７６年（明治9）、山田村と町田村が合併して山町村が成立。村名は山田村の「山」と、町田村の「町」を取って命名したもの。１８８９年（明治22）、町村制の施行により、山町村、滝川村、中間口村、浜間口村の４村が合併して男鹿中村が発足。１９５４年（昭和29）、男鹿中村、船川港町、脇本村、戸賀村、五里合《いりあい》村の５町村が合併し、市制施行して男鹿市になる。

山本 やまもと［山田村＋本上条村］（由利本荘市）

１８７６年（明治9）、山田村と本上条村が合併して山本村が成立。村名は山田村の「山」と、本上条村の「本」を取って命名したもの。１８８９年（明治22）、町村制の施行により、山本村など７村が合併して西滝沢村になり、１９５５年（昭和30）、西滝沢村、東滝沢村、鮎川村の３村が合併して由利村が発足。１９６０年（昭和35）、町に昇格し、２００５年（平成17）、由利町など由利郡７町が、本荘市と合併して由利本荘市になる。

▼山形県

安丹 あんたん［千安村＋丹波興屋村］（鶴岡市）

１８７６年（明治9）、千安《ちやす》村と丹波興屋《こうや》村が合併して安丹村が成立。村名は千安村の「安」と、丹波興屋村の「丹」を取って命名したもの。１８８９年（明治22）、町村制の施行により、安丹村など11村が合併して京田《きょうでん》村になり、１９５５年（昭和30）、鶴岡市に編入される。

大荒 おおあら［大戸村＋荒沢村］（鶴岡市）

１８７６年（明治9）、大戸村と荒沢村が合併して大荒村が成立。村名は大戸村の「大」と、荒沢村の「荒」を取って命名したもの。１８８９年（明治22）、町村制の施行により、大荒村など７村が合併して上郷村になり、１９５５年（昭和30）、鶴岡市に編入される。

大広 おおひろ［大谷村＋広浜村］（鶴岡市）

1876年（明治9）、大谷村と広浜村が合併して大広村が成立。村名は大谷村の「大」と、広浜村の「広」を取って命名したもの。1889年（明治22）、町村制の施行により、大広村など7村が合併して上郷村になり、1955年（昭和30）、鶴岡市に編入される。

大蕨岡 おおわらびおか［大淵村＋下蕨岡村］（飽海郡遊佐町）

1876年（明治9）、大淵村と下蕨岡村が合併して大蕨岡村が成立。村名は大淵村の「大」と、下蕨岡村の「蕨岡」を取って命名したもの。1889年（明治22）、町村制の施行により、大蕨岡村、上蕨岡村、杉沢村、鹿沢村、小原田村の5村が合併して蕨岡村が発足し、1954年（昭和29）、蕨岡村、遊佐《ゆざ》町など6町村が合併して遊佐町になる。

桂荒俣 かつらあらまた［上桂俣村＋下桂俣村＋備前荒屋敷村］（鶴岡市）

1876年（明治9）、上桂俣村、下桂俣村、備前荒屋敷村の3村が合併して桂荒俣村が成立。村名は上桂俣村および下桂俣村の「桂」と「俣」の文字の間に、備前荒屋敷村の「荒」の文字を入れて命名したもの。1889年（明治22）、町村制の施行により、桂荒俣村など13村が合併して山添村が発足。1954年（昭和29）、山添村と黒川村が合併して櫛引村になり、1966年（昭和41）、町に昇格。2005年（平成17）、櫛引町、鶴岡市など6市町村が合併して鶴岡市になる。

家根合 かねあい［家居新田村＋関根村＋落合村］（東田川郡庄内町）

1876年（明治9）、家居新田村、関根村、落合村の3村が合併して家根合村が成立。村名は家居新田村の「家」と、関根村の「根」、落合村の「合」を取って命名したもの。1889年（明治22）、町村制の施行により、家根合村など7村が合併して栄村が発足。1954年（昭和29）、栄村、余目《あまるめ》町など6町村が合併して余目町になり、2005年（平成17）、立川町と合併して庄内町になる。

河島　かわしま［塩川（河）村＋杉島村］（村山市）

1878年（明治11）、塩川村と杉島村が合併して河島村が成立。村名は塩川村の「川（河）」と、杉島村の「島」を取って命名したもの。1889年（明治22）、町村制の施行により、河島村、長島村、名取村、大淀村の4村が合併して西郷村が発足。1954年（昭和29）、西郷村、楯岡町など6町村が合併し、市制施行して村山市になる。

神花　かんばな［天神堂村＋尾花村］（東田川郡三川町）

1876年（明治9）、天神堂村と尾花村が合併して神花村が成立。村名は天神堂村の「神」と、尾花村の「花」を取って命名したもの。1889年（明治22）、町村制の施行により、神花村など7村が合併して東郷村が発足し、1955年（昭和30）、東郷村、横山村、押切村の3村が合併して三川町になる。

熊手島　くまてじま［熊野田興野村＋手蔵田興野村＋福島村］（酒田市）

1876年（明治9）、熊野田興野《こうや》村、手蔵田興野村、福島村の3村が合併して熊手島村が成立。村名は熊野田興野村の「熊」と、手蔵田興野村の「手」、福島村の「島」を取って命名したもの。1889年（明治22）、町村制の施行により、熊手島村など16村が合併して中平田村が発足し、1954年（昭和29）、酒田市に編入される。

塩井町　しおいまち［塩野村＋宮井村］（米沢市）

1889年（明治22）、町村制の施行により、塩野村（一部）と宮井村（一部）が合併して塩井村が成立。村名は塩野村の「塩」と、宮井村の「井」を取って命名したもの。1954年（昭和29）、米沢市に編入される。

新斎部　しんさいぶ　［新町村＋斎藤興屋村＋大部京田村］（鶴岡市）

１８７６年（明治９）、新町村と斎藤興屋《さいとうこうや》村、大《だい》部《ぶ》京田《きょうでん》村の３村が合併して新斎部村が成立。村名は新町村の「新」と、斎藤興屋村の「斎」、大部京田村の「部」を取って命名したもの。１８８９年（明治22）、町村制の施行により、新斎部村など６村が合併して大宝寺村が発足し、１９２０年（大正９）、鶴岡市に編入される。

返吉　そりよし　［反(返)町村＋吉田村］（東田川郡庄内町）

１８７６年（明治９）、反町村と吉田村が合併して返吉村が成立。村名は反町村の反が「返」に変化し、それに吉田村の「吉」を取って命名したもの。１８８９年（明治22）、町村制の施行により、返吉村など16村が合併して十六合《いざあい》村が発足。村名は16の村が一堂に会する（合う）という意味からつけられたもので、一種の合成地名。１９５４年（昭和29）、十六合村、余目町など６町村が合併して余目町になり、２００５年（平成17）、立川町と合併して庄内町になる。

当山　とうやま　［下当村＋山崎村］（飽海郡遊佐町）

１８７６年（明治９）、下当村と山崎村が合併して当山村が成立。村名は下当村の「当」と、山崎村の「山」を取って命名したもの。１８８９年（明治22）、町村制の施行により、当山村、北目村、富岡村、菅里村（一部）、直世《すぐせ》村（一部）の５村が合併して高瀬村が発足し、１９５４年（昭和29）、高瀬村、遊佐《ゆざ》町など６町村が合併して遊佐町になる。

中楯　なかだて　［上小中村＋谷地楯村］（鶴岡市）

１８７６年（明治９）、上小中村と谷地楯村が合併して中楯村が成立。村名は上小中村の「中」と、谷地楯村の「楯」を取って命名したもの。１８８９年（明治22）、町村制の施行により、中楯村など７村が合併して大山村が発足。翌１８９０年（明治23）、町に昇格して大山町になり、１９６３年（昭和38）、鶴岡市に編入される。

中橋　なかはし　［上中島村＋下中島村＋折橋村］（鶴岡市）

１８７６年（明治9）、上中島村、下中島村、折橋村の3村が合併して中橋村が成立。村名は上中島村および下中島村の「中」と、折橋村の「橋」を取って命名したもの。１８８９年（明治22）、町村制の施行により、中橋村など10村が合併して黄金《こがね》村になり、１９５５年（昭和30）、鶴岡市に編入される。

夏茂　なつも　［夏刈村＋津久茂村］（東置賜郡高畠町）

１８８２年（明治15）、夏刈村と津久茂村が合併して夏茂村が成立。村名は夏刈村の「夏」と、津久茂村の「茂」を取って命名したもの。１８８９年（明治22）、町村制の施行により、夏茂村など9村が合併して糠野目《ぬかのめ》村になり、１９５５年（昭和30）、高畠町に編入される。

成興野　なりこうや　［成沢村＋新興屋（野）村］（酒田市）

１８７６年（明治9）、成沢村と新興屋村が合併して成興野村が成立。村名は成沢村の「成」と、新興屋村の「興屋（野）」を取って命名したもの。１８８９年（明治22）、町村制の施行により、成興野村など7村が合併して上郷村になり、１９５５年（昭和30）、上郷村、松嶺町、内郷村の3町村が合併して松山町が発足。２００５年（平成17）、松山町、酒田市、八幡町、平田町の4市町が合併して酒田市になる。

西片屋　にしかたや　［西岩本村＋片貝村＋興屋村］（鶴岡市）

１８７６年（明治9）、西岩本村、片貝村、興屋村の3村が合併して西片屋村が成立。村名は西岩本村の「西」と、片貝村の「片」、興屋村の「屋」を取って命名したもの。１８８９年（明治22）、町村制の施行により、西片屋村など13村が合併して山添村が発足。１９５４年（昭和29）、山添村と黒川村が合併して櫛引村になり、１９６６年（昭和41）、櫛引町に昇格。２００５年（平成17）、櫛引町、鶴岡市など6市町村が合併して鶴岡市になる。

堀野 ほりの ［堀場村＋柴野村］（東田川郡庄内町）

1876年（明治9）、堀場村と柴野村が合併して堀野村が成立。村名は堀場村の「堀」と、柴野村の「野」を取って命名したもの。1889年（明治22）、町村制の施行により、堀野村など12村が合併して五七里《いなさと》村になり、1891年（明治24）、五七里村が常万《じょうまん》村に改称する。1954年（昭和29）、常万村、余目《あまるめ》町など6町村が合併して余目町が発足し、2005年（平成17）、余目町と立川町が合併して庄内町になる。

横田尻 よこたじり ［横越村＋田尻村］（西置賜郡白鷹町）

1879年（明治12）、横越村と田尻村が合併して横田尻村が成立。村名は横越村の「横」と、田尻村の「田尻」を取って命名したもの。1889年（明治22）、町村制の施行により、横田尻村、山口村、高玉村の3村が合併して蚕桑《こぐわ》村が発足し、1954年（昭和29）、蚕桑村、荒砥《あらと》町など6町村が合併して白鷹《しらたか》町になる。

▼福島県

浅山 あさやま ［浅野村＋北山新田］（会津若松市）

1875年（明治8）、浅野村、北山新田、中林新田が合併して浅山村が成立。村名は浅野村の「浅」と、北山新田の「山」を取って命名したもの。1889年（明治22）、町村制の施行により、浅山村など7村が合併して日橋《にっぱし》村になり、1957年（昭和32）、日橋村と堂島村が合併して河東《かわひがし》村が発足。1978年（昭和53）、町に昇格して河東町になり、2005年（平成17）、会津若松市に編入される。

東田 あずまだ ［東坂村＋塩田村］（いわき市）

1870年（明治3）、東坂村と塩田村が合併して東田村が成立。村名は東坂村の「東」と、塩田村の「田」を取って命名したもの。1889年（明治22）、町村制の施行により、東田村など11村が合併して鮫川村になる。1923年（大正12）、鮫川村が町に昇格して植田町に改称。1955年（昭和30）、植田町、勿来《なこそ》町、錦町、川部村、山田村の5町村が合併し、市制施行して勿来市が発足。1966年（昭和41）、勿来市など5市9町村が合併して「いわき市」になる。

天沼　あまぬま　［大六天村＋貝沼村］（喜多方市）

1875年（明治8）、大六天村と貝沼村が合併して天沼村が成立。村名は大六天村の「天」と、貝沼村の「沼」を取って命名したもの。1889年（明治22）、町村制の施行により、天沼村など6村が合併して堂島村になり、1954年（昭和29）、堂島村、塩川町、姥堂村、駒形村の4町村が合併して塩川町が発足。2006年（平成18）、塩川町、喜多方市、山都《やまと》町、熱塩加納《あつしおかのう》村、高郷村の5市町村が合併して喜多方市になる。

猪倉野　いくらの　［猪鼻村＋長倉村＋塩野村］（河沼郡柳津町）

1875年（明治8）、猪鼻村、長倉村、塩野村、黒滝村の4村が合併して猪倉野村が成立。村名は猪鼻村の「猪」、長倉村の「倉」、塩野村の「野」を取って命名したもの。1889年（明治22）、町村制の施行により、猪倉野村と郷戸村が合併して倉戸村が発足。倉戸村も猪倉野村の「倉」と、郷戸村の「戸」を取った合成地名。1921年（大正10）、倉戸村、柳津村、飯谷村の3村が合併して柳津村になり、1942年（昭和17）、町に昇格して柳津町になる。

一川　いちかわ　［一郷分＋川吉新田村］（喜多方市）

1875年（明治8）、一郷分と川吉新田村が合併して一川村が成立。村名は一郷分の「一」と、川吉新田村の「川」を取って命名したもの。1889年（明治22）、町村制の施行により、一川村、米室村、沢部村、高堂太《たかどうた》村の4村が合併して豊川村が発足。1954年（昭和29）、豊川村、喜多方町など8町村が合併し、市制施行して喜多方市になる。

一ノ木　いちのき［一ノ戸村＋撫木分］（喜多方市）

1877年（明治10）、一ノ戸村と撫木分が合併して一ノ木村が成立。村名は一ノ戸村の「一ノ」と、撫木分の「木」を取って命名したもの。1889年（明治22）、単独で村制を施行し、1954年（昭和29）、一ノ木村、山都町、相川村、早稲谷村、朝倉村の5町村が合併して山都町が発足し、2006年（平成18）、山都町、喜多方市、熱塩加納村、塩川町、高郷村の5市町村が合併して喜多方市になる。

牛川　うしかわ［牛沢村＋蛭川村］（河沼郡会津坂下町）

1875年（明治8）、牛沢村と蛭川村が合併して牛川村が成立。村名は牛沢村の「牛」と、蛭川村の「川」を取って命名したもの。1889年（明治22）、町村制の施行により、牛川村など7村が合併して若宮村が発足。1955年（昭和30）、若宮村、坂下《ばんげ》町など6町村が合併して会津坂下町になる。

海老細　えびさい［海老沢村＋細工名村］（河沼郡会津坂下町）

1875年（明治8）、海老沢村と細工名村が合併して海老細村が成立。村名は海老沢村の「海老」と、細工名村の「細」を取って命名したもの。1889年（明治22）、町村制の施行により、海老細村など7村が合併して金上《かながみ》村が発足。1955年（昭和30）、金上村、坂下町など6町村が合併して会津坂下町になる。

御池田　おいけだ［御池村＋太田分村］（河沼郡会津坂下町）

1875年（明治8）、御池村と太田分村が合併して御池田村が成立。村名は御池村の「御池」と、太田分村の「田」を取って命名したもの。1889年（明治22）、町村制の施行により、御池田村など9村が合併して広瀬村が発足し、1955年（昭和30）、広瀬村、坂下町など6町村が合併して会津坂下町になる。

大沖 おおおき ［大江村＋沖村］（河沼郡会津坂下町）

1875年（明治8）、大江村と沖村が合併して大沖村が成立。村名は大江村の「大」と、沖村の「沖」を取って命名したもの。1889年（明治22）、町村制の施行により、大沖村など7村が合併して若宮村が発足。1955年（昭和30）、若宮村、坂下《ばんげ》町など6町村が合併して会津坂下町になる。

大上 おおかみ ［大口村＋上宇内村］（河沼郡会津坂下町）

1875年（明治8）、大口村と上宇内村が合併して大上村が成立。村名は大口村の「大」と、上宇内村の「上」を取って命名したもの。1889年（明治22）、町村制の施行により、大上村など6村が合併して川西村が発足。1955年（昭和30）、川西村、坂下町など6町村が合併して会津坂下町になる。

大関 おおぜき ［大門村＋関波村］（伊達市）

1876年（明治9）、大門村と関波村が合併して大関村が成立。村名は大門村の「大」と、関波村の「関」を取って命名したもの。1889年（明治22）、町村制の施行により、大関村、細谷村、新田村の3村が合併して堰本《せきもと》村になり、1955年（昭和30）、堰本村、梁川《やながわ》町など7町村が合併して梁川町が発足。2006年（平成18）、梁川町、伊達町、保原町、霊山《りょうざん》町、月舘町の5町が合併し、市制施行して伊達市になる。

大田 おおた ［大畑村＋李田村］（郡山市）

1881年（明治14）、大畑村と李田村が合併して大田村が成立。村名は大畑村の「大」と、李田村の「田」を取って命名したもの。1889年（明治22）、町村制の施行により、大田村、木村、鬼生田《おにうた》村、三町目《さんちょうめ》村の4村が合併して逢隈《おうくま》村になり、1955年（昭和30）、逢隈村と高野村が合併して西田村が発足。1965年（昭和40）、郡山市に編入される。

大田木 おおたぎ［大木村＋田原村］（喜多方市）

１８７５年（明治8）、大木村と田原村が合併して大田木村が成立。村名は大木村の「大」と「木」の間に、田原村の「田」を入れて「大田木」と命名したもの。１８８９年（明治22）、町村制の施行により、大田木村など6村が合併して堂島村になり、１９５４年（昭和29）、堂島村、塩川町、姥堂村、駒形村の4町村が合併して塩川町が発足。２００６年（平成18）、塩川町、喜多方市、山都町、熱塩加納村、高郷村の5市町村が合併して喜多方市になる。

大田原 おおたわら［大和田村＋柏原新田＋鴨田新田＋堂島新田］（会津若松市）

１８７５年（明治8）、大和田村、柏原新田、鴨田新田、堂島新田の4村が合併して大田原村が成立。村名は大和田村の「大」、4村に共通する「田」、柏原新田の「原」を取って命名したもの。１８８９年（明治22）、町村制の施行により、大田原村など8村が合併して堂島村になる。１９５７年（昭和32）、堂島村と日橋《にっぱし》村が合併して河東村が発足し、１９７８年（昭和53）、町に昇格。２００５年（平成17）、会津若松市に編入される。

大綱木 おおつなぎ［大船沢村＋小綱木村］（耶麻郡西会津町）

１８７５年（明治8）、大船沢村と小綱木村が合併して大綱木村が成立。村名は大船沢村の「大」と、小綱木村の「綱木」を取って命名したもの。１８８９年（明治22）、町村制の施行により大綱木村など7村が合併して奥川村が発足し、１９５４年（昭和29）、奥川村、野沢町など10町村が合併して西会津町になる。

大柳 おおやなぎ［大島村＋在市柳村］（伊達市）

１８７６年（明治9）、大島村と在市柳村が合併して大柳村が成立。村名は大島村の「大」と、在市柳村の「柳」を取って命名したもの。１８８９年（明治22）、町村制の施行により、大柳村と上保原村が合併して上保原村になり、１９５５年（昭和30）、上保原村、保原町、大田村、柱沢村、富成村の5町村が合併して保原町が発足。2006年（平成18）、保原町、伊達町、梁川《やながわ》町、霊山町、月舘町の5町が合併し、市制施行して伊達市になる。

大山 おおやま ［大江村＋椚山村］（安達郡大玉村）

1889年（明治22）、町村制の施行により、大江村と椚《くぬぎやま》山村が合併して大山村が成立。村名は大江村の「大」と、椚山村の「山」を取って命名したもの。1955年（昭和30）、大山村と玉井村が合併して大玉村が発足。大玉村も大山村の「大」と、玉井村の「玉」を取って命名したもの。

大柳 おおりゅう ［大野村＋大野新田村＋小柳津村］（河沼郡柳津町）

1875年（明治8）、大野村、大野新田村、小柳津村の3村が合併して大柳村が成立。村名は大野村および大野新田村の「大」と、小柳津村の「柳」を取って命名したもの。1889年（明治22）、町村制の施行により、大柳村、柳津村、細八村の3村が合併して柳津村が発足。1942年（昭和17）、町に昇格して柳津町になる。

岡島 おかじま ［岡本村＋中島村］（福島市）

1876年（明治9）、岡本村と中島村が合併して岡島村が成立。村名は岡本村の「岡」と、中島村の「島」を取って命名したもの。1889年（明治22）、町村制の施行により、岡島村、岡部村、山口村の3村が合併して岡山村が発足。岡山村も、岡島村および岡部村の「岡」と、山口村の「山」を取った合成地名。1947年（昭和22）、福島市に編入される。

沖高 おきたか ［沖中野村＋高梨子村］（福島市）

1876年（明治9）、沖中野村と高梨子村が合併して沖高村が成立。村名は沖中野村の「沖」と、高梨子村の「高」を取って命名したもの。1889年（明治22）、町村制の施行により、沖高村、北矢野目村、南矢野目村、下飯坂村、宮代村の5村が合併して余目村が発足。1954年（昭和29）、福島市に編入される。

尾野本 おのもと ［松尾村＋森野村＋茅本村］（耶麻郡西会津町）

1875年（明治8）、松尾村、森野村、茅本村の3村が合併して尾野本村が成立。村名は松尾村の「尾」、森野村の「野」、茅本村の「本」を取って命名したもの。1954年（昭和29）、尾野本村など10町村が合併して西会津町になる。

勝大 かつおお ［勝方村＋大村＋大村新田村］（河沼郡会津坂下町）

1875年（明治8）、勝方村、大村、大村新田村の3村が合併して勝大村が成立。村名は勝方村の「勝」と、大村および大村新田村の「大」を取って命名したもの。1889年（明治22）、町村制の施行により、勝大村など7村が合併して若宮村が発足。1955年（昭和30）、若宮村、坂下《ばんげ》町など6町村が合併して会津坂下町になる。

勝原 かつはら ［西勝村＋竹原村］（大沼郡会津美里町）

1875年（明治8）、西勝村と竹原村が合併して勝原村が成立。村名は西勝村の「勝」と、竹原村の「原」を取って命名したもの。1889年（明治22）、町村制の施行により、勝原村、富川村、下堀村、橋丸村、藤家舘村の5村が合併して藤川村になり、1955年（昭和30）、藤川村、高田町など7町村が合併して会津高田町が発足。2005年（平成17）、会津本郷町および新鶴村と合併して会津美里町になる。

金橋 かなはし ［金川村＋三橋村］（喜多方市）

1875年（明治8）、金川村と三橋村が合併して金橋村が成立。村名は金川村の「金」と、三橋村の「橋」を取って命名したもの。1889年（明治22）、町村制の施行により、金橋村、中屋沢村、窪村、五合村、常世村の5村が合併して駒形村になり、1954年（昭和29）、駒形村、堂島村、塩川町、姥堂村の4町村が合併して塩川町が発足。2006年（平成18）、塩川町、喜多方市、山都町、熱塩加納村、高郷村の5市町村が合併して喜多方市になる。

金谷川 かなやがわ ［金沢村＋関谷村＋浅川村］（福島市）

1889年（明治22）、町村制の施行により、金沢村、関谷村、浅川村の3村が合併して金谷川村が成立。村名は金沢村の「金」と、関谷村の「谷」、浅川村の「川」の3文字を取って命名したもの。1955年（昭和30）、金谷川村、松川町、水原村の3町村が合併して松川町になり、1966年（昭和41）、福島市に編入される。

金田 かねだ ［金曲村＋夷田新田村］（耶麻郡猪苗代町）

1875年（明治8）、金曲《かねまがり》村と夷田新田村が合併して金田村が成立。村名は金曲村の「金」と、夷田新田村の「田」を取って命名したもの。1889年（明治22）、町村制の施行により、金田村、関都村、壺楊《つぼよう》村、山潟村、中小松村の5村が合併して月輪《つきのわ》村が発足し、1955年（昭和30）、月輪村、猪苗代町、翁島《おきなじま》村、千里《ちさと》村、吾妻村の5町村が合併して猪苗代町になる。

萱根 かやね ［新小萱村＋根田村］（白河市）

1877年（明治10）、新小萱村と根田村が合併して萱根村が成立。村名は新小萱村の「萱」と、根田村の「根」を取って命名したもの。1889年（明治22）、町村制の施行により、萱根村、小田川村、泉田村、豊地村の4村が合併して小田川村が発足し、1954年（昭和29）、白河市に編入される。

川部町 かわべまち ［小川村＋沼部村］（いわき市）

1889年（明治22）、町村制の施行により、小川村、沼部村、瀬戸村、三沢村、山玉村の5村が合併して川部村が成立。村名は小川村の「川」と、沼部村の「部」を取って命名したもの。1955年

(昭和30)、川部村、勿来町、錦町、植田町、山田村の5町村が合併し、市制施行して勿来《なこそ》市が発足。1966年(昭和41)、勿来市など5市9町村が合併して「いわき市」になる。

熊ノ目 くまのめ [熊川村+中ノ目村] (河沼郡湯川村)

1875年(明治8)、熊川村、中ノ目村、亀ヶ台村の3村が合併して熊ノ目村が成立。村名は熊川村の「熊」と、中ノ目村の「ノ目」を取って命名したもの。1889年(明治22)、町村制の施行により、熊ノ目村など6村が合併して勝常《しょうじょう》村になり、1957年(昭和32)、勝常村と笈川《おいかわ》村が合併して湯川村が発足。

小椿 こつばき [小巻村+椿村] (河沼郡柳津町)

1875年(明治8)、小巻村と椿村が合併して小椿村が成立。村名は小巻村の「小」と、椿村の「椿」を取って命名したもの。1889年(明治22)、町村制の施行により、小椿村、飯谷村、藤村の3村が合併して飯谷村が発足。1921年(大正10)、飯谷村と柳津村が合併して柳津村になり、1942年(昭和17)、町に昇格して柳津町になる。

小舟寺 こふなじ [小布瀬原村+船(舟)岡村+寺内村] (喜多方市)

1875年(明治8)、小布瀬原村、船岡村、寺内村の3村が合併して小舟寺村が成立。村名は小布瀬原村の「小」、船岡村の「船(舟)」、寺内村の「寺」を取って命名したもの。1889年(明治22)、町村制の施行により、小舟寺村と一川村が合併して小川村になる。小川村も小舟寺村の「小」と、一川村の「川」を取った合成地名。1950年(昭和25)、小川村、山都村、木幡村の3村が合併し、町制施行して山都町が発足。2006年(平成18)、山都町、喜多方市、塩川町、熱塩加納村、高郷村の5市町村が合併して喜多方市になる。

小府根 こふね ［下小出村＋別府（符）村＋下利根川村］（喜多方市）

1875年（明治8）、下小出村、別符村、下利根川村の3村が合併して小符根村が成立。「小府根」とも書いた。村名は下小出村の「小」、別符村の「符（府）」、下利根川村の「根」を取って命名したもの。1889年（明治22）、町村制の施行により、小符根村、三吉村、新江木村、新井田谷地村、源太屋敷村の5村が合併して姥堂村になり、1954年（昭和29）、姥堂村、塩川町、駒形村、堂島村の4町村が合併して塩川町が発足。2006年（平成18）、塩川町、喜多方市、山都町、熱塩加納村、高郷村の5市町村が合併して喜多方市になる。

佐野目 さのめ ［佐野村＋五丁ノ目村］（河沼郡湯川村）

1875年（明治8）、佐野村、五丁ノ目村、兼子村が合併して佐野目村が成立。村名は佐野村の「佐野」と、五丁ノ目村の「目」を取って命名したもの。1889年（明治22）、町村制の施行により、佐野目村など6村が合併して勝常《しょうじょう》村が発足。1957年（昭和32）、勝常村と笈川《おいかわ》村が合併して湯川村になる。

塩庭 しおにわ ［小塩村＋下羽出庭村］（田村郡小野町）

1872年（明治5）、小塩村と下羽出庭《しもはでにわ》村が合併して塩庭村が成立。村名は小塩村の「塩」と、下羽出庭村の「庭」を取って命名したもの。1889年（明治22）、町村制の施行により、塩庭村など6村が合併して夏井村が発足。1955年（昭和30）、夏井村、小野新町、飯豊《いいとよ》村の3町村が合併して小野町になる。

下堀 しもぼり ［下中川村＋新堀村］（大沼郡会津美里町）

1875年（明治8）、下中川村と新堀村が合併して下堀村が成立。村名は下中川村の「下」と、新堀村の「堀」を取って命名したもの。1889年（明治22）、町村制の施行により、下堀村、藤家舘《ふじいえたて》村、富川村、勝原村、橋丸村の5村が合併して藤川村になる。藤川村も藤家舘村の「藤」と、富川村の「川」を取った合成地名。1955年（昭和30）、藤川村、高田町など7町村が合併して会津高田町が発足。2005年（平成17）、会津本郷町および新鶴村と合併して会津美里町になる。

杉屋 すぎや［杉内村＋屋敷村］（大沼郡会津美里町）

1875年（明治8）、杉内村と屋敷村が合併して杉屋村が成立。村名は杉内村の「杉」と、屋敷村の「屋」を取って命名したもの。1889年（明治22）、町村制の施行により、杉屋村など7村が合併して永井野村になり、1955年（昭和30）、永井野村、高田町など7町村が合併して会津高田町が発足。2005年（平成17）、会津本郷町および新鶴村と合併して会津美里町になる。

関都 せきと［関脇村＋都沢村］（耶麻郡猪苗代町）

1875年（明治8）、関脇村と都沢村が合併して関都村が成立。村名は関脇村の「関」と、都沢村の「都」を取って命名したもの。1889年（明治22）、町村制の施行により、関都村、金田村、中小松村、壺楊《つぼよう》村、山潟村の5村が合併して月輪《つきのわ》村が発足。1955年（昭和30）、月輪村、猪苗代町、翁島村、千里《ちさと》村、吾妻村の5町村が合併して猪苗代町になる。

田川 たがわ［扇田村＋上樽川村＋下樽川村］（河沼郡湯川村）

1875年（明治8）、扇田村、上樽川村、下樽川村の3村が合併して田川村が成立。村名は扇田村の「田」と、上樽川村および下樽川村の「川」を取って命名したもの。1889年（明治22）、町村制の施行により、田川村など6村が合併して勝常《しょうじょう》村が発足。1957年（昭和32）、勝常村と笈川《おいかわ》村が合併して湯川村になる。

壺楊 つぼよう［壺下村＋楊枝村］（耶麻郡猪苗代町）

1875年（明治8）、壺下村と楊枝《ようじ》村が合併して壺楊村が成立。村名は壺下村の「壺」と、楊枝村の「楊」を取って命名したもの。１８８９年（明治22）、町村制の施行により、壺楊村、金田村、中小松村、関都村、山潟村の５村が合併して月輪村が発足し、１９５５年（昭和30）、月輪村、猪苗代町、翁島村、千里村、吾妻村の５町村が合併して猪苗代町になる。

鶴沢 つるざわ［鶴田村＋松沢村］（伊達郡川俣町）

１８７６年（明治９）、鶴田村と松沢村が合併して鶴沢村が成立。村名は鶴田村の「鶴」と、松沢村の「沢」を取って命名したもの。１８８９年（明治22）、町村制の施行により、鶴沢村、東福沢村、西福沢村、小神村の４村が合併して富田村が発足し、１９５５年（昭和30）、富田村、川俣町など８町村が合併して川俣町になる。

戸赤 とあか［戸石村＋赤土村］（南会津郡下郷町）

１８７５年（明治８）、戸石村と赤土村が合併して戸赤村が成立。村名は戸石村の「戸」と、赤土村の「赤」を取って命名したもの。１８８９年（明治22）、町村制の施行により、戸赤村など７村が合併して楢原村が発足。１９４６年（昭和21）、町に昇格し、１９５５年（昭和30）、楢原町、江川村、旭田村の３町村が合併して下郷町になる。

樋島 といしま［樋渡村＋水島村］（河沼郡会津坂下町）

１８７５年（明治８）、樋渡村と水島村が合併して樋島村が成立。村名は樋渡村の「樋」と、水島村の「島」を取って命名したもの。１８８９年（明治22）、町村制の施行により、樋島村など７村が合併して若宮村が発足し、１９５５年（昭和30）、若宮村、坂下《ばんげ》町など６町村が合併して会津坂下町になる。

富川 とみかわ［富岡村＋上中川村］（大沼郡会津美里町）

１８７５年（明治８）、富岡村と上中川村が合併して富川村が成立。村名は富岡村の「富」と、上中川村の「川」を取って命名したもの。１８８９年（明治22）、町村制の施行により、富川村、藤家舘村、勝原村、下堀村、橋丸村の5村が合併して藤川村になる。藤川村も、藤家舘村の「藤」と、富川村の「川」を取った合成地名。１９５５年（昭和30）、藤川村、高田町など7町村が合併して会津高田町が発足し、２００５年（平成17）、会津本郷町および新鶴村と合併して会津美里町になる。

富津町　とみつまち　［富田村＋小大津村］（いわき市）

１８７０年（明治3）、富田村と小大津村が合併して富津村が成立。村名は富田村の「富」と、小大津村の「津」を取って命名したもの。１８８９年（明治22）、町村制の施行により、富津村など6村が合併して山田村になり、１９５５年（昭和30）、山田村、勿来《なこそ》町など5町村が合併し、市制施行して勿来市が発足。１９６６年（昭和41）、勿来市など5市9町村が合併して「いわき市」になる。

長岡　ながおか　［長倉村＋岡村］（伊達市）

１８７６年（明治9）、長倉村と岡村が合併して長岡村が成立。村名は長倉村の「長」と、岡村の「岡」を取って命名したもの。１８８９年（明治22）、単独で村制を施行し、１９４０年（昭和15）、町に昇格して伊達町に改称。２００６年（平成18）、伊達町、梁川《やながわ》町、保原町、月舘町、霊山町の5町が合併し、市制施行して伊達市になる。

中泉　なかいずみ　［中政所村＋和泉川原村］（河沼郡会津坂下町）

１８７５年（明治8）、中政所村と和泉川原村が合併して中泉村が成立。村名は中政所村の「中」と、和泉川原村の「泉」を取って命名したもの。１８８９年（明治22）、町村制の施行により、中泉村など9村が合併して広瀬村が発足し、１９５５年（昭和30）、広瀬村、坂下町など6町村が合併して会津坂下町になる。

中小松　なかこまつ　［中目村＋小平潟村＋松橋村］（耶麻郡猪苗代町）

１８７５年（明治8）、中目村、小平潟村、松橋

村の3村が合併して中小松村が成立。村名は中目村の「中」、小平潟村の「小」、松橋村の「松」を取って命名したもの。1889年（明治22）、町村制の施行により、中小松村、金田村、関都村、壺楊《つぼよう》村、山潟村の5村が合併して月輪村が発足し、1955年（昭和30）、月輪村、猪苗代町、翁島村、千里村、吾妻村の5町村が合併して猪苗代町になる。

中屋沢　なかやざわ［田中村＋竹屋村＋深沢村］（喜多方市）

1875年（明治8）、田中村、竹屋村、深沢村の3村が合併して中屋沢村が成立。村名は田中村の「中」、竹屋村の「屋」、深沢村の「沢」を取って命名したもの。1889年（明治22）、町村制の施行により、中屋沢村、金橋村、窪村、五合村、常世村の5村が合併して駒形村になり、1954年（昭和29）、駒形村、塩川町、姥堂村、堂島村の4町村が合併して塩川町が発足。2006年（平成18）、塩川町、喜多方市、山都町、熱塩加納村、高郷村の5市町村が合併して喜多方市になる。

中山　なかやま［中倉村＋桜山村］（南会津郡下郷町）

1875年（明治8）、中倉村と桜山村が合併して中山村が成立。村名は中倉村の「中」と、桜山村の「山」を取って命名したもの。1889年（明治22）、町村制の施行により、中山村など7村が合併して楢原村が発足。1946年（昭和21）、町に昇格し、1955年（昭和30）、楢原町、江川村、旭田村の3町村が合併して下郷町になる。

新江木　にえき［新井田村＋上江村＋高木村］（喜多方市）

1875年（明治8）、新井田村、上江村、高木村の3村が合併して新江木村が成立。村名は新井田村の「新」、上江村の「江」、高木村の「木」を取って命名したもの。1889年（明治22）、町村制の施行により、新江木村、新井田谷地村、小筠根村、三吉村、源太屋敷村の5村が合併して姥堂村になり、1954年（昭和29）、姥堂村、塩川町、駒形村、堂島村の4町村が合併して塩川町が発足。2006年（平成18）、塩川町、喜多方市、山都町、熱塩加納村、高郷村の5市町村が合併して喜多方市になる。

沼越 ぬまこし［曲沼村＋砂越村］（河沼郡会津坂下町）

1875年（明治8）、曲沼村と砂越村が合併して沼越村が成立。村名は曲沼村の「沼」と、砂越村の「越」を取って命名したもの。1889年（明治22）、町村制の施行により、沼越村など9村が合併して広瀬村が発足。1955年（昭和30）、広瀬村、坂下町など6町村が合併して会津坂下町になる。

野田町 のだまち［上野寺村＋下野寺村＋笹木野村＋八島田村］（福島市）

1889年（明治22）、町村制の施行により、上野寺村、下野寺村、笹木野村、八島田村の4村が合併して野田村が成立。村名は上野寺村、下野寺村、笹木野村の「野」と、八島田村の「田」を取って命名したもの。1956年（昭和31）、野田村、大庭村、水保村の3村が合併して吾妻村になり、1962年（昭和37）、町に昇格。1968年（昭和43）、福島市に編入される。

橋丸 はしまる［橋爪村＋田丸村］（大沼郡会津美里町）

1877年（明治10）、橋爪村と田丸村が合併して橋丸村が成立。村名は橋爪村の「橋」と、田丸村の「丸」を取って命名したもの。1889年（明治22）の町村制施行で、橋丸村、下堀村、勝原村、藤家舘村、富川村の5村が合併して藤川村になる。藤川村も藤家舘村の「藤」と、富川村の「川」を取った合成地名。1955年（昭和30）、藤川村、高田町など7町村が合併して会津高田町が発足。2005年（平成17）、会津本郷町および新鶴村と合併して会津美里町になる。

東長原 ひがしながはら［東高野分＋長谷地新田＋原田新田］（会津若松市）

1875年（明治8）、東高野分と長谷地新田、原田新田が合併して東長原村が成立。村名は東高野分の「東」、長谷地新田の「長」、原田新田の「原」

を取って命名したもの。1889年（明治22）、町村制の施行により、東長原村など7村が合併して日橋村になり、1957年（昭和32）、日橋村と堂島村が合併して河東村が発足。2005年（平成17）、会津若松市に編入される。

平石　ひらいし　［平沢村＋石名坂村］（福島市）

1876年（明治9）、平沢村と石名坂村が合併して平石村が成立。村名は平沢村の「平」と、石名坂村の「石」を取って命名したもの。1889年（明治22）、町村制の施行により、平石村、山田村、小田村の3村が合併して平田村が発足。平田村も平石村の「平」と、山田村および小田村の「田」を取った合成地名。1955年（昭和30）、平田村、大森村、鳥川村の3村が合併して信夫《しのぶ》村になり、1966年（昭和41）、福島市に編入される。

福重岡　ふくえおか　［福光村＋八重松村＋螺良岡村］（大沼郡会津美里町）

1875年（明治8）、福光村、八重松村、螺良岡村が合併して福重岡村が成立。村名は福光村の「福」、八重松村の「重」、螺良岡村の「岡」を取って命名したもの。1889年（明治22）、町村制の施行により、氷玉村と福重岡村が合併して氷玉岡《ひだまおか》村になる。氷玉岡村も氷玉村の「氷玉」と、福重岡村の「岡」を取った合成地名。1925年（大正14）、氷玉岡村と川路村が合併して発足した玉路村も、氷玉岡村の「玉」と、川路村の「路」を取った合成地名である。1954年（昭和29）、玉路村と本郷町が合併して本郷町になり、1992年（平成4）、会津本郷町に改称。2005年（平成17）、会津高田町および新鶴村と合併して会津美里町になる。

藤家舘　ふじいえたて　［藤田村＋領家村＋沖ノ舘村］（大沼郡会津美里町）

1875年（明治8）、藤田村、領家村、沖ノ舘村が合併して藤家舘村が成立。村名は藤田村の「藤」、領家村の「家」、沖ノ舘村の「舘」を取って命名したもの。1889年（明治22）、町村制の施行により、藤家舘村、富川村、下堀村、橋丸村、勝原村の5村が合併して藤川村になる。藤川村も藤家舘村の「藤」と、富川村の「川」を取った合成地名。1955年（昭和30）、藤川村、高田町など7町村が合併して会津高田町が発足。2005年（平成17）、会津本郷町および新鶴村と合併して会津美里町になる。

船杉 ふなすぎ［船窪村＋杉村］（河沼郡会津坂下町）

1875年（明治8）、船窪村と杉村が合併して船杉村が成立。村名は船窪村の「船」と、杉村の「杉」を取って命名したもの。1889年（明治22）、単独で村制を施行し、1923年（大正12）、船杉村、新舘村、坂本村、塔寺《とうでら》村、気多宮《けたのみや》村の5村が合併して八幡《やわた》村が発足し、1955年（昭和30）、八幡村、坂下《ばんげ》町など6町村が合併して会津坂下町になる。

宝坂 ほうさか［宝川村＋白坂村］（耶麻郡西会津町）

1875年（明治8）、宝川村と白坂村が合併して宝坂村が成立。村名は宝川村の「宝」と、白坂村の「坂」を取って命名したもの。1889年（明治22）、町村制の施行により、屋敷村と合併して宝坂村が発足。1954年（昭和29）、宝坂村など10町村が合併して西会津町になる。

細八 ほそはち［細越村＋八坂野村］（河沼郡柳津町）

1875年（明治8）、細越村と八坂野村が合併して細八村が成立。村名は細越村の「細」と、八坂野村の「八」を取って命名したもの。1889年（明治22）、町村制の施行により、細八村、柳津村、大柳村の3村が合併して柳津村が発足し、1942年（昭和17）、町に昇格して柳津町になる。

松山町 まつやままち［村松村＋鳥見山村］（喜多方市）

1889年（明治22）、町村制の施行により、村松村、鳥見山村、大飯坂村が合併して松山村が成立。村名は村松村の「松」と、鳥見山村の「山」を取って命名したもの。１９５４年（昭和29）、松山村、喜多方町など7町村が合併し、市制施行して喜多方市が発足。

真宮 まみや ［真渡村＋礫宮村］（会津若松市）

１８７５年（明治8）、真渡村と礫宮村が合併して真宮村が成立。村名は真渡村の「真」と、礫宮村の「宮」を取って命名したもの。１８８９年（明治22）、町村制の施行により、真宮村など8村が合併して荒井村になり、１９５３年（昭和28）、荒井村と舘ノ内村が合併して荒舘村が発足。荒舘村も荒井村の「荒」と、舘ノ内村の「舘」を取った合成地名。１９５６年（昭和31）、荒舘村と川南村が合併して北会津村になり、２００４年（平成16）、会津若松市に編入される。

三穂田町 みほたまち ［三和村＋穂積村＋川田］（郡山市）

１９５５年（昭和30）、三和村、穂積村、安積町川田地区が合併して三穂田村が成立。村名は三和村の「三」と、穂積村の「穂」、川田地区の「田」を取って命名したもの。１９６５年（昭和40）、三穂田村、郡山市など11市町村が合併して郡山市になる。

本岡 もとおか ［本町村＋下手岡村］（双葉郡富岡町）

１８８２年（明治15）、本町村と下手岡村が合併して本岡村が成立。村名は本町村の「本」と、下手岡村の「岡」を取って命名したもの。１８８９年（明治22）、町村制の施行により、本岡村、上手岡村、大菅村の3村が合併して上岡村が発足。上岡村も上手岡村の「上」と、本岡村の「岡」を取った合成地名。１９５０年（昭和25）、上岡村が町に昇格して双葉町に改称。１９５５年（昭和30）、双葉町と富岡町が合併して富岡町になる。

Ⅲ 関東地方の合成地名

広域の合成地名

京浜 けいひん［東京＋横浜］
東京と横浜の2都市を結ぶ沿岸地域の総称。東京の「京」と、横浜の「浜」を取って命名したもの。東京鉄道にJR京浜東北線、京浜急行電鉄、そのほか京浜工業地帯、京浜運河、京浜港、京浜国道などがある。

京葉 けいよう［東京＋千葉］
東京都と千葉県にまたがる東京湾岸地域を指す総称。東京の「京」と、千葉の「葉」を取って命名したもの。鉄道にJR京葉線、京葉臨海鉄道、そのほか京葉工業地域、京葉道路などがある。

甲武信ヶ岳 こぶしがたけ［甲斐国＋武蔵国＋信濃国］
山梨、埼玉、長野3県の境界にそびえる山で、千曲川（信濃川）や荒川などの水源地になっている。山名は3県の旧国名である甲斐国、武蔵国、信濃国の頭文字を取って命名したもの。

三多摩 さんたま［北多摩郡＋南多摩郡＋西多摩郡（三つの多摩）］
東京23区管轄の東多摩郡を除いた北多摩郡、南多摩郡、西多摩郡の総称。北多摩郡と南多摩郡は全地域が市制を施行したため消滅している。

上信 じょうしん［上野国＋信濃国］
群馬県と長野県の境界一帯を指す地方名。上野国《こうずけ》（群馬県）の「上」と、信濃国（長野県）の「信」を取って命名したもの。群馬県を走る鉄道に上信電鉄がある。

常総台地 じょうそうだいち［常陸国＋下総国］
茨城県と千葉県にまたがる利根川下流域に広がる台地。茨城県の旧国名である常陸国《ひたち》の「常」と、千葉県北部と茨城県南部にまたがる地域の旧国名、下総国《しもうさ》の「総」を取って命名したもの。鉄道に関東鉄道常総線、そのほか常総ニュータウンなどがある。

上武　じょうぶ　［上野国＋武蔵国］

上野国（群馬県）と武蔵国（埼玉県、東京都および神奈川県の一部）の総称。上野国の「上」と、武蔵国の「武」を取って命名したもの。上武県立自然公園、上武道路などがある。

総武　そうぶ　［下総国＋上総国＋武蔵国］

下総国（千葉県北部）・上総国（千葉県中央部、茨城県南部）の「総」と、武蔵国の「武」を取って命名したもので、一般的には千葉県と東京都の両地域を指す。鉄道にＪＲ総武本線がある。

房総半島　ぼうそうはんとう　［安房国＋上総国＋下総国］

関東地方の南東部から太平洋に突き出した半島で、千葉県の大部分を占める。地名は千葉県南部の旧国名である安房国の「房」と、県の中北部を占める上総国・下総国の「総」を取って房総半島と命名された。房総丘陵、南房総国定公園などがある。

谷根千　やねせん　［谷中＋根津＋千駄木］

台東区と文京区にまたがる地域を指す総称で、谷中（台東区）、根津（文京区）、千駄木（文京区）の頭文字を繋ぎ合わせたもの。

両総台地　りょうそうだいち　［上総国＋下総国（上下両国の総）］

千葉県の北部に広がる台地。台地が千葉県中央部を占める上総国と、その北側を占める下総国にまたがっていることから、上総国と下総国の両方の「総」を取って両総台地と命名したもの。両総用水がある。

両毛　りょうもう　［上毛野国＋下毛野国（上下両国の毛）］

群馬県の旧国名である上野《こうずけ》（上毛野《かみけぬの》）国と、栃木県の旧国名の下野《しもつけ》（下毛野《しもけぬの》）国の、両国の「毛」を合わせた地名。狭義にはＪＲ両毛線の沿線一帯をいう。

市町村・郡の合成地名

「市」「町村」「郡」の順に掲載

▼茨城県

小美玉市 おみたまし［小川町＋美野里町＋玉里村］

霞ヶ浦の北側に位置する。市内に茨城空港を併設した航空自衛隊百里飛行場がある。２００６年（平成18）、小川町、美野里町、玉里村の３町村が合併し、市制施行して小美玉市が成立。市名は小川町の「小」、美野里町の「美」、玉里村の「玉」を取って命名したもの。

神栖市 かみすし［神之池＋鳥栖神社］

東側は太平洋（鹿島灘）に、南側は利根川に面する県南東端にある市。北に隣接する鹿嶋市にまたがって掘込式の鹿島港がある。１９５５年（昭和30）、軽野村と息栖《いきす》村が合併し、市制施行して神栖市が成立。市名は軽野村にある神之池《ごうのいけ》の「神」と、息栖村にある息栖神社の「栖」を取って命名したもの。

常総市 じょうそうし［常陸国＋下総国］

県の南西部に広がる常総台地に位置する。江戸時代は鬼怒川水運で栄えた。２００６年（平成18）、水海道市と石下町が合併し、市制施行して常総市が成立。市名は常総台地に由来し、常陸国（茨城県）の「常」と、下総国（茨城県南部および千葉県北部）の「総」を取って命名したもの。

つくばみらい市 つくばみらいし［筑波（つくば）郡＋みらい平駅］

茨城県の南部にある牛久《うしく》沼の西側に位置し、市内を鬼怒川と小貝川が流れている。２００６年（平成18）、伊奈町と谷和原《やわら》村が合併し、市制施行して「つくばみらい市」が成立。市名は両町村が所属する筑波郡を「つくば」と平仮名で表記し、つくばエクスプレスにある「みらい平駅」の「みらい」を取って命名したもの。

常陸太田市 ひたちおおたし［常陸国＋太田町］

1954年（昭和29）、太田町が佐都村、誉田《ほんだ》村、機初《はたそめ》村、西小沢村、佐竹村、幸久《さきく》村の6村を編入し、市制施行して常陸太田市が成立。市名は群馬県の太田市との混同を回避するため、「太田」に茨城県の旧国名の「常陸」を冠して命名したもの。

常陸大宮市 ひたちおおみやし ［常陸国＋大宮町］

2004年（平成16）、大宮町が山方町、美和村、緒川村、御前山村の4町村を編入し、市制施行して常陸大宮市が成立。市名は最近まで存在していた埼玉県の大宮市（現・さいたま市）との混同を避けるため、「大宮」に茨城県の旧国名の「常陸」を冠して命名したもの。

▼栃木県

那須烏山市 なすからすやまし ［南那須町＋烏山町］

栃木県と茨城県の境界に横たわる八溝《やみぞ》山地の西麓に位置する農業と畜産が盛んな町。「山あげ祭」は国の重要無形文化財。2005年（平成17）、南那須町と烏山町が合併し、市制施行して那須烏山市が成立。市名は南那須町の「那須」と、烏山町の「烏山」を取って命名したもの。

那須塩原市 なすしおばらし ［那須郡＋塩原町］

県の最北部に位置し、福島県に隣接している。那須高原や塩原温泉への玄関口。2005年（平成17）、黒磯市、西那須野町、塩原町の3市町が合併して那須塩原市が成立。市名は郡名（那須郡）の「那須」と、温泉地として有名な塩原町の「塩原」を取って命名したもの。だが、東北新幹線の那須塩原駅は、それより20年以上も前から存在しており、市名は駅名に由来しているともいえる。

市貝町 いちかいまち ［市羽村＋小貝村］（芳賀郡）

県の南東部に位置する農業と酪農が盛んな町。1954年（昭和29）、市羽村と小貝村が合併して市貝村が成立。村名は市羽村の「市」と、小貝村の「貝」を取って命名したもの。市羽村も1889年

（明治22）、町村制の施行で市塙《いちはな》村、赤羽村など6村が合併した際に、市塙村の「市」と赤羽村の「羽」を取った合成地名。市貝村は1972年（昭和47）、町に昇格して市貝町になる。

▼群馬県

大泉町 おおいずみまち ［大川村＋小泉町］（邑楽郡）

県の南東部に位置する。太田市と館林市に挟まれた県内屈指の工業都市で、外国人が多い町として知られる。1957年（昭和32）、小泉町と大川村が合併して大泉町が成立。町名は大川村の「大」と、小泉町の「泉」を取って命名したもの。

高山村 たかやまむら ［尻高村＋中山村］（吾妻郡）

県の中北部、子持山の北西斜面に開けた山村。1889年（明治22）、町村制の施行により、尻高《しったか》村と中山村が合併して高山村が成立。村名は尻高村の「高」と、中山村の「山」を取って命名したもの。

東吾妻町 ひがしあがつままち ［東村＋吾妻町］（吾妻郡）

榛名《はるな》山の北麓、吾妻《あがつま》川の流域に開けた町。町の西部に、「関東の耶馬渓」と称される吾妻渓谷がある。2006年（平成18）、吾妻町と東《あづま》村が合併して東吾妻町が成立。町名は東村の「東」と、吾妻町の「吾妻」を取って命名したもの。

佐波郡 さわぐん ［佐位郡＋那波郡］

今では佐波郡は県南部の玉村町の1町のみだが、発足当時は前橋市や伊勢崎市の一部も郡域としていた。1896年（明治29）、郡制の施行により、佐位郡と那波《なわ》郡が統合して佐波郡が成立。郡名は佐位郡の「佐」と、那波郡の「波」を取って命名したもの。

多野郡 たのぐん ［多胡郡＋緑野郡］

県の南西部を占める郡。1896年（明治29）、郡制の施行により、多胡郡と緑野郡、南甘楽《みなみかんら》郡が統合して多野郡が成立。郡名は多胡郡の「多」と、緑野郡の「野」を取って命名したもの。

▼埼玉県

日高市 ひだかし［日和田山＋高麗村＋高麗川村］

外秩父山地の東麓、入間《いるま》川支流の高麗《こま》川の流域に開けている。奈良時代、高麗からの渡来人が居住した地として知られる。1955年（昭和30）、高麗村と高麗川村が合併して日高町が成立。町名は町内にそびえる日和田山の「日」と、高麗村および高麗川村の「高」を取って命名したもの。1991年（平成3）、市制施行して日高市になる。

八潮市 やしおし［八条村＋八幡村＋潮止村］

県の南東部、中川と綾瀬川に挟まれた沖積低地に位置する。市域の南側は足立区と葛飾区に接する。1956年（昭和31）、八条村、八幡《やわた》村、潮止村の3村が合併して八潮村が成立。村名は八条村および八幡村の「八」と、潮止村の「潮」を取って命名したもの。1964年（昭和39）、町に昇格し、1972年（昭和47）、市制施行して八潮市になる。

宮代町 みやしろまち［姫宮神社＋身代神社］（南埼玉郡）

県の東部を流れる古利根川の西岸に位置する。東武動物公園があることで知られる。1955年（昭和30）、百間《もんま》村と須賀村が合併して宮代町が成立。町名は百間村にある姫宮神社の「宮」と、須賀村にある身代《このしろ》神社の「代」を取って命名したもの。

毛呂山町 もろやままち［毛呂村＋山根村］（入間郡）

外秩父山地の東麓に開けた町で、町の一部が県立黒山自然公園に指定されている。町の中央を、JR八高線と東武越生《おごせ》線が走り抜けている。1939年（昭和14）、毛呂村と山根村が合併して毛呂山町が成立。町名は毛呂村の「毛呂」と、山根村の「山」を取って命名したもの。

▼千葉県

大網白里市 おおあみしらさとし ［大網町＋白里町］

市の東側は太平洋（九十九里浜）に面し、西側は千葉市に接する。市の中心部に、JR外房線と東金線が分岐する大網駅がある。1954年（昭和29）、大網町、白里町、増穂村の3町村が合併して大網白里町が成立。町名は「大網」と「白里」をそのまま繋いだもの。2013年（平成25）、市制施行して大網白里市になる。

山武市 さんむし ［山辺郡＋武射郡］

太平洋（九十九里浜）に面する県東部の市。2006年（平成18）、山武《さんぶ》町、成東町、松尾町、蓮沼村の4町村が合併し、市制施行して山武市になる。市名は郡名（山武《さんぶ》郡）に由来する。郡名は1897年（明治30）、山辺郡と武射郡が統合された際に、山辺郡の「山」と、武射郡の「武」を取って命名したもの（⇩山武郡）。

富里市 とみさとし ［十三（富）＋村（里）］

北総台地の中央に位置し、成田国際空港の南に隣接する。スイカの名産地として有名。1889年（明治22）、町村制の施行により、日吉倉、久能、大和、根木名、七栄、新橋、中沢、新中沢、立沢、立沢新田、高野、高松、十倉の13村が合併して富里村が成立。村名は13の村（里）を「とみさと」と読み、「富里」の文字を当てたもの。1985年（昭和60）、町に昇格し、2002年（平成14）、市制施行して富里市になる。

長生村 ちょうせいむら ［長柄郡＋上埴生郡］（長生郡）

1953年（昭和28）、高根村、一松《ひとつまつ》村、八積《やつみ》村の3村が合併して長生村が成立。村名は郡名（長生郡）に由来する。郡名は1896年（明治29）、長柄《ながら》郡と上埴生《かみはぶ》郡が統合された際に、長柄郡の「長」と、上埴生郡の「生」を取って命名したもの（⇩長生郡）。

睦沢町 むつざわまち ［土睦村＋瑞沢村］（長生郡）

房総半島中東部、一宮川支流の瑞沢川流域に開けた農業を主産業とする町。1955年（昭和30）、土睦《つちむつ》村と瑞沢村が合併して睦沢村が成立。村名は土睦村の「睦」と、瑞沢村の「沢」を取って命名したもの。1983年（昭和58）、町に昇格して睦沢町になる。

横芝光町 よこしばひかりまち ［横芝町＋光町］（山武郡）

県北東部に位置し、西部は下総台地、東部は太平洋に面する。町の中央部を九十九里浜に注ぐ栗山川が流れている。2006年（平成18）、横芝町と光町が合併して横芝光町が成立。町名は、両町名の「横芝」と「光」をそのまま繋ぎ合わせて命名したもの。

山武郡 さんぶぐん ［山辺郡＋武射郡］

市名の山武は「さんむ」だが、郡名は「さんぶ」と読む。1897年（明治30）、郡制の施行により、山辺郡と武射郡が統合されて山武郡が成立。郡名は山辺郡の「山」と、武射郡の「武」を取って命名したもの。（⇩山武市）

長生郡 ちょうせいぐん ［長柄郡＋上埴生郡］

県の中東部を占める郡。1896年（明治29）、郡制の施行により、長柄《ながら》郡と上埴生《かみはぶ》郡が統合されて長生郡が成立。郡名は長柄郡の「長」と、上埴生郡の「生」を取って命名したもの（⇩長生村）。

▼東京都

大田区 おおたく ［大森区＋蒲田区］

23区の最南端に位置する。沿岸部は京浜工業地帯を形成しており、埋立地に東京国際空港（羽田空港）がある。1947年（昭和22）、東京35区から23区に再編された際に、大森区と蒲田区が合併して大田区が成立。区名は大森区の「大」と、蒲田区の「田」を取って命名したもの。

墨田区 すみだく［墨堤＋隅田川］

隅田川と荒川に挟まれた地域で、東京の観光名所として有名な東京スカイツリーがある。１９４７年（昭和22）、東京35区から23区へ再編された際に、本所区と向島区が合併して墨田区が成立。区名は隅田川堤の通称名である墨堤の「墨」と、隅田川の「田」を取って命名したもの。

中野区 なかのく［中野町＋野方町］

23区の西部に広がる武蔵野台地に位置する。１９３２年（昭和7）、東京市（15区）に隣接する5郡が、東京市に編入されて20区を新設。その際に中野町と野方町が合併して、新たに中野区が成立。中野町がそのまま中野区になったとする説もあるが、中野町の「中」と、野方町の「野」を取って命名されたと考えるのが妥当。

昭島市 あきしまし［昭和町＋拝島村］

八王子市と立川市に挟まれており、かつては養蚕業で栄えた都市。昭島市と立川市の両市にまたがって広がっていた立川基地跡に、１９８３年（昭和58）に国営昭和記念公園が造成された。１９５４年（昭和29）、昭和町と拝島村が合併し、市制施行して昭島市が成立。市名は昭和町の「昭」と、拝島村の「島」を取って命名したもの。

清瀬市 きよせし［清戸＋柳瀬川］

武蔵野台地の一角を占める東京都の中北部にある市で、埼玉県の所沢市と新座《にいざ》市に接している。病院や療養所が多く、「医療の街」といわれる。１８８９年（明治22）、町村制の施行により、地域名の清戸の「清」と、近くを流れる柳瀬川の「瀬」を取って命名したもの。１９５４年（昭和29）、町に昇格し、１９７０年（昭和45）、市制施行して清瀬市になる。

国立市 くにたちし［国分寺駅＋立川駅］

東京都西部の学園都市。１９２６年（大正15）、国鉄中央線に新しく駅が開設された際、国分寺駅と立川駅の中間に位置していることから、両駅の頭文字を取って国立駅と命名された。1951年（昭和26）、谷保《やほ》村が町に昇格する際に、それまでの谷保村から、知名度が高い国立駅に因んで「国立町」に改称され、1967年（昭和42）、市制施行して国立市になる。

東久留米市 ひがしくるめし ［東京＋久留米町］

武蔵野台地にある住宅都市で、北側は埼玉県に接する。1889年（明治22）、町村制の施行により、前沢村、南沢村、下里村、小山村、落合村、門前村、神山村、柳窪村、柳窪新田村、栗原新田村の10村が合併して久留米村が成立。1956年（昭和31）、町に昇格し、1970年（昭和45）、市制施行して東久留米市が発足。市名は福岡県久留米市との混同を避けるため、東京の「東」を冠して命名したもの。市制が施行される前から東久留米駅が存在したので、駅名に由来した市名だとも言える。

東大和市 ひがしやまとし ［東京＋大和町］

東京都の西北部に位置する。市の北部に多摩湖があり、埼玉県の所沢市と接している。1970年（昭和45）、大和町が市制施行した際に、神奈川県大和市との混同を避けるため、東京の「東」を冠して、「東京の大和」という意味から「東大和市」と命名された。

武蔵村山市 むさしむらやまし ［武蔵国＋村山町］

東京都の西北部、狭山《さやま》丘陵の南麓にあり、狭山丘陵を挟んで埼玉県所沢市に接する。武蔵七党の一つである村山党の発祥地。1970年（昭和45）、村山町が市制施行する際、山形県村山市との混同を避けるため、旧国名の「武蔵」を冠して武蔵村山市と命名したもの。

▼神奈川県

中井町 なかいまち ［中村＋井ノ口村］（足柄上郡）

県の南西部に横たわる大磯丘陵の北西部に位置す

る。農業を主産業とした町で、町の北部を東名高速道路が通り抜けている。1908年（明治41）、中村と井ノ口村が合併して中井村が成立。村名は中村の「中」と、井ノ口村の「井」を取って命名したもの。1958年（昭和33）、町に昇格して中井町になる。

平成になるまで存在した市町村・郡の合成地名

▼茨城県

勝田市 かつたし ［勝倉村＋三反田村＋武田村］（現・ひたちなか市）

1889年（明治22）、町村制の施行により、勝倉村、三反田《みたんだ》村、武田村、金上《かねあげ》村の4村が合併して勝田村が成立。村名は勝倉村の「勝」と、三反田村および武田村の「田」を取って命名したもの。1940年（昭和15）、勝田村、中野村、川田村の3村が合併し、町制施行して勝田町が発足。1954年（昭和29）、佐野村を編入し、市制施行して勝田市になる。1994年（平成6）、那珂湊《なかみなと》市と合併して「ひたちなか市」になり消滅。

大野村 おおのむら ［大同村＋中野村］（現・鹿嶋市）

1955年（昭和30）、大同村と中野村が合併して大野村が成立。村名は大同村の「大」と、中野村の「野」を取って命名したもの。中野村も1889年（明治22）、町村制の施行により、中村、荒野村、林村、小山村、奈良毛村の5村が合併した際に、中村の「中」と荒野村の「野」を取った合成地名。1995年（平成7）、鹿島町に編入されて消滅し、同時に市制施行して鹿嶋市になる。

金砂郷町 かなさごうまち ［金砂村＋金郷村］（現・常陸太田市）

1955年（昭和30）、金砂村、金郷《かなごう》村、郡戸《ぐんど》村、久米村の4村が合併して金砂郷村が成立。村名は金砂村の「金砂」と、金郷村の「郷」を取って命名したもの。1993年（平成5）年、町に昇格し、2004年（平成16）、常陸太田市に編入されて消滅する。

茎崎町 くきざきまち［小茎村＋高崎村＋上岩崎村＋下岩崎村］（現・つくば市）

１８８９年（明治22）、町村制の施行により、小茎村、高崎村、上岩崎村、下岩崎村、房内村、天宝《あまぼう》喜《き》村、若栗村、菅間村、大井村、樋ノ沢村、庄兵衛新田（一部）の11村が合併して茎崎村が成立。村名は小茎村の「茎」と、高崎村、上岩崎村、下岩崎村の「崎」を取って命名したもの。１９８３年（昭和58）、町に昇格し、２００２年（平成14）、つくば市に編入されて消滅。

里美村 さとみむら［小里村＋賀美村］（現・常陸太田市）

１９５６年（昭和31）、小里村と賀美村が合併して里美村が成立。村名は小里村の「里」と、賀美村の「美」を取って命名したもの。２００４年（平成16）、常陸太田市に編入されて消滅。

谷和原村 やわらむら［谷原村＋十和村］（現・つくばみらい市）

１９５５年（昭和30）、谷原《やはら》村、十《じゅうわ》和村、福岡村の３村が合併して谷和原村が成立。村名は谷原村の「谷」と「原」の間に、十和村の「和」を入れて「谷和原」としたもの。２００６年（平成18）、谷和原村と伊奈町が合併して市制施行し、「つくばみらい市」になり消滅。

▼群馬県

小野上村 おのがみむら［小野子村＋村上村］（現・渋川市）

１８８９年（明治22）、町村制の施行により、小野子村と村上村が合併して小野上村が成立。村名は小野子村の「小野」と、村上村の「上」を合成したもの。２００６年（平成18）、渋川市、伊香保町、子持村、北橘《きたたちばな》村、赤城村の５市町村と合併して渋川市になり消滅。

六合村 くにむら ［赤岩＋生須＋小雨＋太子＋日影＋入山（六つの集落を合わせて村が発足）］（現・吾妻郡中之条町）

1900年（明治33）、草津村の赤岩、生須《なます》、小《こ》雨《さめ》、太子、日影、入山の六つの集落が合併して六合村が発足。村名は六つの集落を合わせて一つの村になったことに因む。2010年（平成22）、六合村と中之条町が合併して中之条町になり消滅。

倉渕村 くらぶちむら ［倉田村＋烏淵村］（現・高崎市）

1955年（昭和30）、倉田村と烏淵《うぶち》村が合併して倉淵村が成立。村名は倉田村の「倉」と、烏淵村の「淵」を取って命名したもの。倉田村も1889年（明治22）の町村制の施行で、三ノ倉村と権田村が合併し、三ノ倉村の「倉」と、権田村の「田」を取った合成地名。1996年（平成8）、倉淵村から倉渕村に改称。2006年（平成18）、高崎市に編入されて消滅。

箕郷町 みのさとまち ［箕輪町＋車郷村］（現・高崎市）

1955年（昭和30）、箕輪町と車郷《くるまさと》村が合併して箕郷町が成立。町名は箕輪町の「箕」と、車郷村の「郷」を取って命名したもの。2006年（平成18）、高崎市に編入されて消滅。

藪塚本町 やぶづかほんまち ［藪塚村＋本町村］（現・太田市）

1889年（明治22）、町村制の施行により、藪塚村、本町村、山ノ神村、大久保村、六千石村、寄合村の6村が合併して藪塚本町が成立。町名は藪塚村の「藪塚」と、本町村の「本町」を取って命名したもの。2005年（平成17）、藪塚本町、太田市、尾島町、新田《にった》町の4市町が合併して太田市になり消滅。

▼埼玉県

神泉村 かみいずみむら ［神山＋若泉荘］（現・児玉郡神川町）

1954年（昭和29）、阿久原村と矢納《やのう》村が合併して神泉村が成立。村内にそびえる横隈山と城峯山を「神山」と称して崇めていた。村名は神山の

「神」と、中世に存在していた荘園の若泉荘の「泉」を取って命名したもの。2006年（平成18）、神泉村と神川町が合併して神川町になり消滅。

川本町 かわもとまち［武川村＋本畠村］（現・深谷市）

1955年（昭和30）、武川村と本畠村が合併して川本村が成立。村名は武川村の「川」と、本畠村の「本」を取って命名したもの。本畠村も1889年（明治22）の町村制施行により、本田村と畠山村が合併し、本田村の「本」と、畠山村の「畠」を取った合成地名。川本村は1977年（昭和52）、町に昇格し、2006年（平成18）、川本町、深谷市、岡部町、花園町の4市町が合併して深谷市になり消滅。

▼千葉県

天津小湊町 あまつこみなとまち［天津町＋小湊町］（現・鴨川市）

1955年（昭和30）、天津町と小湊町が合併して天津小湊町が成立。町名は「天津」と「小湊」をそのまま繋ぎ合わせて命名したもの。2005年（平成17）、天津小湊町と鴨川市が合併して鴨川市になり消滅。

大栄町 たいえいまち［大須賀村＋昭栄村］（現・成田市）

1955年（昭和30）、大須賀村と昭栄村が合併し、町制施行して大栄町が成立。町名は大須賀村の「大」と、昭栄村の「栄」を取って命名したもの。2006年（平成18）、成田市に編入され消滅。

野栄町 のさかまち［野田村＋栄村］（現・匝瑳市）

1954年（昭和29）、野田村と栄村が合併し、町制施行して野栄町が成立。町名は野田村の「野」と、栄村の「栄」を取って命名したもの。2006年（平成18）、野栄町と八日市場市が合併して匝瑳《そうさ》市になり消滅。

本埜村 もとのむら ［本郷村＋埜原村］（現・印西市）

1913年（大正2）、本郷村と埜原《やわら》村が合併して本埜村が成立。村名は本郷村の「本」と、埜原村の「埜」を取って命名したもの。2010年（平成22）、印西《いんざい》市に編入されて消滅。

小地名（字名）として残る合成地名

▼茨城県

伊崎 いさき ［伊佐部村＋阿波崎村］（稲敷市）

1889年（明治22）、町村制の施行により、伊佐部村、阿波崎村、下須田村、釜井村の4村が合併して伊崎村が成立。村名は伊佐部村の「伊」と、阿波崎村の「崎」を取って命名したもの。1955年（昭和30）、伊崎村、本新島《もとしんしま》村、十余島《とよしま》村の3村が合併して東村が発足し、1996年（平成8）、町に昇格。2005年（平成17）、東町、江戸崎町、新利根町、桜川村の4町村が合併し、市制施行して稲敷市になる。

桜 さくら ［栄（さかえ）村＋九（く）重村＋栗原（はら）村］（つくば市）

1955年（昭和30）、栄村、九重《ここのえ》村、栗原村の3村が合併して桜村が成立。村名は栄村の「さ」、九重村の「く」、栗原村の「ら」を繋いで「さくら」とし、それを漢字で表記したもの。1987年（昭和62）、桜村、大穂町、豊里町、谷田部町の4町村が合併し、市制施行して「つくば市」になる。

島須 します ［島崎村＋赤須村］（潮来市）

1878年（明治11）、島崎村と赤須村が合併して島須村が成立。村名は島崎村の「島」と、赤須村の「須」を取って命名したもの。1889年（明治22）、町村制の施行により、上戸村と合併して八代村が発足。1955年（昭和30）、香澄《かすみ》村と合併して牛堀村になり、同年、町に昇格。2001年（平成13）、潮来《いたこ》町に編入され、市制施行して潮来市になる。

高田町 たかだちょう ［高野村＋田沢村］（水戸市）

1878年（明治11）、高野村と田沢村が合併して高田村が成立。村名は高野村の「高」と、田沢村の「田」を取って命名したもの。1889年（明治22）、町村制の施行により、高田村、鰐淵村、五平村、下野新田の4村が合併して鰐淵村が発足。1955年（昭和30）、分立した一部が中妻村および下中妻村と合併して内原村になり、1965年（昭和40）、町に昇格。2005年（平成17）、水戸市に編入される。

田水山 たみやま ［西田中村＋水守村＋山木村］（つくば市）

1889年（明治22）、町村制の施行により、西田中村、水守村、山木村の3村が合併して田水山村が成立。村名は西田中村の「田」、水守村の「水」、山木村の「山」を取って命名したもの。1955年（昭和30）、田水山村、筑波町、北条町、田井村、小田村の5町村が合併して筑波町になり、1988年（昭和63）、つくば市に編入される。

中田 なかた ［中谷原村＋米田村］（取手市）

1885年（明治18）、中谷原村と米田村が合併して中田村が成立。村名は中谷原村の「中」と、米田村の「田」を取って命名したもの。1889年（明治22）、町村制の施行により、中田村など6村が合併して六郷村が発足。村名は六つの「郷」に因む。1955年（昭和30）、六郷村、相馬町、高須村、山王村、久賀村（一部）の5町村が合併して藤代町になり、2005年（平成17）、取手市に編入される。

中延 なかのべ ［中根四箇村＋立延村］（小美玉市）

1878年（明治11）、中根四箇村と立延村が合併して中延村が成立。村名は中根四箇村の「中」と、立延村の「延」を取って命名したもの。1889年（明治22）、町村制の施行により、中延村、小川村など6村が合併し、町制施行して小川町が発足。2006年（平成18）、小川町、美野里町、玉里村の3町村が合併し、市制施行して小美玉市になる。小美玉市も小川町の「小」、美野里町の「美」、玉里村の

「玉」を取った合成地名（⇩小美玉市）。

名崎　なさき［恩名村＋尾崎村］（古河市）

1889年（明治22）、町村制の施行により恩名村、尾崎村など7村が合併して名崎村が成立。村名は恩名村の「名」と、尾崎村の「崎」を取って命名したもの。1955年（昭和30）、名崎村、幸島村、八俣村の3村が合併して三和村になり、1969年（昭和44）、町に昇格。2005年（平成17）、三和町、古河《こが》市、総和町の3市町が合併して古河市になる。

馴柴町　なれしばまち［馴馬村＋若柴村］（龍ヶ崎市）

1889年（明治22）、町村制の施行により、馴馬村、若柴村など11村が合併して馴柴村が成立。村名は馴馬村の「馴」と、若柴村の「柴」を取って命名したもの。1954年（昭和29）、龍ヶ崎町に編入され、市制施行して龍ヶ崎市になる。

福二町　ふくじまち［福田村＋福崎村（福が二つ）］（常総市）

1875年（明治8）、福田村と福崎村が合併して福二村が成立。村名は福田村の「福」と、福崎村の「福」の二つの福を取って福二村としたもの。1889年（明治22）、町村制の施行により、福二村、上蛇《じょうじゃ》村、川崎村、三坂新田、沖新田の5村が合併して五箇村が発足。五箇村も五ヶ所の村が合併したことに因む。1954年（昭和29）、水海道町に編入され、市制施行して水海道市になる。2006年（平成18）、石下町を編入して常総市に改称される。

柳河町　やなかわちょう［青柳村＋上河内村＋中河内村＋下河内村］（水戸市）

1889年（明治22）、町村制の施行により、青柳村、上河内村、中河内村、下河内村の4村が合併して柳河村が成立。村名は青柳の「柳」と、上河内、中河内、下河内の「河」を取って命名したもの。1955年（昭和30）、水戸市に編入される。

▼栃木県

亀久 かめひさ［入亀山村＋大久保村］（大田原市）

1876年（明治9）、入亀山村と大久保村が合併して亀久村が成立。村名は入亀山村の「亀」と、大久保村の「久」を取って命名したもの。1889年（明治22）、町村制の施行により、亀久村、黒羽田町など9町村が合併して黒羽町が発足し、2005年（平成17）、大田原市に編入される。

静和 しずわ［静戸村＋三和村＋和泉村］（栃木市）

1889年（明治22）、町村制の施行により、静戸村、三和村、和泉村、五十畑《いかばた》村、曲ヶ島《まがのしま》村の5村が合併して静和村が成立。村名は静戸村の「静」と、三和村および和泉村の「和」を取って命名したもの。1956年（昭和31）、静和村、岩舟村、小野寺村の3村が合併して岩舟村が発足。1962年（昭和37）、町に昇格し、2014年（平成26）、栃木市に編入される。

島方 しまかた［島村＋方京村］（那須塩原市）

1875年（明治8）、島村と方京《ほうきょう》村が合併して島方村が成立。村名は島村の「島」と、方京村の「方」を取って命名したもの。1889年（明治22）、町村制の施行により、島方村など33村が合併して東那須野村になり、1955年（昭和30）、東那須野村、黒磯町、鍋掛村、高林村の4町村が合併して黒磯町が発足。1970年（昭和45）、市制を施行し、2005年（平成17）、黒磯市、西那須野町、塩原町の3市町が合併して那須塩原市になる。

関堀町 せきぼりちょう［関沢村＋堀米村］（宇都宮市）

1875年（明治8）、関沢村と堀米村が合併して関堀村が成立。村名は関沢村の「関」と、堀米村の「堀」を取って命名したもの。1889年（明治22）、町村制の施行により、関堀村など13村が合併して豊郷村になり、1954年（昭和29）、宇都宮市に編入される。

滝岡 たきおか ［滝野沢村＋岡和久村］（大田原市）

1875年（明治8）、滝野沢村、岡和久村、青木若目田村の3村が合併して滝岡村が成立。村名は滝野沢村の「滝」と、岡和久村の「岡」を取って命名したもの。1889年（明治22）、町村制の施行により、滝岡村、親園《ちかその》村など7村が合併して親園村が発足。1954年（昭和29）、親園村、大田原町、金田村の3町村が合併し、市制施行して大田原市になる。

千塚町 ちづかまち ［千手村＋犬塚村］（栃木市）

1876年（明治9）、千手村と犬塚村が合併して千塚村が成立。村名は千手村の「千」と、犬塚村の「塚」を取って命名したもの。1889年（明治22）、町村制の施行により、千塚村、吹上村など10村が合併して吹上村が発足し、1954年（昭和29）、栃木市に編入される。

▼群馬県

大高嶋 おおたかしま ［大久保村＋高鳥村＋島（嶋）村］（邑楽郡板倉町）

1876年（明治9）、大久保村、高鳥村、島村の3村が合併して大高島（嶋）村が成立。村名は大久保村の「大」、高鳥村の「高」、島村の「島（嶋）」を取って命名したもの。1889年（明治22）、大高島村、下五箇村、飯野村の3村が合併して大箇野《おおがの》村が発足。大箇野村も大高島村の「大」、下五箇村の「箇」、飯野村の「野」を取ってつけた合成地名。1955年（昭和30）、大箇野村、西谷田村、海老瀬村、伊奈良村の4村が合併し、町制施行して板倉町になる。

亀泉町 かめいずみまち ［中亀村＋小泉村］（前橋市）

1876年（明治9）、中亀村と小泉村が合併して亀泉村が成立。村名は中亀村の「亀」と、小泉村の「泉」を取って命名したもの。1889年（明治22）、町村制の施行により、亀泉村など13村が合併して桂萱《かいがや》村が発足し、1954年（昭和29）、前橋市に編入される。

富若町 とみわかちょう［富田村＋若林村］（太田市）

1876年（明治9）、富田村と若林村が合併して富若村が成立。村名は富田村の「富」と若林村の「若」を取って命名したもの。1889年（明治22）、町村制の施行により、富若村など9村が合併して毛《も》里田《りた》村が発足し、1963年（昭和38）、太田市に編入される。

松谷 まつや［松尾村＋横谷村］（吾妻郡東吾妻町）

1875年（明治8）、松尾村と横谷村が合併して松谷村が成立。村名は松尾村の「松」と、横谷村の「谷」を取って命名したもの。1889年（明治22）、町村制の施行により、松谷村、岩下村、三島村など6村が合併して岩島村が発足。岩島村も岩下村の「岩」と、三島村の「島」を取った合成地名。

1955年（昭和30）、岩島村、原町など4町村が合併して原町が発足。翌年、吾妻町に改称され、2006年（平成18）、東《あづま》村と合併して東吾妻《ひがしあがつま》町になる。

▼埼玉県

江和井 えわい［江川新田村＋大和屋新田村＋荒井新田村］（比企郡吉見町）

1875年（明治8）、江川新田村、大和屋新田村、荒井新田村の3村が合併して江和井村が成立。村名は江川新田村の「江」、大和屋新田村の「和」、荒井新田村の「井」を取って命名したもの。1889年（明治22）、町村制の施行により、江和井村など17村が合併して東吉見村が発足。1954年（昭和29）、東吉見村、西吉見村、北吉見村、南吉見村の4村の合併で吉見村になり、1972年（昭和47）、町に昇格。

川鶴 かわつる［川越市＋鶴ヶ島市］（川越市）

1961年（昭和36）、町名地番の整理統合によって成立したもので、川越市と鶴ヶ島市の境界付近に位置することから、川越市の「川」と、鶴ヶ島市の「鶴」を取って命名したもの。

川柳町 かわやなぎちょう［柿ノ木（かきのき）村＋伊原（いは〈わ〉ら）村＋南青柳（みなみあおや〈やな〉ぎ）村＋麦塚（むぎづか）村］（越谷市）

１８８９年（明治22）、町村制の施行により、柿ノ木村、伊原村、南青柳村、麦塚村の４村が合併して川柳村が成立。村名は柿ノ木村から「か」、伊原村から「は（わ）」、南青柳村から「や（やな）」、麦塚村から「ぎ」を取って「か・わ・や（やな）・ぎ」とし、それに漢字を当てたもの。１９５５年（昭和30）、草加町（現・草加市）に編入され、一部が分離して越谷町（現・越谷市）に編入される。

北岩岡 きたいわおか［北田新田＋岩岡新田］（所沢市）

１８７５年（明治８）、北田新田と岩岡新田が合併して北岩岡村が成立。村名は北田新田の「北」と、岩岡新田の「岩岡」を取って命名したもの。１８８９年（明治22）、町村制の施行により、北岩岡村、中富村、下富村、北中村、神米金《かめがね》村の５村が合併して富岡村が発足。富岡村も中富村および下富村の「富」と、北岩岡村の「岡」を取った合成地名。１９４３年（昭和18）、富岡村、所沢町、松井村、吾妻村、山口村、小手指村の６町村が合併して所沢町になり、１９５０年（昭和25）、市制施行して所沢市になる。

北中 きたなか［北野新田＋中北野新田］（所沢市）

１８７３年（明治６）、北野新田と中北野新田が合併して北中村が成立。村名は北野新田の「北」と、中北野新田の「中」を取って命名したもの。１８８９年（明治22）、町村制の施行により、北中村、中富村、下富村、北岩岡村、神米金《かめがね》村の５村が合併して富岡村が発足。１９４３年（昭和18）、富岡村、所沢町、松井村、吾妻村、山口村、小手指村の６町村が合併して所沢町になり、１９５０年（昭和25）、市制施行して所沢市になる。

神保原町 じんぼはらまち ［石神村＋忍保村＋八町河原町］

（児玉郡上里町）

１８８９年（明治22）、町村制の施行により、石神村、忍保《おしぼ》村、八町河原《はっちょうがわら》村の３村が合併して神保原村が成立。村名は石神村の「神」、忍保村の「保」、八町河原村の「原」を取って命名したもの。１９５４年（昭和29）、神保原村、賀美村、長幡村、七本木村の４村が合併して上里村が発足し、１９７１年（昭和46）、町に昇格して上里町になる。

鶴瀬 つるせ ［鶴馬村＋勝瀬村］（富士見市）

１８８９年（明治22）、町村制の施行により、鶴馬村と勝瀬村が合併して鶴瀬村が成立。村名は鶴馬村の「鶴」と、勝瀬村の「瀬」を取って命名したもの。１９５６年（昭和31）、鶴瀬村、南畑村、水谷村の３村が合併して富士見村が発足。１９６４年（昭和39）、町に昇格し、１９７２年（昭和47）、市制施行して富士見市になる。

戸川 とがわ ［寺ヶ谷戸村＋広川村］（加須市）

１８７５年（明治8）、寺ヶ谷戸村と広川村が合併して戸川村が成立。村名は寺ヶ谷戸村の「戸」と、広川村の「川」を取って命名したもの。１８８９年（明治22）、町村制の施行により、戸川村、上樋遣川《かみひやりかわ》村、下樋遣川村、中樋遣川村、町屋新田の５村が合併して樋遣川村が発足。１９５４年（昭和29）、樋遣川村、加須《かぞ》町など８町村が合併し、市制施行して加須市になる。

戸島 としま ［安戸村＋上戸村＋大島新田村］（幸手市）

１８７７年（明治10）、安戸村、上戸村、大島新田村の３村が合併して戸島村が成立。村名は安戸村および上戸村の「戸」と、大島新田村の「島」を取って命名したもの。１８８９年（明治22）、町村制の施行により、戸島村など８村が合併して八代村が発足。１９５５年（昭和30）、幸手《さって》町に編入され、１９８６年（昭和61）、市制施行して幸手市になる。

水谷 みずたに ［水子村＋針ヶ谷村］（富士見市）

1889年（明治22）、町村制の施行により、水子村と針ヶ谷村が合併して水谷村が成立。村名は水子村の「水」と、針ヶ谷村の「谷」を取って命名したもの。1956年（昭和31）、水谷村、鶴瀬村、南畑村の3村が合併して富士見村が発足し、1964年（昭和39）、町に昇格。1972年（昭和47）、市制施行して富士見市になる。

宮原町 みやはらちょう ［加茂宮村＋吉野原村］（さいたま市北区）

1889年（明治22）、町村制の施行により、加茂宮村、吉野原村、奈良瀬戸村、大谷別所村の4村が合併して宮原村が成立。村名は加茂宮村の「宮」と、吉野原村の「原」を取って命名したもの。1940年（昭和15）、宮原村、大宮町、大砂土《おおさと》村、三橋村、日進村の5町村が合併し、市制施行して大宮市になり、2001年（平成13）、大宮市、浦和市、与野市の3市が合併して「さいたま市」が発足。2003年（平成15）、区制設置で「さいたま市北区」の管轄になる。

▼千葉県

海士有木 あまありき ［海士村＋有木村］（市原市）

1874年（明治7）、海士《あま》村と有木村が合併して海士有木村が成立。村名は両村名をそのまま繋ぎ合わせて命名したもの。1889年（明治22）、町村制の施行により、海士有木村など7村が合併して市西村になる。1955年（昭和30）、市西村と養老村が合併し、町制施行して三和町が発足し、1963年（昭和38）、三和町、市原町、市津町、姉崎町、五井町の5町が合併して市制施行し、市原市になる。

市野郷 いちのごう ［市野々村＋郷渡村］（勝浦市）

1877年（明治10）、市野々村と郷渡村が合併して市野郷村が成立。村名は市野々村の「市野」と郷渡村の「郷」を取って命名したもの。1889年（明治22）、町村制の施行により、市野郷村など17村が合併して総野《ふさの》村が発足。1955年（昭和30）、総野村、勝浦町、興津《おきつ》町、上野村の4町村が合併して勝浦町になり、1958年（昭和33）、市制施行して勝浦市になる。

大井戸 おおいど ［大月村＋深井村＋森戸村］（君津市）

1875年（明治8）、大月村、深井村、森戸村、谷木村の4村が合併して大井戸村が成立。村名は大月村の「大」、深井村の「井」、森戸村の「戸」を取って命名したもの。1889年（明治22）、大井戸村など12村が合併して小糸村になり、1955年（昭和30）、中村と合併して町に昇格。1970年（昭和45）、小糸町、君津町、上総町、清和村、小櫃《おびつ》村の5町村が合併して君津町が発足し、1971年（昭和46）、市制施行して君津市になる。

大稲 おおいね ［大久保村＋稲荷塚村］（木更津市）

1877年（明治10）、大久保村と稲荷塚村が合併して大稲村が成立。村名は大久保村の「大」と、稲荷塚村の「稲」を取って命名したもの。1889年（明治22）、町村制の施行により、大稲村など8村が合併して馬来田《まくた》村になり、1955年（昭和30）、馬来田村と富岡村が合併し、町制施行して富来田《ふくた》町が発足。富来田町も富岡村の「富」と、馬来田村の「来田」を取って命名した合成地名。1971年（昭和46）、木更津市に編入される。

大中 おおなか ［大録村＋中山村］（君津市）

1874年（明治7）、大録村と中山村が合併して大中村が成立。村名は大録村の「大」と、中山村の「中」を取って命名したもの。1889年（明治22）、町村制の施行により、大中村など10村が合併して松丘村になる。1954年（昭和29）、松丘村、久留里町、亀山村の3町村が合併して上総町が発足。1970年（昭和45）、上総町、小糸町、君津町、清和村、小櫃《おびつ》村の5町村が合併して君津町になり、1971年（昭和46）、市制施行して君津市になる。

鬼高 おにたか 〔鬼越＋高石神〕（市川市）

1919年（大正8）、鬼越地区と高石神地区が統合して東葛飾郡中山村大字鬼高になる。地名は鬼越地区の「鬼」と、高石神地区の「高」を取って命名したもの。1924年（大正13）、中山村は町に昇格して中山町になり、1934年（昭和9）、中山町、市川町、八幡町、国分村の4町村が合併し、市制施行して市川市になる。

川畑 かわはた 〔川安戸村＋南畑村〕（夷隅郡大多喜町）

1877年（明治10）、川安戸村と南畑村が合併して川畑村が成立。村名は川安戸村の「川」と、南畑村の「畑」を取って命名したもの。1889年（明治22）、町村制の施行により、川畑村など22村が合併して西畑村が発足し、1954年（昭和29）、西畑村、大多喜町、総元《ふさもと》村、老川村、上瀑《かみたき》村の5町村が合併して大多喜町になる。

古原 こはら 〔古山村＋原宿村〕（香取郡神崎町）

1885年（明治18）、古山村と原宿村が合併して古原村が成立。村名は古山村の「古」と、原宿村の「原」を取って命名したもの。1889年（明治22）、町村制の施行により、古原村など8村が合併して米沢村が発足し、1955年（昭和30）、神崎町と合併して神崎米沢町になるが、即日、神崎町に改称。

武野里 たけのさと 〔下武射村＋野中村＋中里村〕（山武市）

1877年（明治10）、下武射村、野中村、中里村の3村が合併して武野里村が成立。村名は下武射村の「武」、野中村の「野」、中里村の「里」を取って命名したもの。1889年（明治22）、町村制の施行により武野里村など9村が合併して大平村になり、1955年（昭和30）、大平村、松尾町、豊岡村の3町村が合併して松尾町が発足。2006年（平成18）、松尾町、山武町、成東町、蓮沼村の4町村が合併し、市制施行して山武市になる。

津田沼 つだぬま［谷津村＋久々田村＋鷺沼村］（習志野市）

1889年（明治22）、町村制の施行により、谷津村、久々田村、鷺沼村など5村が合併して津田沼村が成立。村名は谷津村の「津」、久々田村の「田」、鷺沼村の「沼」を取って命名したもの。1903年（明治36）、町制施行して津田沼町になり、1954年（昭和29）、市制施行して習志野市になる。

鶴奉 つるほう［鶴島新田村＋奉目新田村］（野田市）

1874年（明治7）、鶴島新田村と奉目新田村が合併して鶴奉村が成立。村名は鶴島新田村の「鶴」と、奉目新田村の「奉」を取って命名したもの。1889年（明治22）、町村制の施行により、鶴奉村など8村が合併して旭村が発足し、1950年（昭和25）、旭村、野田町、梅郷村、七福村の4町村が合併し、市制施行して野田市になる。

新島 にいじま［新堀村＋三島村］（山武郡横芝光町）

1877年（明治10）、新堀村と三島村が合併して新島村が成立。村名は新堀村の「新」と、三島村の「島」を取って命名したもの。1889年（明治22）、新島村、北清水村、屋形村の3村が合併して上堺村になり、1955年（昭和30）、上堺村、横芝町、大総村の3町村が合併して横芝町が発足。2006年（平成18）、横芝町と光町が合併して横芝光町になる。横芝光町も両町名を繋ぎ合わせた合成地名（⇩横芝光町）。

水岡 みずおか［清水村＋北片岡村＋南片岡村］（館山市）

1875年（明治8）、清水村と北片岡村および南片岡村が合併して水岡村が成立。村名は清水村の「水」と、北片岡村および南片岡村の「岡」を取って命名したもの。1889年（明治22）、町村制の施行により、水岡村など9村が合併して九重村になり、1954年（昭和29）、館山市に編入される。

山滝野 やまたきの ［大山田村＋小滝村＋西野村＋大野宮台村］（君津市）

１８７４年（明治7）、大山田村、小滝村、西野村、大野宮台村など7村が合併して山滝野村が成立。村名は大山田村の「山」、小滝村の「滝」、西野村および大野宮台村の「野」を取って命名したもの。１８８９年（明治22）、町村制の施行により、山滝野村など10村が合併して松丘村になり、１９５４年（昭和29）、松丘村、久留里町、亀山村の3町村が合併して上総町が発足。１９７０年（昭和45）、上総町、小糸町、君津町、清和村、小櫃《おびつ》村の5町村が合併して君津町に、１９７１年（昭和46）、市制施行して君津市になる。

吉沢 よしざわ ［吉井村＋米沢村］（南房総市）

１８７３年（明治6）、吉井村と米沢村が合併して吉沢村が成立。村名は吉井村の「吉」と、米沢村の「沢」を取って命名したもの。１８８９年（明治22）、町村制の施行により、吉沢村など8村が合併して平群《へぐり》村が発足。１９５５年（昭和30）、平群村と岩井町が合併して富山町になり、２００６年（平成18）、富山町など7町村が合併し、市制施行して南房総市になる。

竜岡 りゅうおか ［北竜村＋南竜村＋松岡村］（館山市）

１８７４年（明治7）、北竜村、南竜村、松岡村の3村が合併して竜岡村が成立。村名は北竜村および南竜村の「竜」と、松岡村の「岡」を取って命名したもの。１８８９年（明治22）、町村制の施行により、竜岡村など9村が合併して神戸《かんべ》村が発足し、１９５４年（昭和29）、館山市に編入される。

▼東京都

梅島 うめじま ［梅田村＋島根村］（足立区）

１８８９年（明治22）、町村制の施行により、梅田村、島根村、栗原村、小右衛門新田の4村が合併して梅島村が成立。村名は梅田村の「梅」と、島根村の「島」を取って命名したもの。１９２８年（昭和3)、町に昇格して梅島町になる。1932年(昭和7)、東京市に編入され、足立区の管轄になる。

紀尾井町 きおいちょう [紀伊徳川家+尾張徳川家+井伊家](千代田区)

坂道を挟んで紀伊徳川家、尾張徳川家、井伊家3家の中屋敷があったことに由来する。坂道は紀伊の「紀」、尾張の「尾」、井伊家の「井」の3文字を取って「紀尾井坂」と呼ばれるようになり、一帯の地名となる。

駒沢 こまざわ [上馬引沢村+下馬引沢村+野沢村+深沢村](世田谷区)

1889年(明治22)、町村制の施行により、上馬引沢村、下馬引沢村、野沢村、深沢村など8村が合併して駒沢村が成立。村名は上馬引沢村および下馬引沢村の「馬(駒)」と、野沢村および深沢村の「沢」を取って命名したもの。1925年(大正14)、町制を施行して駒沢町になり、1932年(昭和7)、東京市に編入されて世田谷区の管轄になる。

小茂根 こもね [小山町+茂呂町+根ノ上町](板橋区)

1965年(昭和40)、住居表示の実施により、小山町、茂呂《もろ》町、根ノ上町が統合されて小茂根が成立。地名は小山町の「小」、茂呂町の「茂」、根ノ上町の「根」を取って命名したもの。

塩浜 しおはま [深川塩崎町+深川浜園町](江東区)

1968年(昭和43)、住居表示の実施により、深川塩崎町と深川浜園町が統合されて塩浜が成立。地名は深川塩崎町の「塩」と、深川浜園町の「浜」を取って命名したもの。

千石 せんごく [千田町+石島町](江東区)

1936年(昭和11)、千田町と石島町が統合されて深川千石町が成立。1968年(昭和43)、住居表示の実施により千石になる。地名は千田町の「千」と、石島町の「石」を取って命名したもの。

千石 せんごく［千川＋小石川］（文京区）

1967年（昭和42）、住居表示の実施により、宮下町、丸山町、西丸町、西原町、林町などの地域が統合されて千石が成立。地名は地区内を流れる千川の「千」と、小石川の「石」を取って命名したもの。

大京町 だいきょうちょう［大番町＋右京町］（新宿区）

1943年（昭和18）、大番町と右京町が合併して大京町が成立。地名は大番町の「大」と、右京町の「京」を取って命名したもの。

代沢 だいざわ［代田＋北沢］（世田谷区）

1964年（昭和39）、住居表示の実施により、代田と北沢にまたがる地域に代沢が成立。地名は代田の「代」と、北沢の「沢」を取って命名したもの。

長岡 ながおか［長谷部新田＋下師岡新田］（西多摩郡瑞穂町）

1889年（明治22）、町村制の施行により、長谷部新田と下師岡新田が合併して長岡村が成立。村名は長谷部新田の「長」と、下師岡新田の「岡」を取って命名したもの。1940年（昭和15）、長岡村、箱根ヶ崎村、石畑村、殿ヶ谷《とのがや》村の4村が合併して瑞穂町になる。

成田西 なりたにし［成宗＋西田町］（杉並区）

1969年（昭和44）、住居表示の実施により、成宗と西田町が統合されて成田西が成立。地名は成宗の「成」に、西田町の「西」と「田」の文字を入れ替えた「田西」を繋ぎ合わせて成田西と命名したもの。

成田東 なりたひがし［成宗＋東田町］（杉並区）

1969年（昭和44）、住居表示の実施により、成宗と東田町が統合されて成田東が成立。地名は成宗の「成」に、東田町の「東」と「田」の文字を入れ替えた「田東」を繋ぎ合わせて成田東と命名したもの。

蓮根 はすね〔上蓮沼＋根葉村〕（板橋区）
1900年（明治33）、町名の整理統合により蓮根が成立。地名は上蓮沼の「蓮」と、根葉村の「根」を取って命名したもの。

早宮 はやみや〔早渕＋宮ケ谷戸〕（練馬区）
1965年（昭和40）、住居表示の実施により早宮が成立。地名は早渕の「早」と、宮ケ谷戸の「宮」を取って命名したもの。

保塚町 ほづかちょう〔保木間町＋竹塚町〕（足立区）
1963年（昭和38）、住居表示の実施により、保塚町が成立。地名は保木間町の「保」と、竹塚町の「塚」を取って命名したもの。

堀船 ほりふね〔堀之内＋船方〕（北区）
1956年（昭和31）、住居表示の実施により、堀船町が成立。地名は堀之内の「堀」と、船方の「船」を取って命名したもの。

本駒込 ほんこまごめ〔本郷＋駒込〕（文京区）
駒込は文京区と豊島区にまたがっていたことから、1966年（昭和41）の住居表示の実施により、「本郷にある駒込」という意味で、本郷の「本」と「駒込」を取って命名された。

本塩町 ほんしおちょう〔本村町＋塩町〕（新宿区）
1943年（昭和18）、本村町、塩町、七軒町が統合されて本塩町が成立。地名は本村町の「本」と、塩町の「塩」を取って命名したもの。

松江 まつえ〔東小松川村＋西小松川村＋西一ノ江村〕（江戸川区）
1889年（明治22）、町村制の施行により、東小松川村、西小松川村、西一ノ江村（一部）の3村が合併して松江村が成立。村名は東小松川村および西小松川村の「松」と、西一ノ江村の「江」を取って命名したもの。1926年（昭和元）、町に昇格し、1932年（昭和7）、東京市に編入されて江戸川区の管轄になる。

松が谷 まつがや［浅草北松山町＋松葉町＋入谷町］（台東区）

1965年（昭和40）、住居表示の実施により、浅草北松山町、松葉町、入谷町が統合されて松が谷が成立。地名は浅草北松山町および松葉町の「松」と、入谷町の「谷」を取って命名したもの。

瑞江 みずえ［瑞穂村＋一之江村］（江戸川区）

1913年（大正2）、瑞穂村と一之江村が合併して瑞江村が成立。村名は瑞穂村の「瑞」と、一之江村の「江」を取って命名したもの。1932年（昭和7）、東京市に編入されて江戸川区の管轄になる。

▼神奈川県

麻溝台 あさみぞだい［当麻村＋下溝村］（相模原市南区）

1889年（明治22）、町村制の施行により、当麻村と下溝村が合併して麻溝村が成立。村名は当麻村の「麻」と、下溝村の「溝」を取って命名したもの。1941年（昭和16）、麻溝村、上溝町、座間町、新磯村、田名村、大沢村、相原村、大野村の8町村が合併して相模原町になり、1954年（昭和29）、市制施行して相模原市になる。2010年（平成22）、政令指定都市の移行にともない南区の管轄になる。

新磯野 あらいその［新戸村＋磯部村］（相模原市南区）

1889年（明治22）、新戸村と磯部村が合併して新磯村が成立。村名は新戸村の「新」と、磯部村の「磯」を取って命名したもの。1941年（昭和16）、新磯村、上溝町、座間町、麻溝村、田名村、大沢村、相原村、大野村の8町村が合併して相模原町になり、1954年（昭和29）、市制施行して相模原市になる。2010年（平成22）、政令指定都市の移行にともない南区の管轄になる。

生田 いくた［上菅生村＋五反田村］（川崎市多摩区）

1875年（明治8）、上菅生村と五反田村が合併して生田村が成立。村名は上菅生村の「生」と、五反田村の「田」を取って命名したもの。１９３８年（昭和13）、川崎市に編入され、１９７２年（昭和47）、政令指定都市の移行にともない多摩区の管轄になる。

田島町 たじまちょう［渡田村＋下新田村＋小田村＋田辺新田＋大島村＋中島村］（川崎市川崎区）

１８８９年（明治22）、町村制の施行により、渡田村、下新田村、小田村、田辺新田、大島村、中島村ほか４村が合併して田島村が成立。村名は渡田村、下新田村、小田村、田辺新田の「田」と、大島村および中島村の「島」を取って命名したもの。１９２３年（大正12）、町に昇格し、１９２７年（昭和２）、川崎市に編入される。１９７２年（昭和47）、川崎市が政令指定都市に移行したのにともない、川崎区の管轄となる。

田奈 たな［恩田村＋長津田村＋奈良村］（横浜市青葉区）

１８８９年（明治22）、町村制の施行により、恩田村、長津田村、奈良村の３村が合併して田奈村が成立。村名は恩田村および長津田村の「田」と、奈良村の「奈」を取って命名したもの。１９３９年（昭和14）、横浜市に編入されて港北区の管轄になる。１９９４年（平成６）、分区により現在は青葉区。

久木 ひさぎ［久野谷村＋柏原村（柏の木偏）］（逗子市）

１８７４年（明治７）、久野谷村と柏原村が合併して久木村が成立。村名は久野谷村の「久」と、柏原村の柏の木偏「木」を取って命名したもの。１８８９年（明治22）、久木村など７村が合併して田越村になり、１９２４年（大正13）、町に昇格した際に逗子町に改称。１９５４年（昭和29）、市制施行して逗子市になる。

Ⅳ　中部地方の合成地名

広域の合成地名

加越 かえつ［加賀国＋越前国］
石川県の南部から、福井県にかけての地方名。地名は石川県南部の旧国名である加賀国の「加」と、福井県の旧国名である越前国の「越」を取って命名したもの。加越山地や加越台地がある。石川県の北部（能登国）を含める場合は、「加越能《かえつの》」という。加越能バス（旧・加越能鉄道）がある。

加濃越山地 かのうえつさんち［加賀国＋美濃国＋越前国］
石川、岐阜、福井3県にまたがる両白山地の別称。白山を主峰とする加越山地と、能郷白山《のうごうはくさん》を主峰とする越美山地の総称でもある。加賀国（石川県南部）の「加」、美濃国（岐阜県南部）の「濃」、越前国（福井県）の「越」を取って命名したもの。

甲信 こうしん［甲斐国＋信濃国］
山梨県と長野県を指す地方名で、山梨県の旧国名である甲斐国の「甲」と、長野県の旧国名である信濃国の「信」を取って命名したもの。

甲信越 こうしんえつ［甲斐国＋信濃国＋越後国］
山梨、長野、新潟の3県を指す地方名で、甲斐国（山梨県）の「甲」、信濃国（長野県）の「信」、越後国（新潟県）の「越」を取って命名したもの。

三遠南信 さんえんなんしん［三河国＋遠江国＋南信濃国］
愛知、静岡、長野の3県にまたがる地域の名称。愛知県東部の旧国名である三河国の「三」、静岡県西部の旧国名である遠江《とおとうみ》国の「遠」、長野県の旧国名である信濃国南部の「南信」を取って命名したもの。

上信越 じょうしんえつ［上野国＋信濃国＋越後国］
群馬、長野、新潟の3県の境界一帯を指す地方名で、3県の旧国名である上野《こうずけ》国（群馬県）の「上」、信濃国（長野県）の「信」、越後国（新潟県）の

「越」を取って命名したもの。上信越高原国立公園、上信越自動車道などがある。

信越 しんえつ ［信濃国＋越後国］

長野県と新潟県を指す地方名。信濃国（長野県）の「信」と、越後国（新潟県）の「越」を取って命名したものだが、この場合、佐渡島（佐渡国）も越後国に含まれる。鉄道にＪＲ信越本線がある。

駿遠 すんえん ［駿河国＋遠江国］

静岡県の中西部を指す地方名。静岡県中部の旧国名である駿河国の「駿」と、西部の旧国名である遠江《とおとうみ》国の「遠」を取って命名したもの。

濃飛 のうひ ［美濃国＋飛騨国］

岐阜県の全域を指す地方名。岐阜県南部の旧国名である美濃国の「濃」と、岐阜県北部の旧国名である飛騨国の「飛」を取って命名したもの。

濃尾平野 のうびへいや ［美濃国＋尾張国］

愛知県と岐阜県にまたがる日本有数の大平野。地名は岐阜県南部の旧国名である美濃国の「濃」と、愛知県西部の旧国名である尾張国の「尾」を取って命名したもの。尾張平野と美濃平野を合わせた総称でもある。濃尾大橋などがある。

尾三 びさん ［尾張国＋三河国］

愛知県の全域を指す地方名。尾張国（愛知県西部）の「尾」と、三河国（愛知県東部）の「三」を取って命名したもの。広島県の尾道市と三原市にまたがる地域も「尾三」という。

北信越 ほくしんえつ ［北陸＋信濃国＋越後国］

北陸３県（富山、石川、福井）と、長野、新潟の５県を指す地方名。北陸地方の「北」と、信濃国（長野県）の「信」、越後国（新潟県）の「越」を取って命名したもの。

市町村・郡の合成地名

「市」「町村」「郡」の順に掲載

▼新潟県

関川村 せきかわむら ［関谷村＋女川村］（岩船郡）

県北部を流れる荒川中流域に開けた農山村。1954年（昭和29）、関谷村と女川村が合併して関川村が成立。村名は関谷村の「関」と、女川村の「川」を取って命名したもの。関谷村も1901年（明治34）、関村、七箇谷《しちかたに》村、九箇谷《くかたに》村の3村が合併し、関村の「関」と、七箇谷村および九箇谷村の「谷」を取った合成地名。

▼石川県

宝達志水町 ほうだつしみずちょう ［宝達山＋志雄町＋押水町］（羽咋郡）

県のほぼ中央に位置する。日本海に面しており、砂浜を自動車が走行できる千里浜ドライブウェイがある。2005年（平成17）、志雄町と押水町が合併して宝達志水町が成立。町名は近くにそびえる宝達山の「宝達」と、志雄町の「志」、押水町の「水」を取って命名したもの。

鳳珠郡 ほうすぐん ［鳳至郡＋珠洲郡］

能登半島の北東部を占める郡。2005年（平成17）、鳳至《ふげし》郡に属する能都町と柳田村、珠洲《すず》郡に属する内浦町の3町村が合併して能登町が成立したが、違う郡に属する町村が合併したため、鳳至郡の「鳳」と、珠洲郡の「珠」を取って新設。

▼福井県

三方上中郡 みかたかみなかぐん ［三方町＋上中町］

若狭湾に面する郡。2005年（平成17）、三方郡三方町と遠敷《おにゅう》郡上中町が合併して若狭町が成立したが、郡名は合併する三方町と上中町の町名をそのまま繋ぎ合わせて新設。

▼山梨県

市川三郷町 いちかわみさとちょう ［市川大門町＋三珠町＋

六郷町」（西八代郡）
県の中南部に位置する。２００５年（平成17）、市川大門《だいもん》町、三珠《みたま》町、六郷《ろくごう》町の３町が合併して市川三郷町が成立。町名は市川大門町の「市川」と、三珠町の「三」、六郷町の「郷」を取って命名したもの（⇩六郷町）。

忍野村 おしのむら［忍草村＋内野村］（南都留郡）
富士山の北麓に点在する富士五湖の一つ、山中湖の北にある忍野八海で有名な村。１８７５年（明治8）、忍草《しぼくさ》村と内野村が合併して忍野村が成立。村名は忍草村の「忍」と、内野村の「野」を取って命名したもの。１８８９年（明治22）の町村制では、単独で村制を施行。

富士河口湖町 ふじかわぐちこまち［富士山＋河口湖町］（南都留郡）
富士山の北麓に点在する富士五湖のうち、河口湖と西湖、精進湖、本栖湖の４湖がある。２００３年（平成15）、河口湖町、勝山村、足和田村の３町村が合併して富士河口湖町が成立。町名は河口湖町に富士山の「富士」を冠して命名したもの。

▼長野県

東御市 とうみし［東部町＋北御牧村］
上田盆地の東縁に位置する。市内を北国《ほっこく》街道が通っており、国の重要伝統的建造物群保存地区に指定された海野《うんの》宿がある。２００４年（平成16）、東部町と北御牧《きたみまき》村が合併し、市制施行して東御市が成立。市名は東部町の「東」と、北御牧村の「御」を取って命名したもの。

大鹿村 おおしかむら［大河原村＋鹿塩村］（下伊那郡）
赤石山脈の西麓に開けた山村。１８７５年（明治8）、大河原村と鹿塩《かしお》村が合併して大鹿村が成立。１８８２年（明治15）、分村して元の大河原村と鹿塩村に戻るが、１８８９年（明治22）、町村制の施行により、再び両村が合併して大鹿村が復活。村名は大河原村の「大」と、鹿塩村の「鹿」を取って命名したもの。

佐久穂町 さくほまち［佐久町＋八千穂村］（南佐久郡）

八ヶ岳の北東麓、佐久盆地の南端に位置する町。2005年（平成17）、佐久町と八千穂村が合併して佐久穂町が成立。町名は佐久町の「佐久」と、八千穂村の「穂」を取って命名したもの（⇩八千穂村）。

高山村 たかやまむら［高井村＋山田村］（上高井郡）

県の北東部に位置し、群馬県に接する山間の村。1956年（昭和31）、高井村と山田村が合併して高山村が成立。村名は高井村の「高」と、山田村の「山」を取って命名したもの。

長和町 ながわまち［長門町＋和田村］（小県郡）

県の中東部、霧ヶ峰の北麓にある。2005年（平成17）、長門町と和田村が合併して長和町が成立。町名は長門町の「長」と、和田村の「和」を取って命名したもの。長門町も1956年（昭和31）、長窪古町、長久保新町、大門村の3町村が合併した際に、長窪古町および長久保新町の「長」と、大門村の「門」を取った合成地名（⇩長門町）。

▼岐阜県

海津市 かいづし［海西郡＋下石津郡］

県南西部の輪中地帯にあり、市内を木曽、長良、揖斐の木曽三川が流れている。2005年（平成17）、海津郡の海津町、平田町、南濃町の3町が合併し、市制施行して海津市が成立。市名は郡名に由来するが、海津郡は1896年（明治29）、海西郡《かいさい》と下石津郡が統合された際に、海西郡の「海」と、下石津郡の「津」を取った合成郡名。

美濃加茂市 みのかもし［美濃国＋加茂郡］

1954年（昭和29）、太田町、古井町《こび》、山之上村、蜂屋村、加茂野村、伊深村、下米田村、和知村、三和村の9町村が合併し、市制施行して美濃加茂市が成立。市名は旧国名の「美濃」と、合併する9町村が所属する加茂郡の「加茂」を取って命名したもの。

羽島市 はしまし ［羽栗郡＋中島郡］

木曾川と長良川の下流輪中地帯に発達した都市。東海道新幹線の岐阜羽島駅がある。1954年（昭和29）、羽島郡の竹ヶ鼻町、足近村、正木村、小熊村、福寿村、江吉良《えぎら》村、堀津村、上中島村、下中島村、桑原村の10町村が合併し、市制施行して羽島市が成立。市名は郡名（羽島郡）に由来する。郡名は1896年（明治29）、郡制の施行により、羽栗郡と中島郡が統合された際に、羽栗郡の「羽」と、中島郡の「島」を取って命名したもの。

富加町 とみかちょう ［富田町＋加治田村］（加茂郡）

濃尾平野の最北部、関市と美濃加茂市に挟まれた農業の町。1954年（昭和29）、富田町と加治田村が合併して富加町が成立。町名は富田町の「富」と、加治田村の「加」を取って命名したもの。

▼静岡県

長泉町 ながいずみちょう ［大岡荘長窪＋小泉荘］（駿東郡）

富士山南東麓にそびえる愛鷹《あしたか》山の裾野に開けた工業が盛んな町。町名は1889年（明治22）、大岡荘の元長窪村、上長窪村、下長窪村、南一色村と、小泉荘の中土狩村、納米里村、上土狩村、下土狩村、竹原村、本宿村の10村が合併して長泉村が成立。村名は大岡荘の三長窪（元長窪、上長窪、下長窪）の「長」と小泉荘の「泉」を取って命名したもの。1960年（昭和35）、町制を施行して長泉町になる。

▼愛知県

稲沢市 いなざわし ［稲葉村＋小沢村］

濃尾平野のほぼ中央に位置する尾張国の国府所在地。尾《お》張《わり》大国霊《おおくにたま》神社で催される「国府宮はだか祭り」で有名。1875年（明治8）、稲葉村と小沢《こざわ》村が合併して稲沢村が成立。村名は稲葉村の「稲」と、小沢村の「沢」を取って命名したもの。1889年（明治22）、単独で町制を施行し、1958年

（昭和33）、市制施行して稲沢市になる。

尾張旭市　おわりあさひし　［尾張国＋旭町］

名古屋市と瀬戸市の間に位置する住宅都市。1970年（昭和45）、旭町が市制施行して尾張旭市になる。市名は千葉県旭市との混同を避けるため、愛知県西部の旧国名である「尾張」を冠して尾張旭市と命名したもの。

蒲郡市　がまごおりし　［蒲形村＋西之郡村］

シーサイドリゾート「ラグーナ蒲郡」や、温泉に恵まれた三河湾に面する観光都市。1878年（明治11）、蒲形《かまがた》村と西之郡村が合併して蒲郡村が成立。村名は蒲形村の「蒲」と、西之郡村の「郡」を取って命名したもの。1891年（明治24）、町に昇格し、1954年（昭和29）、蒲郡町、三谷町、塩津村の3町村が合併し、市制施行して蒲郡市になる。

高浜市　たかはまし　［高浜町＋高取村＋吉浜村］

知多湾最奥の衣浦《きぬうら》湾に面する三州瓦の産地。1906年（明治39）、高浜町、高取村、吉浜村の3町村が合併して高浜町が成立。町名は高浜町の町名をそのまま引き継いだように見えるが、実際は高浜町および高取村の「高」と、吉浜村の「浜」を取って命名したもの。1970年（昭和45）、市制施行して高浜市になる。

大口町　おおぐちちょう　［太（大）田村＋小口村］（丹羽郡）

県の北西部、東名・名神高速道路の小牧インターチェンジ近くに位置する。1906年（明治39）、太田村、小口村、富成村、柏森村（一部）の4村が合併して太口村が成立。村名は太田村の「太」と、小口村の「口」を取って命名したもの。その後、理由は定かでないが、「太口」の点が抜けて「大口村」になる。1962年（昭和37）、町に昇格して大口町になる。

武豊町 たけとよちょう ［武雄神社＋豊石神社］（知多郡）

知多湾に面しており、名古屋港が開港するまでは、東海地方の海の玄関口として栄えた。１８７８年（明治11）、長尾村と大足村が合併して武豊村が成立。村名は両村の氏神様である武雄《たけお》神社の「武」と、豊石神社の「豊」を取って命名したもの。１８９１年（明治24）、町に昇格。

豊山町 とよやまちょう ［豊場村＋青山村］（西春日井郡）

名古屋市の北に隣接し、町の東部に県営名古屋空港がある。１９０６年（明治39）、豊場村と青山村が合併して豊山村が成立。村名は豊場村の「豊」と、青山村の「山」を取って命名したもの。１９７２年（昭和47）、町に昇格。

平成になるまで存在した市町村・郡の合成地名

▼新潟県

金井町 かないまち ［金沢村＋吉井村］（現・佐渡市）

１９５４年（昭和29）、金沢村と吉井村（一部）が合併して金井村が成立。村名は金沢村の「金」と、吉井村の「井」を取って命名したもの。１９６０年（昭和35）、町に昇格し、２００４年（平成16）、金井町、両津市、相川町、佐和田町、畑野町、真野町、小木町、羽茂町、新穂《にいぼ》村、赤泊村の10市町村が合併して佐渡市になり消滅。

上川村 かみかわむら ［上条村＋東川村＋西川村］（現・東蒲原郡阿賀町）

１９５４年（昭和29）、上条村、東川村、西川村の3村が合併して上川村が成立。村名は上条村の「上」と、東川村および西川村の「川」を取って命名したもの。２００５年（平成17）、上川村、津川町、鹿瀬《かのせ》町、三川村の4町村が合併して阿賀町になり消滅。

神林村　かみはやしむら［神納村＋西神納村＋平林村］（現・村上市）

1955年（昭和30）、神納村、西神納村、平林村の3村が合併して神林村が成立。村名は神納村および西神納村の「神」と、平林村の「林」を取って命名したもの。2008年（平成20）、神林村、村上市、荒川町、山北町、朝日村の5市町村が合併して村上市になり消滅。

京ヶ瀬村　きょうがせむら［京ヶ島新田＋上黒瀬村＋下黒瀬村］（現・阿賀野市）

1889年（明治22）、町村制の施行により、京ヶ島新田、上黒瀬村、下黒瀬村、下ノ橋村、飯森杉村、姥ヶ橋村、城村、田山村、窪川原村、小里村、猫山村、曾郷村、深堀村、金淵村、法柳《ほうやぎ》村、法柳新田の16村が合併して京ヶ瀬村が成立。村名は京ヶ島新田の「京ヶ」と、上黒瀬村および下黒瀬村の「瀬」を取って命名したもの。2004年（平成16）、京ヶ瀬村、水原《すいばら》町、安田町、笹神村の4町村が合併し、市制施行して阿賀野市になり消滅。

笹神村　ささかみむら［笹岡村＋神山村］（現・阿賀野市）

1956年（昭和31）、笹岡村と神山村が合併して笹神村が成立。村名は笹岡村の「笹」と、神山村の「神」を取って命名したもの。神山村も1901年（明治34）、天神塚村と山倉村が合併し、天神塚村の「神」と山倉村の「山」を取った合成地名。2004年（平成16）、笹神村、水原町、安田町、京ヶ瀬村の4町村が合併し、市制施行して阿賀野市になり消滅。

広神村　ひろかみむら［広瀬村＋藪神村］（現・魚沼市）

1955年（昭和30）、広瀬村と藪神村が合併して広神村が成立。村名は広瀬村の「広」と、藪神村の「神」を取って命名したもの。2004年（平成16）、広神村、堀之内町、小出町、湯之谷村、守門《すもん》村、入広瀬村の6町村が合併し、市制施行して魚沼市になり消滅。

和島村 わしまむら［桐島村＋島田村（二つの島が和する）］（現・長岡市）

1901年（明治34）、桐原村と島崎村が合併して桐島村が、小島谷《おじまや》村と村田村が合併して島田村が成立。桐島村は桐原村の「桐」と島崎村の「島」を取って命名したもので、島田村も小島谷村の「島」と村田村の「田」を取って命名した合成地名。1955年（昭和30）、桐島村と島田村が合併して和島村が発足。新村名は桐島村の「島」と島田村の「島」の、二つの「島」が和する（仲良くする）ようにという願いを込め、島に「和」を冠して和島村としたもの。2006年（平成18）、長岡市に編入されて消滅（⇩島田）。

▼石川県

尾口村 おぐちむら［尾添村＋東二口村］（現・白山市）

1889年（明治22）、町村制の施行により、尾添村、東二口《ひがしふたくち》村、女原村、瀬戸村、東荒谷村、五味島村、釜谷村、深瀬村、鴇ケ谷《とがたに》村の9村が合併して尾口村が成立。村名は尾添村の「尾」と、東二口村の「口」を取って命名したもの。2005年（平成17）、尾口村、松任《まっとう》市、美川町、鶴来町、河内村、吉野谷村、鳥越村、白峰村の8市町村が合併して白山市になり消滅。

美川町 みかわまち［能美郡＋石川郡］（現・白山市）

1869年（明治2）、能美郡湊村と石川郡本吉町が合併して美川町が成立。町名は両町村が所属する能美郡の「美」と、石川郡の「川」を取って命名したもの。1889年（明治22）、町村制の施行により美川町が発足。2005年（平成17）、美川町、松任市、鶴来町、河内村、吉野谷村、鳥越村、白峰村、尾口村の8市町村が合併して白山市になり消滅。

▼福井県

清水町 しみずちょう［志津（しづ）村＋三方（みかた）村＋天津（あまつ）村］（現・福井市）

1955年（昭和30）、志津村、三方村、天津村

の3村が合併して清水町が成立。町名は志津村の「し」、三方村の「み」、天津村の「つ」を取って「しみつ」とし、それを「しみず」と読み替え、「清水」の文字を当てたもの。2006年（平成18）、福井市に編入され消滅。

▼山梨県

芦安村 あしやすむら ［芦倉村＋安通村］（現・南アルプス市）

1875年（明治8）、芦倉村と安通《あんづい》村が合併して芦安村が成立。村名は芦倉村の「芦」と、安通村の「安」を取って命名したもの。2003年（平成15）、芦安村、櫛形町、若草町、白根町、甲西町、八田《はった》村の6町村が合併し、市制施行して南アルプス市になり消滅。

富沢町 とみざわちょう ［富河村＋万沢村］（現・南巨摩郡南部町）

1955年（昭和30）、富河村と万沢村が合併し、町制施行して富沢町が成立。町名は富河村の「富」と、万沢村の「沢」を取って命名したもの。2003年（平成15）、南部町と合併して南部町になり消滅。

六郷町 ろくごうちょう ［六つの村（郷）］（現・西八代郡市川三郷町）

1951年（昭和26）、岩間村、楠甫《くすほ》村、宮原村、葛籠沢《つづらさわ》村、鴨狩《かもがり》津《つ》向《むかい》村、落居村の6村が合併して六郷村が成立。村名は六つの村（郷）が合併することに因む。1954年（昭和29）、町に昇格し、2005年（平成17）、六郷町、市川大門町、三珠《みたま》町の3町が合併して市川三郷町になり消滅。市川三郷町も市川大門町の「市川」、三珠町の「三」、六郷町の「郷」を取って命名したもの（⇩市川三郷町）。

▼長野県

更埴市 こうしょくし ［更級郡＋埴科郡］（現・千曲市）

1959年（昭和34）、更級《さらしな》郡の稲荷山町と八幡村、埴科《はにしな》郡の屋代町と埴生町の4町村が合併して更埴市が成立。市名は更級郡の「更」と、埴科郡の「埴」

を取って命名したもの。２００３年（平成15）、更埴市、上山田町、戸倉町の３市町が合併して千曲市になり消滅。

浅科村 あさしなむら［浅間山＋蓼科山］（現・佐久市）

１９５５年（昭和30）、中津村、南《みなみ》御牧《みまき》村、五郎兵衛新田村の３村が合併して浅科村が成立。村名は浅間山と蓼科山の中間に位置していることに因み、浅間山の「浅」と、蓼科山の「科」を取って命名したもの。２００５年（平成17）、浅科村、佐久市、望月町、臼田町の４市町村が合併して佐久市になり消滅。

木曾福島町 きそふくしままち［木曾＋福島町］（現・木曾郡木曾町）

１９６７年（昭和42）、福島町と新開村が合併して木曾福島町が成立。町名は地域名の「木曾」と、福島町の「福島」を取って命名したもの。２００５年（平成17）、木曾福島町、日義村、開田村、三岳村の４町村が合併して木曾町になり消滅。

坂井村 さかいむら［安坂村＋永井村］（現・東筑摩郡筑北村）

１８７４年（明治７）、安坂《あさか》村と永井村が合併して坂井村が成立。村名は安坂村の「坂」と、永井村の「井」を取って命名したもの。１８８９年（明治22）、単独で村制を施行。２００５年（平成17）、坂井村、本城村、坂北村の３村が合併して筑北村になり消滅。

四賀村 しがむら［四村の合併を祝賀する］（現・松本市）

１９５５年（昭和30）、錦部村、中川村、五常村、会田村の４村が合併して四賀村が成立。村名は四村の合併を祝賀するという意味からつけられたもの。２００５年（平成17）、松本市に編入され消滅。

信州新町 しんしゅうしんまち［信州＋新町］（現・長野市）

１９５５年（昭和30）、新町、日原村、信級《しぶしな》村の３町村が合併して信州新町が成立。町名は長野県の旧国名「信州〔信濃〕」を「新町」に冠して命名したもの。2010年（平成22）、長野市に編入され消滅。

豊科町 とよしなまち［鳥（と）羽村＋吉（よし）野村＋成合新（しん）田町村＋成（なり）相町村］（現・安曇野市）

1874年（明治7）、上鳥羽村、下鳥羽村、吉野村、成相《なりあい》新田町村、成相町村、本村の6村が合併して豊科村が成立。村名は鳥羽村の「と」、吉野村の「よ」、成合新田町村の「し」、成相町村の「な」の4文字を繋いで「と・よ・し・な」とし、それに「豊科」の文字を当てたもの。1889年（明治22）、単独で村制を施行し、1915年（大正4）、町に昇格。2005年（平成17）、豊科町、穂高町、三郷村、堀金村、明科町の5町村が合併し、市制施行して安曇野市になり消滅。

豊田村 とよたむら［豊井村＋永田村］（現・中野市）

1956年（昭和31）、豊井村と永田村が合併して豊田村が成立。村名は豊井村の「豊」と、永田村の「田」を取って命名したもの。豊井村も1889年（明治22）、町村制の施行によって、豊津村と上今井村が合併した際に、豊津村の「豊」と、上今井村の「井」を取った合成地名。同じく永田村も、永江村と穴田村が合併した際に、永江村の「永」と、穴田村の「田」を取って命名した合成地名。豊田村は2005年（平成17）、中野市と合併して中野市になり消滅。

長門町 ながとまち［長久保新田町＋長窪古町＋大門村］（現・小県郡長和町）

1956年（昭和31）、長久保新田町、長窪古町・大門村の3町村が合併して長門町が成立。町名は長久保新田町および長窪古町の「長」と、大門村の「門」を取って命名したもの。2005年（平成17）、和田村と合併して長和町になり消滅。長和町も長門町の「長」と、和田村の「和」を取った合成地名（⇩長和町）。

楢川村 ならかわむら［奈良(楢)井村＋贄川村］（現・塩尻市）
1889年（明治22）、町村制の施行により、奈良井村と贄川《にえかわ》村が合併して楢川村が成立。村名は奈良井村の「奈良」を「楢」に置き換え、贄川村の「川」を取って「楢川村」としたもの。2005年（平成17）、塩尻市に編入され消滅。

八千穂村 やちほむら［畑八村＋千曲川＋穂積村］（現・南佐久郡佐久穂町）
1956年（昭和31）、畑八村と穂積村が合併して八千穂村が成立。村名は畑八村の「八」と、穂積村の「穂」、その両文字の間に、近くを流れる千曲川の「千」を入れて「八千穂村」としたもの。畑八村も1889年（明治22）、町村制の施行により、畑村と八郡《やこおり》村が合併し、畑村の「畑」と八郡村の「八」を取った合成地名。2005年（平成17）、佐久町と合併して佐久穂町になり消滅。佐久穂町も佐久町の「佐久」と、八千穂村の「穂」を取った合成地名（⇩佐久穂町）。

▼岐阜県

真正町 しんせいちょう［真桑村＋弾正村］（現・本巣市）
1955年（昭和30）、真桑村と弾正村が合併して真正村が成立。村名は真桑村の「真」と、弾正村の「正」を取って命名したもの。1964年（昭和39）、町に昇格し、2004年（平成16）、真正町、本巣町、糸貫町、根尾村の4町村が合併し、市制施行して本巣市になり消滅。

山岡町 やまおかちょう［遠山村＋鶴岡村］（現・恵那市）
1955年（昭和30）、遠山村と鶴岡村が合併して山岡町が成立。町名は遠山村の「山」と、鶴岡村の「岡」を取って命名したもの。2004年（平成16）、山岡町、恵那市、明智町、岩村町、上矢作《かみやはぎ》町、串原村の6市町村が合併して恵那市になり消滅。

▼静岡県

大須賀町 おおすかちょう［大淵村＋横須賀町］（現・掛川市）
1956年（昭和31）、大淵村と横須賀町が合併して大須賀町が成立。町名は大淵村の「大」と、横須賀町の「須賀」を取って命名したもの。2005年（平成17）、大須賀町、掛川市、大東町の3市町が合併して掛川市になり消滅。

大東町 だいとうちょう ［大浜町＋城東町］（現・掛川市）

1973年（昭和48）、大浜町と城東町が合併して大東町が成立。町名は大浜町の「大」と、城東町の「東」を取って命名したもの。大浜町も1956年（昭和31）、大坂村と千浜村が合併し、大坂村の「大」と千浜村の「浜」を取った合成地名。2005年（平成17）、大東町、掛川市、大須賀町の3市町が合併して掛川市になり消滅。

龍山村 たつやまむら ［龍川村＋山香村］（現・浜松市天竜区）

1901年（明治34）、龍川村と山香村が合併して龍山村が成立。村名は龍川村の「龍」と、山香村の「山」を取って命名したもの。2005年（平成17）、浜松市に編入され消滅。2007年（平成19）、浜松市が政令指定都市に移行したことにともない、天竜区の管轄になる。

浜岡町 はまおかちょう ［浜松市＋静岡市］（現・御前崎市）

1955年（昭和30）、池新田町、佐倉村、比木村、朝比奈村、新野村の5町村が合併して浜岡町が成立。町名は浜松市と静岡市の中間に位置する町村が合併したことに因み、浜松市の「浜」と静岡市の「岡」を取って命名したもの。2004年（平成16）、御前崎町と合併し、市制施行して御前崎市になり消滅。

竜洋町 りゅうようちょう ［天竜川＋太平洋］（現・磐田市）

1955年（昭和30）、掛塚町、袖浦村、十《と》束《つか》村の3町村が合併して竜洋町が成立。町名は合併する町村が、太平洋に注ぐ天竜川の河口付近に位置していることに因み、天竜川の「竜」と太平洋の「洋」を取って命名したもの。2005年（平成17）、竜洋町、磐田市、福田町、豊田町、豊岡村の5市町村が合併して磐田市になり消滅。

▼愛知県

稲武町 いなぶちょう［稲橋村＋武節村］（現・豊田市）

1940年（昭和15）、稲橋村と武節《ぶせつ》村が合併し、町制施行して稲武町が成立。町名は稲橋村の「稲」と、武節村の「武」を取って命名したもの。2005年（平成17）、豊田市に編入され消滅。

八開村 はちかいむら［八輪村＋開治村］（現・愛西市）

1906年（明治39）、八輪《はちわ》村、開治村、六ツ和村の3村が合併して八開村が成立。村名は八輪村の「八」と、開治村の「開」を取って命名したもの。2005年（平成17）、八開村、佐屋町、佐織町、立田村の4町村が合併し、市政施行して愛西市になり消滅。

藤岡町 ふじおかちょう［藤河村＋高岡村］（現・豊田市）

1906年（明治39）、藤河村、高岡村、富貴下《ふきしも》村の3村が合併して藤岡村が成立。村名は藤河村の「藤」と、高岡村の「岡」を取って命名したもの。1978年（昭和53）、町に昇格し、2005年（平成17）、豊田市に編入され消滅。

小地名（字名）として残る合成地名

▼新潟県

荻野町 おぎのちょう［荻島新田＋中野新田］（新潟市秋葉区）

1889年（明治22）、町村制の施行により、荻島新田、中野新田、車場新田、市之瀬新田、覚路津新田の五つの新田が合併して荻野村が成立。村名は荻島新田の「荻」と、中野新田の「野」を取って命名したもの。1901年（明治34）、川結《かわむすび》村と合併して荻川村が発足。荻川村も荻野村の「荻」と、川結村の「川」を取った合成地名。1939年（昭和14）、新津《にいつ》町に編入され、1951年（昭和26）、市制施行して新津市になる。2005年（平成17）、新潟市に編入され、2007年（平成19）、政令指定都市への移行にともない秋葉区の管轄になる。

金塚 かなづか ［金山村＋貝塚村］（新発田市）

１８８９年（明治22）、金山村、貝塚村など18村が合併して金塚村が成立。村名は金山村の「金」と、貝塚村の「塚」を取って命名したもの。１９５５年（昭和30）、加治村と合併して加治川村になり、２００５年（平成17）、新発田市に編入される。

加茂歌代 かもうたしろ ［加茂村＋歌代村］（佐渡市）

１８７７年（明治10）、加茂村と歌代村が合併して加茂歌代村が成立。村名は両村名をそのまま繋ぎ合わせたもの。１９０１年（明治34）、加茂歌代村が分割されて両津町と加茂村になり、１９５４年（昭和29）、両津町、加茂村など7町村が合併し、市制施行して両津市が発足。２００４年（平成16）、両津市など10市町村が合併して佐渡市になる。

木山 きやま ［木戸新田村＋北山新田村＋丸山新田村］（新潟市西区）

１８８９年（明治22）、町村制の施行により、木戸新田村、北山新田村、丸山新田村、四ツ郷屋村、谷内新田村の5村が合併して木山村が成立。村名は木戸新田村の「木」と、北山新田村および丸山新田村の「山」を取って命名したもの。１９０１年（明治34）、木山村は分割され、赤塚村（→新潟市）と角《かく》田《だ》村（→巻町→新潟市）になり消滅。現在は新潟市西区の字名。

沢下条 さわげじょう ［沢新田村＋下条村］（長岡市）

１８７９年（明治12）、沢新田村と下条村が合併して沢下条村が成立。村名は沢新田村の「沢」と、下条村の「下条」を取って命名したもの。１８８９年（明治22）、町村制の施行により、沢下条村と飯塚村が合併して飯塚村が発足。１９０１年（明治34）、岩田村と合併して岩塚村になる。岩塚村も岩田村の「岩」と、飯塚村の「塚」を取った合成地名。１９５５年（昭和30）、岩塚村、来迎寺《らいこうじ》村、塚山村、石津村の4村が合併し、町制施行して越路町になり、２００５年（平成17）、長岡市に編入される。

島田 しまだ ［小島谷村＋村田村］（長岡市）

１９０１年（明治34）、小島谷《おじまや》村と村田村が合併して島田村が成立。村名は小島谷村の「島」と、村田村の「田」を取って命名したもの。１９５５年（昭和30）、桐島村と合併して和島村になり、２００６年（平成18）、長岡市に編入される（⇩和島村）。

新長 しんちょう ［新庄村＋長新村］（燕市）

１８７３年（明治6）、新庄村と長新村が合併して新長村が成立。村名は新庄村の「新」と、長新村の「長」を取って命名したもの。１８８９年（明治22）、町村制の施行により新長村など9村が合併して下桐原村が発足。１９０１年（明治34）、下桐原村、善高《よしたか》村、五千石村、本与板村の4村が合併して大河津村になる。１９５７年（昭和32）、分水町に分割編入され、２００６年（平成18）、燕市に編入される。

新宮 しんみや ［新保村＋宮下新田村］（十日町市）

１８７６年（明治9）、新保村と宮下新田村が合併して新宮村が成立。村名は新保村の「新」と、宮下新田村の「宮」を取って命名したもの。１８８９年（明治22）、町村制の施行により、新宮村、伊達村、大黒沢村、小黒沢村の4村が合併して今泉村が発足。１９０１年（明治34）、馬場村と合併して水沢村になり、１９６２年（昭和37）、十日町市に編入される。

大小 だいしょう ［大須村＋小立村］（佐渡市）

１８７７年（明治10）、大須村と小立村が合併して大小村が成立。村名は大須村の「大」と、小立村の「小」を取って命名したもの。１８８９年（明治22）、町村制の施行により、大小村、大倉谷村、田《た》切須《ぎりす》村、西三川村の4村が合併して小布勢村が発足。１９０１年（明治34）、亀ノ脊村と合併して西三川村になり、１９５５年（昭和30）、真野町と羽茂村（→羽茂町）に2分割され、２００４年（平成16）、両津市など10市町村が合併して佐渡市になる。

高島町 たかしままち ［高山村＋向島新田］（長岡市）

1889年（明治22）、町村制の施行により、高山村、向島新田、牛池村の3村が合併して高島村が成立。村名は高山村の「高」と、向島新田の「島」を取って命名したもの。1901年（明治34）、十日町村と合併して十日町村になり、1954年（昭和29）、長岡市に編入される。

高千 たかち ［高下村＋千本村］（佐渡市）

1877年（明治10）、高下村と千本村が合併して高千村が成立。村名は高下村の「高」と千本村の「千」を取って命名したもの。1889年（明治22）、高千村など7村が合併し、村制を施行して高千村になる。1956年（昭和31）、高千村、相川町、外《そと》海府《かいふ》村の3町村が合併して相川町が発足し、2004年（平成16）、相川町、両津市など10市町村が合併して佐渡市になる。

田沢 たざわ ［田屋村＋木沢村］（柏崎市）

1889年（明治22）、町村制の施行により、田屋村と木沢村が合併して田沢村が成立。村名は田屋村の「田」と、木沢村の「沢」を取って命名したもの。1901年（明治34）、田沢村と野田村が合併して野田村になり、1956年（昭和31）、野田村、上条村、鵜川村の3村が合併して黒姫村が発足。1968年（昭和43）、柏崎市に編入される。

豊実 とよみ ［豊田村＋実川村］（東蒲原郡阿賀町）

1889年（明治22）、町村制の施行により、豊田村と実川村が合併して豊実村が成立。村名は豊田村の「豊」と、実川村の「実」を取って命名したもの。1955年（昭和30）、豊実村、両鹿瀬《りょうかのせ》村、日《ひ》出谷《でや》村の3村が合併して鹿実谷《かみたに》村が発足。鹿実谷村も両鹿瀬村の「鹿」、豊実村の「実」、日出谷村の「谷」を取った合成地名。1956年（昭和31）、町に昇格して鹿実谷町になり、すぐに鹿瀬町と改称。2005年（平成17）、鹿瀬町、津川町、上川村、三川村の4町村が合併して阿賀町になる。

中川 なかがわ［向中条村＋古川村＋川尻村］（新発田市）

１８８９年（明治22）、町村制の施行により、向中条村、古川村、川尻村など10村が合併して中川村が成立。村名は向中条村の「中」と、古川村および川尻村の「川」を取って命名したもの。１９０１年（明治34）、中川村、加治村、上舘村、泉村の４村が合併して加治村になり、１９５５年（昭和30）、加治村と金塚村が合併して加治川村が発足。２００５年（平成17）、新発田市に編入される。

中島 なかじま［中村＋程島］（新潟市西蒲区）

１８９３年（明治26）、津島村から分村した大字の中村と程島が統合して中島村が成立。村名は中村の「中」と、程島の「島」を取って命名したもの。１９０１年（明治34）、中島村が津島村と合併して金津村になり、１９５５年（昭和30）、新津市に編入。新津市は２００５年（平成17）、新潟市に編入され、２００７年（平成19）、政令指定都市への移行にともない西蒲区の管轄になる。

長野 ながの［長崎村＋中野村］（三条市）

１８７９年（明治12）、長崎村と中野村が合併して長野村が成立。村名は長崎村の「長」と、中野村の「野」を取って命名したもの。１８８９年（明治22）、町村制の施行により、長野村など16村が合併して本下田村が発足。１９０１年（明治34）、本下田村、四ツ沢村、前谷村の３村が合併して森町村になり、１９５５年（昭和30）、森町村、長沢村、鹿《か》峠《とうげ》村の３村が合併して下田村が発足。２００５年（平成17）、下田村、三条市、栄町の３市町村が合併して三条市になる。

羽吉 はよし［羽黒村＋吉住村］（佐渡市）

１８７７年（明治10）、羽黒村と吉住村が合併して羽吉村が成立。村名は羽黒村の「羽」と、吉住村の「吉」を取って命名したもの。１８８９年（明治22）、町村制の施行により、羽吉村と椿村が合併して羽吉村になり、１９０１年（明治34）、羽吉村、梅津村、内浦村、加茂歌代《かもうたしろ》村（一部）の４村が合併して加茂村になる。1954年（昭和29）、加茂村、両津町など7町村が合併して両津市が発足し、2004年（平成16）、両津市など10市町村が合併して佐渡市になる。

福戸 ふくと［福道村＋大荒戸村］（長岡市）

1889年（明治22）、町村制の施行により、福道村、大荒戸村など6村が合併して福戸村が成立。村名は福道村の「福」と、大荒戸村の「戸」を取って命名したもの。1954年（昭和29）、長岡市に編入される。

舟下 ふなしも［舟代村＋下村］（佐渡市）

1877年（明治10）、舟代村と下村が合併して舟下村が成立。村名は舟代村の「舟」と、下村の「下」を取って命名したもの。1889年（明治22）、町村制の施行により舟下村、皆川村、目黒町村の3村が合併して国中村になり、1901年（明治34）、国中村、畑野村、小倉村、栗野江村、三宮村の5村が合併して畑野村が成立。1960年（昭和35）、町に昇格し、2004年（平成16）、畑野町、両津市など10市町村が合併して佐渡市になる。

本明 ほんみょう［本尊村＋明戸島村］（見附市）

1872年（明治5）、本尊村と明戸島村が合併して本明村が成立。村名は本尊村の「本」と、明戸島村の「明」を取って命名したもの。1889年（明治22）、町村制の施行により、本明村など14村が合併して上北谷村が発足。1954年（昭和29）、分割して栃尾町と見附町に編入され、見附町は市制施行して見附市になる。

松島 まつしま［松崎村＋津島屋村］（新潟市東区）

1889年（明治22）、町村制の施行により、松崎村、津島屋村など7村が合併して松島村が成立。村名は松崎村の「松」と、津島屋村の「島」を取って命名したもの。1898年（明治31）、松島村は沼垂《ぬったり》町、三箇《さんか》村、新松島村の3町村に分割されて消減。現在は新潟市東区の字名になっている。

▼富山県

高波 たかなみ［北高木村＋南高木村＋高儀出村＋江波村］（砺波市）

1889年（明治22）、町村制の施行により、北高木村、南高木村、高儀出村、江波村など9村が合併して高波村が成立。村名は北高木村、南高木村、高儀出村の「高」と、江波村の「波」を取って命名したもの。1954年（昭和29）、砺波《となみ》町に編入される。同年、砺波町は市制施行して砺波市になる。

▼石川県

金野町 かねのまち［金平村＋大野村］（小松市）

1889年（明治22）、町村制の施行により、金平村、大野村など6村が合併して金野村が成立。村名は金平村の「金」と、大野村の「野」を取って命名したもの。1956年（昭和31）、小松市に編入される。

小金町 こがねまち［小坂荘＋金浦郷］（金沢市）

1889年（明治22）、町村制の施行により、12村が合併して小金村が成立するが、村名は小坂荘の「小」と、金浦郷の「金」を取って命名したもの。1907年（明治40）、小金村、坂井村、金川村、中口村の4村が合併して小坂村が発足。小坂村も小金村の「小」と、坂井村の「坂」を取ってつけた合成地名。1936年（昭和11）、金沢市に編入される。

古府町 こふまち［古浜村＋国府村］（小松市）

1875年（明治8）、古浜村と国府村が合併して古府村が成立。村名は古浜村の「古」と、国府村の「府」を取って命名したもの。1889年（明治22）、町村制の施行により、古府村、河田村、埴田《はねだ》村、小野村の4村が合併して古河村になる。古河村も古府村の「古」と、河田村の「河」を取った合成地名。1907年（明治40）、古河村、国造村、里川村が合併して再び国府村が発足し、1956年（昭和31）、小松市に編入される（⇩古河町）。

里川町 さとかわまち［上八里村＋下八里村＋鵜川村］（小松市）

1889年（明治22）、上八里《かみやさと》村、下八里村、鵜川村など7村が合併して里川村が成立。村名は上八里村および下八里村の「里」と、鵜川村の「川」を取って命名したもの。1907年（明治40）、里川村、古河村、国造村の3村が合併して国府村が発足し、1956年（昭和31）、小松市に編入される。

竹太 たけだ［竹原村＋太田川村］（鳳珠郡穴水町）

1874年（明治7）、竹原村と太田川村が合併して竹太村が成立。村名は竹原村の「竹」と、太田川村の「太」を取って命名したもの。1889年（明治22）、町村制の施行により、竹太村など6村が合併して諸橋村になり、1955年（昭和30）、穴水町に編入される。

中海町 なかうみまち［中村＋軽海村］（小松市）

1889年（明治22）、町村制の施行により、中村、軽海《かるみ》村など10村が合併して中海村が成立。村名は中村の「中」と、軽海村の「海」を取って命名したもの。1955年（昭和30）、小松市に編入される。

古河町 ふるかわまち［古府村＋河田村］（小松市）

1889年（明治22）、町村制の施行により、古府村と河田村、埴田《はねだ》村、小野村の4村が合併して古河村が成立。村名は古府村の「古」と、河田村の「河」を取って命名したもの。1907年（明治40）、古河村、国造村、里川村が合併して国府村が発足し、1956年（昭和31）、小松市に編入される（⇩古府町）。

本木 ほんき［本江村＋木戸村］（鳳珠郡能登町）

1875年（明治8）、本江村と木戸村が合併して本木村が成立。村名は本江村の「本」と、木戸村の「木」を取って命名したもの。1889年（明治22）、町村制の施行により、本木村、山田村など10村が合併して山田村が発足。1908年（明治41）、鵜川村と合併して鵜川村になり、１９３９年（昭和14）、町に昇格。１９５６年（昭和31）、能都町に編入され、２００５年（平成17）、能都町、内浦町、柳田村の３町村が合併して能登町になる（⇩宮地）。

宮地 みやち ［宮谷村＋魚地村］（鳳珠郡能登町）

１８７５年（明治８）、宮谷村と魚地村が合併して宮地村が成立。村名は宮谷村の「宮」と、魚地村の「地」を取って命名したもの。１８８９年（明治22）、町村制の施行により、宮地村、山田村など10村が合併して山田村が発足。１９０８年（明治41）、鵜川村と合併して鵜川村になり、１９３９年（昭和14）、町に昇格。１９５６年（昭和31）、能都町に編入され、２００５年（平成17）、能都町、内浦町、柳田村の３町村が合併して能登町になる（⇩本木）。

山口町 やまぐちまち ［山田村＋徳山村＋辰口村＋出口村］（能美市）

１８８９年（明治22）、町村制の施行により、山田村、徳山村、辰口村、出口村など11村が合併して山口村が成立。村名は山田村および徳山村の「山」と、辰口村および出口村の「口」を取って命名したもの。１９０７年（明治40）、山口村と宮内村が合併して山上村になり、１９５６年（昭和31）、山上村、久常村（一部）、国府村（一部）の３村が合併して辰口町が発足。２００５年（平成17）、辰口町、寺井町、根上《ねあがり》町の３町が合併し、市制施行して能美市になる。

▼福井県

国高 くにたか ［村国村＋高木村］（越前市）

１８８９年（明治22）、町村制の施行により村国村、高木村など10村が合併して国高村が成立。村名は村国村の「国」と、高木村の「高」を取って命名したもの。１９５０年（昭和25）、武生《たけふ》市に編入され、２００５年（平成17）、武生市は今立町と合併して越前市になる。

新横江　しんよこえ　[新村＋横越村＋東鯖江村]（鯖江市）

1889年（明治22）、町村制の施行により、新村、横越村、東鯖江村など6村が合併して新横江村が成立。村名は新村の「新」、横越村の「横」、東鯖江村の「江」を取って命名したもの。1948年（昭和23）、新横江村、鯖江町、舟津村の3町村が合併して鯖江町が発足し、1955年（昭和30）、鯖江町など7町村が合併し、市制施行して鯖江市になる。

▼山梨県

清哲町　せいてつまち　[水上村＋青木村＋折居村＋樋口村]（韮崎市）

1874年（明治7）、水上村、青木村、折居村、樋口村の4村が合併して清哲村が成立。村名は水上村の「水」と青木村の「青」で「清」という文字をつくり、折居村の「折」と樋口村の「口」を組み合わせて「哲」という文字をつくって「清哲」としたもの。1889年（明治22）、単独で村制を施行。1954年（昭和29）、清哲村、韮崎町など11町村が合併し、市制施行して韮崎市になる。

中田町　なかだまち　[中条村＋小田川村]（韮崎市）

1875年（明治8）、中条村と小田川村が合併して中田村が成立。村名は中条村の「中」と、小田川村の「田」を取って命名したもの。1889年（明治22）、単独で村制を施行。1954年（昭和29）、中田村、韮崎町など11町村が合併し、市制施行して韮崎市になる。

円野町　まるのまち　[上円井村＋下円井村＋入戸野村]（韮崎市）

1874年（明治7）、上円井村、下円井村、入戸野村の3村が合併して円野村が成立。村名は上円井村および下円井村の「円」と、入戸野村の「野」を取って命名したもの。1889年（明治22）、単独で村制を施行。1954年（昭和29）、円野村、韮崎町など11町村が合併し、市制施行して韮崎市になる。

山保 やまほ［山家村＋三保村］（西八代郡市川三郷町）

1889年（明治22）、町村制の施行により、山家村と三保村が合併して山保村が成立。村名は山家村の「山」と、三保村の「保」を取って命名したもの。1955年（昭和30）、分村して市川大門町と久那土村に編入される。2005年（平成17）、市川大門町、三珠《みたま》町、六郷町の3町が合併して市川三郷町が発足。町名は市川大門町の「市川」、三珠町の「三」、六郷町の「郷」を取って命名したもの（⇩市川三郷町）。

▼長野県

赤穂 あかほ［赤須村＋上穂村］（駒ケ根市）

1875年（明治8）、赤須村と上穂村が合併して赤穂村が成立。村名は赤須村の「赤」と、上穂村の「穂」を取って命名したもの。1889年（明治22）、町村制の施行により、赤穂村と下平村が合併して赤穂村になり、1940年（昭和15）、町に昇格。1954年（昭和29）、赤穂町、宮田町、中沢村、伊那村の4町村が合併し、市制施行して駒ケ根市になる。

稲田 いなだ［稲積村＋山田村］（長野市）

1875年（明治8）、稲積村と山田村が合併して稲田村が成立。村名は稲積村の「稲」と、山田村の「田」を取って命名したもの。1889年（明治22）、町村制の施行により、稲田村など8村が合併して若槻村になり、1954年（昭和29）、長野市に編入される。

押羽 おしは［押切村＋羽場村］（上高井郡小布施町）

1876年（明治9）、押切村と羽場村が合併して押羽村が成立。村名は押切村の「押」と、羽場村の「羽」を取って命名したもの。1889年（明治22）、町村制の施行により、押羽村など7村が合併して小布施村が発足し、1954年（昭和29）、町に昇格して小布施町になる。

四賀 しが［四村の合併を祝賀する］（諏訪市）

１８７４年（明治7）、上桑原村、赤沼村、飯島村、神戸村の４村が合併して四賀村が成立。村名は４村の合併を祝賀するという意味からつけられたもの。１８８９年（明治22）、単独で村制を施行し、１９４１年（昭和16）、四賀村、諏訪町、豊田村の３町村が合併し、市制施行して諏訪市になる。

信更町 しんこうまち［信田村＋更府村］（長野市）

１９５６年（昭和31）、信田村と更府《こうふ》村が合併して信更村が成立。村名は信田村の「信」と、更府村の「更」を取って命名したもの。１９６６年（昭和41）、信更村、長野市、篠ノ井市など８市町村が合併して長野市になる。

常入 ときいり［常田村＋踏入村］（上田市）

１８７６年（明治9）、常田《ときだ》村と踏入《ふみいり》村が合併して常入村が成立。村名は常田村の「常」と、踏入村の「入」を取って命名したもの。１８８９年（明治22）、町村制の施行により、常入村、上田町、常磐《ときわ》城《ぎ》村の３町村が合併して上田町が発足。１９１９年（大正8）、市制施行して上田市になる。

中松 なかまつ［中条村＋村松新田村］（上高井郡小布施町）

１８７６年（明治9）、中条村と松村新田村が合併して中松村が成立。村名は中条村の「中」と、松村新田村の「松」を取って命名したもの。１８８９年（明治22）、町村制の施行により、中松村、都住《つすみ》村、雁田村の３村が合併して都住村が発足。１９５４年（昭和29）、都住村と小布施町が合併して小布施町になる。

菱平 ひしだいら［菱野村＋後平村］（小諸市）

１８７６年（明治9）、菱野村と後平《うしろだいら》村が合併して菱平村が成立。村名は菱野村の「菱」と、後平村の「平」を取って命名したもの。１８８９年（明治22）、町村制の施行により、菱平村、諸村、西原村、滝原村の４村が合併して大里村になり、１９５４年

(昭和29)、大里村、小諸町、北大井村、川辺村の4町村が合併して小諸町が発足。同年、市制施行して小諸市になる。

日原 ひはら [日名村+大原村] (長野市)

1889年(明治22)、日名村、大原村、信級《のぶしな》村の3村が合併して成立した信級村が、1892年(昭和25)、分立して日原村が成立。村名は旧・日名村の「日」と、大原村の「原」を取って命名したもの。1955年(昭和30)、日原村、信級村、新町の3町村が合併して信州新町が発足し、2010年(平成22)、長野市に編入される。

三田 みた [田多井村+小田多井新田村+田尻村(三つの田)] (安曇野市)

1873年(明治6)、田多井村、小田多井新田村、田尻村、小倉村の4村が合併して成立した科布《しなの》村が、1893年(明治26)に分立して三田村が成立。村名は旧村の田多井村、小田多井新田村、田尻村の三つの「田」に因んで「三田村」と命名したもの。1955年(昭和30)、烏川村と合併して堀金村が発足し、2005年(平成17)、堀金村、豊科町、穂高町、三郷村、明科町の5町村が合併し、市制施行して安曇野市になる。

読書 よみかき [与川(よかわ)村+三留野(みどの)村+柿其(かきぞれ)村] (木曽郡南木曽町)

1874年(明治7)、与川村、三留野村、柿其村の3村が合併して読書村が成立。村名は3村の頭文字「与」「三」「柿」を「よ・み・かき」と読ませ、それに「読書」の文字を当てたもの。1889年(明治22)、単独で村制を施行。1961年(昭和36)、読書村、吾妻村、田立村の3村が合併し、町制を施行して南木曾町になる。

若穂 わかほ [綿内(わたうち)村+川田(かわだ)村+保科(ほしな)村] (長野市)

1959年(昭和34)、綿内村、川田村、保科村

の3村が合併し、町制施行して若穂町が成立。村名は3村の頭文字である綿内村の「わ」、川田村の「か」、保科村の「ほ」を取って「わ・か・ほ」とし、それに「若穂」の文字を当てたもの。1966年(昭和41)、若穂町、長野市、篠ノ井市など8市町村が合併して長野市になる。

▼岐阜県

鮎立 あゆたて [鮎走村+切立村] (郡上市)

1875年(明治8)、鮎走村と切立《きったて》村が合併して鮎立村が成立。村名は鮎走村の「鮎」と、切立村の「立」を取って命名したもの。1889年(明治22)、単独で村制を施行。1897年(明治30)、鮎立村、大鷲村、鷲《す》見村、西洞村の4村が合併して高《たか》鷲村が発足し、2004年(平成16)、高鷲村、八《はち》幡《まん》町など7町村が合併し、市制施行して郡上市になる。

有穂 ありほ [在(有)原村+歩(穂)岐村] (郡上市)

1875年(明治8)、在原村、歩岐村、小久須見村の3村が合併して有穂村が成立。村名は在原村の「在」の文字を「有」に、歩岐村の「歩」を「穂」に置き替えて「有穂」としたもの。1889年(明治22)、町村制の施行により、大谷村(一部)を編入して、有穂村となる。1897年(明治30)、有穂村、市島村、初納《しょのう》村、小野村、旭村の5村が合併して口明方《くちみょうがた》村が発足。1954年(昭和29)、口明方村、八幡町、相生村、川合村、西和良村の5町村が合併して八幡町になり、2004年(平成16)、八幡町など7町村が合併し、市制施行して郡上市になる。

入間 いるま [入津村+貢間村] (郡上市)

1875年(明治8)、入津村と貢間村が合併して入間村が成立。村名は入津村の「入」と、貢間村の「間」を取って命名したもの。1889年(明治22)、単独で村制を施行。1897年(明治30)、入間村、美山村、洲河《すごう》村、野々倉村、小那比《おなび》村の5村が合併して西和良《にしわら》村になり、１９５４年（昭和29）、西和良村、口明方村、八幡町、相生村、川合村の５町村が合併して八幡町が発足。２００４年（平成16）、八幡町など7町村が合併し、市制施行して郡上市になる。

岩瀬　いわせ　［岩屋村＋広瀬村］（下呂市）

１８７５年（明治8）、岩屋村、広瀬村、八坂村、相原村、中原村の5村が合併して岩瀬村が成立。村名は岩屋村の「岩」と、広瀬村の「瀬」を取って命名したもの。１８８９年（明治22）、単独で村制を施行し、１８９７年（明治30）、岩瀬村など7村が合併して東《ひがし》村が発足。１９５５年（昭和30）、東村、金山町、菅田町、下原村の4村が合併して金山町になり、２００４年（平成16）、金山町、下呂町、萩原町、小坂町、馬瀬村の5町村が合併し、市制施行して下呂市になる。

大谷　おおたに　［大久須見村＋神谷村］（郡上市）

１８７５年（明治8）、大久須見村と神谷村が合併して大谷村が成立。村名は大久須見村の「大」と、神谷村の「谷」を取って命名したもの。１８８９年（明治22）、村制を施行し、１８９７年（明治30）、大谷村など7村が合併して奥明方村が発足。１９７０年（昭和45）、明方村に改称し、さらに１９９２年（平成4）、明宝《めいほう》村に改称。２００４年（平成16）、明宝村、八幡町など7町村が合併し、市制施行して郡上市になる。

大原　おおはら　［大矢村＋勝原村］（郡上市）

１８７５年（明治8）、大矢村と勝原村が合併して大原村が成立。村名は大矢村の「大」と、勝原村の「原」を取って命名したもの。１８８９年（明治22）、単独で村制を施行し、１８９７年（明治30）、大原村、梅原村、白山村、三戸《みと》村の4村が合併して下川村が発足。１９５４年（昭和29）、嵩田《たけだ》村と合併して美並《みなみ》村になる。嵩田村も山田村、高砂村、上田村の3村が合併した際に、山田村の「山」と、高砂村の「高」で「嵩」の字をつくり、上田村の「田」を組み合わせて「嵩田」と命名した合成地名。2004年（平成16）、美並村、八幡町など7町村が合併し、市制施行して郡上市になる。

片原 かたはら ［片狩村＋日原村］（山県市）

1874年（明治7）、片狩村と日原村が合併して片原村が成立。村名は片狩村の「片」と、日原村の「原」を取って命名したもの。1889年（明治22）、単独で村制を施行。1897年（明治30）、片原村、神崎村、円原《えんばら》村の3村が合併して北山村になり、1955年（昭和30）、北山村など7村が合併して美山村が発足。1964年（昭和39）、町に昇格。2003年（平成15）、美山町、高富町、伊自良《いじら》村の3町村が合併し、市制施行して山県《やまがた》市になる。

戸部 とべ ［戸川村＋西沓部村］（下呂市）

1875年（明治8）、戸川村と西沓部村が合併して戸部村が成立。村名は戸川村の「戸」と、西沓部村の「部」を取って命名したもの。1889年（明治22）、単独で村制を施行し、1897年（明治30）、戸部村など7村が合併して東《ひがし》村が発足。1955年（昭和30）、東村、金山町、菅田町、下原村の4町村が合併して金山町になり、2004年（平成16）、金山町、下呂町、小坂町、萩原町、馬瀬村の5町村が合併し、市制施行して下呂市になる。

横野 よこの ［横井村＋下野村］（郡上市）

1875年（明治8）、横井村と下野村が合併して横野村が成立。村名は横井村の「横」と、下野村の「野」を取って命名したもの。1889年（明治22）、単独で村制を施行し、1894年（明治27）、横野村など11村が合併して和良村が発足。2004年（平成16）、和良村、八幡町など7町村が合併し、市制施行して郡上市になる。

▼静岡県

新島 あらしま ［新居村＋倉島村］（磐田市）

１８７６年（明治９）、新居村と倉島村が合併して新島村が成立。村名は新居村の「新」と、倉島村の「島」を取って命名したもの。１８８９年（明治22）、町村制の施行により、新島村など10村が合併して長野村になり、１９５５年（昭和30）、磐田市に編入される。

梅山 うめやま［梅田村＋松山村＋東山村］（袋井市）

１８７６年（明治９）、梅田村、松山村、東山村の３村が合併して梅山村が成立。村名は梅田村の「梅」と、松山村および東山村の「山」を取って命名したもの。１８８９年（明治22）、町村制の施行により、梅山村など４村が合併して東浅羽《ひがしあさば》村になり、１９５５年（昭和30）、東浅羽村、西浅羽村、上浅羽村、幸浦《さちうら》村の４村が合併して浅羽村が発足。１９５６年（昭和31）、町に昇格し、２００５年（平成17）、浅羽町と袋井市が合併して袋井市になる。

大幡 おおはた［大日村＋八幡島新田村］（榛原郡吉田町）

１８７５年（明治８）、大日村と八幡島新田村が合併して大幡村が成立。村名は大日村の「大」と、八幡島新田村の「幡」を取って命名したもの。１８８９年（明治22）、町村制の施行により、大幡村など６村が合併して吉田村になり、１９４９年（昭和24）、町に昇格。

笠梅 かさうめ［向笠上村＋向笠中村＋向笠５ヶ村出作場＋大梅村］（磐田市）

１８７６年（明治９）、向笠上村、向笠中村、大梅村、樋口村、向笠５ヶ村出作場が合併して笠梅村が成立。村名は向笠上村、向笠中村、向笠５ヶ村出作場の「笠」と、大梅村の「梅」を取って命名したもの。１８８９年（明治22）、町村制の施行により、笠梅村など７村が合併して向笠《むかさ》村になり、１９５５年（昭和30）、磐田市に編入される。

神島 かみしま［神益村＋中島村］（伊豆の国市）

１８７１年（明治４）、神益村と中島村が合併して神島村が成立。村名は神益村の「神」と、中島村の「島」を取って命名したもの。1889年（明治22）、町村制の施行により、神島村など9村が合併して田中村になり、1940年（昭和15）、町に昇格して大仁《おおひと》町に改称。2005年（平成17）、大仁町、韮山町、伊豆長岡町の3町が合併し、市制施行して伊豆の国市になる。

神谷城　かみやしろ［神谷村＋城東郡］（島田市）

1879年（明治12）、榛原《はいばら》郡神谷村と城東郡西深谷村が合併して神谷城村が成立。村名は神谷村の「神谷」と、城東郡の「城」を取って命名したもの。神谷村も1875年（明治8）、石神村と東深谷村が合併した際に、石神村の「神」と東深谷村の「谷」を取った合成地名。1889年（明治22）、町村制の施行により、神谷城村、菊川村、牧ノ原村、金谷河原町、金谷宿の5村が合併して金谷《かなや》町が発足。2005年（平成17）、金谷町と島田市が合併して島田市になる。

新津町　しんづちょう［新橋村＋米津村］（浜松市中区）

1889年（明治22）、町村制の施行により、新橋村、米津村など8村が合併して新津村が成立。村名は新橋村の「新」と、米津村の「津」を取って命名したもの。1951年（昭和26）、浜松市に編入される。2007年（平成19）、政令指定都市への移行にともない、中区の管轄になる。

須原　すはら［本須郷村＋新須郷村＋茅原野村］（下田市）

1877年（明治10）、本須郷村、新須郷村、茅《ち》原野《はらの》村、北野沢村が合併して須原村が成立。村名は本須郷村および新須郷村の「須」と、茅原野村の「原」を取って命名したもの。1889年（明治22）、町村制の施行により、須原村など11村が合併して稲《いな》梓《ずさ》村になり、1955年（昭和30）、稲梓村、下田町など6町村が合併して下田町が発足。1971年（昭和46）、市制施行して下田市になる。

高尾　たかお［高部村＋赤尾村］（袋井市）

1873年（明治6）、高部村と赤尾村が合併して高尾村が成立。村名は高部村の「高」と、赤尾村の「尾」を取って命名したもの。1889年（明治22）、町村制の施行により、高尾村、豊沢村、愛野村の3村が合併して笠西村が発足。1928年（昭和3）、笠西村と袋井町が合併して袋井町になり、1958年（昭和33）、市制施行して袋井市になる。

寺島　てらしま　［寺田村＋宮ヶ島村］（掛川市）

1873年（明治6）、寺田村と宮ヶ島村が合併して寺島村が成立。村名は寺田村の「寺」と、宮ヶ島村の「島」を取って命名したもの。1889年（明治22）、町村制の施行により、寺島村など6村が合併して原田村になり、1957年（昭和32）、掛川市に編入される。

中川　なかがわ　［中田村＋石川村］（周智郡森町）

1876年（明治9）、中田村と石川村が合併して中川村が成立。村名は中田村の「中」と、石川村の「川」を取って命名したもの。1889年（明治22）、町村制の施行により、中川村、谷中《やなか》村、草ヶ谷《くさがや》村、円田《えんでん》村、牛飼村の5村が合併して園田村が発足。1955年（昭和30）、園田村、森町、飯田村、一宮村、天方《あまがた》村の5町村が合併して森町になる。

藤上原　ふじかんばら　［藤野村＋上原村］（磐田市）

1876年（明治9）、藤野村と上原村が合併して藤上原村が成立。村名は藤野村の「藤」と、上原村の「上原」を取って命名したもの。1889年（明治22）、藤上原村、大久保村、平松村掛下村入作地が合併して大藤村が発足。大藤村も大久保村の「大」と、藤上原村の「藤」を取った合成地名。1955年（昭和30）、磐田市に編入される。

宮加三　みやかみ　［宮一色村＋加茂村＋三沢村］（静岡市清水区）

1873年（明治6）、宮一色村、加茂村、三沢村の3村が合併して宮加三村が成立。村名は宮一色村の「宮」、加茂村の「加」、三沢村の「三」を取って命名したもの。1889年（明治22）、町村制の施行により、宮加三村など12村が合併して不二見村になり、1924年（大正13）、不二見村、清水町、入江町、三保村の4町村が合併し、市制施行して清水市が発足。2003年（平成15）、静岡市と合併して静岡市になり、2005年（平成17）、政令指定都市への移行にともない清水区の管轄になる。

谷中 やなか［谷川村＋田中村］（周智郡森町）

1875年（明治8）、谷川村と田中村が合併して谷中村が成立。村名は谷川村の「谷」と、田中村の「中」を取って命名したもの。1889年（明治22）、町村制の施行により、谷中村、中川村、草ケ《くさが》谷《や》村、円田《えんでん》村、牛飼村の5村が合併して園田村が発足。1955年（昭和30）、園田村、森町、飯田村、一宮村、天方村の5町村が合併して森町になる。

▼愛知県

浅谷 あさや［浅木村＋谷下村］（新城市）

1884年（明治17）、浅木村と谷下村が合併して浅谷村が成立。村名は浅木村の「浅」と、谷下村の「谷」を取って命名したもの。1889年（明治22）、町村制の施行により、浅谷村など6村が合併して石座《いわくら》村が発足。1906年（明治39）、石座村、信楽《しからき》村、平井村の3村が合併して東郷村になる。1955年（昭和30）、東郷村、新城《しんしろ》町、千郷《ちさと》村、舟《ふな》着《つけ》村、八名村の5町村が合併して新城町が誕生し、1958年（昭和33）、市制施行して新城市になる。

池田 いけだ［池頭村＋池尾新田＋中田村］（西尾市）

1878年（明治11）、池頭村、池尾新田、中田村の3村が合併して池田村が成立。村名は池頭村および池尾新田の「池」と、中田村の「田」を取って命名したもの。1889年（明治22）、町村制の施行により、池田村、前野村、大塚村、対米《ついごめ》村、野田村の5村が合併して五保村になり、1906年（明治39）、五保村、一色村、味沢村、栄生《さこう》村、衣崎村の5村が合併して一色村が発足。1923年（大正12）、町制施行して一色町になり、2011年（平成23）、西尾市に編入される。

井沢町 いざわちょう［笠井村＋竹沢連村］（岡崎市）

1876年（明治9）、笠井村と竹沢連《たけざわれ》村が合併して井沢村が成立。村名は笠井村の「井」と、竹沢連村の「沢」を取って命名したもの。1889年（明治22）、町村制の施行により、井沢村など8村が合併して形埜《かたの》村になり、1956年（昭和31）、宮崎村、豊富村、形埜村、下山村（一部）の4村が合併し、町制施行して額田《ぬかた》町が発足。2006年（平成18）、岡崎市に編入される。

石野町 いしのちょう［石下瀬村＋中野村］（豊田市）

1906年（明治39）、石下瀬村、中野村、七重村、富貴下《ふきしも》村（一部）、四谷村（一部）の5村が合併して石野村が成立。村名は石下瀬村の「石」と、中野村の「野」を取って命名したもの。中野村も1889年（明治22）、町村制の施行により、中切村、中金村、野口村など7村が合併した際、中切村および中金村の「中」と、野口村の「野」を取った合成地名。1955年（昭和30）、猿投《さなげ》町に編入され、1967年（昭和42）、猿投町は豊田市に編入される。

猪高町 いたかちょう［猪子石村＋高社村］（名古屋市名東区・千種区）

1906年（明治39）、猪子石《いのこし》村と高社《たかやしろ》村が合併して猪高村が成立。村名は猪子石村の「猪」と、高社村の「高」を取って命名したもの。1955年（昭和30）、名古屋市千種区に編入され、1975年（昭和50）、一部を千種区に残して名東区に移管される。

一社 いっしゃ［一色村＋下社村］（名古屋市名東区）

1878年（明治11）、一色村と下社村が合併して一社村が成立。村名は一色村の「一」と、下社村の「社」を取って命名したもの。1955年（昭和

30）、名古屋市千種区に編入され、１９７５年（昭和50）、名東区に移管される。

岩中町 いわなかちょう［岩谷村＋中畑村］（岡崎市）

１８７８年（明治11）、岩谷村と中畑村が合併して岩中村が成立。村名は岩谷村の「岩」と、中畑村の「中」を取って命名したもの。１８８９年（明治22）、町村制の施行により、岩中村など7村が合併して乙見《おとみ》村が発足。１９０６年（明治39）、乙見村と常磐村が合併して常磐村になり、１９５５年（昭和30）、岡崎市に編入される。

植大 うえだい［植村＋大古根村］（知多郡阿久比町）

明治初年、植村と大古根村が合併して植大村が成立。村名は植村の「植」と、大古根村の「大」を取って命名したもの。１８７８年（明治11）の合併で阿久比《あぐい》村になるが、１８８４年（明治17）、分村して植大村が復活。１８８９年（明治22）、町村制の施行により、植大村、阿久比村、椋岡村、矢高村の4村が合併して阿久比村が発足し、１９０６年（明治39）に上阿久比村、東阿久比村と合併して阿久比村になる。１９５３年（昭和28）、町に昇格して阿久比町になる。

卯坂 うさか［卯之山村＋坂部村］（知多郡阿久比町）

明治初年、卯之山村と坂部村が合併して卯坂村が成立。村名は卯之山村の「卯」と、坂部村の「坂」を取って命名したもの。１８７８年（明治11）の合併で阿久比村になるが、１８８４年（明治17）、分村して卯坂村が復活。１８８９年（明治22）、町村制の施行により、卯坂村、白沢村、草木村の3村が合併して上阿久比村になり、さらに１９０６年（明治39）、上阿久比村、阿久比村、東阿久比村の3村が合併して阿久比村が発足。１９５３年（昭和28）、町に昇格して阿久比町になる。

江島町 えじまちょう［江村＋鵜飼島村］（豊川市）

１８７８年（明治11）、江村と鵜飼島村が合併して江島村が成立。村名は江村の「江」と、鵜飼島村の「島」を取って命名したもの。1889年（明治22）、町村制の施行により、江島村、東上《とうじょう》村、上長山村、松原村の4村が合併して本茂村が発足。1906年（明治39）、桑富村と合併して一宮村になり、1961年（昭和36）、町に昇格。2006年（平成18）、豊川市に編入される。

大高味町 おおたかみちょう ［大河村＋高薄村＋法味村］（岡崎市）

1876年（明治9）、大河村、高薄村、法味村の3村が合併して大高味村が成立。村名は大河村の「大」、高薄村の「高」、法味村の「味」を取って命名したもの。1889年（明治22）、町村制の施行により、大高味村など8村が合併して形埜《かたの》村が発足。1956年（昭和31）、形埜村、宮崎村、豊富村、下山村（一部）の4村が合併し、町制施行して額田《ぬかた》町になり、2006年（平成18）、岡崎市に編入される。

大田町 おおたまち ［大里村＋木田村］（東海市）

1876年（明治9）、大里村と木田村が合併して大田村が成立。村名は大里村の「大」と、木田村の「田」を取って命名したもの。1889年（明治22）、単独で村制を施行し、1906年（明治39）、大田村、横須賀町、高横須賀村、加木屋村、養父《やぶ》村の5町村が合併して横須賀町が発足。1969年（昭和44）、上野町と合併して市制施行し、東海市になる。

大柳町 おおやなぎちょう ［大ヶ谷村＋柳村］（岡崎市）

1878年（明治11）、大ヶ谷村、柳村、北須山村の3村が合併して大柳村が成立。村名は大ヶ谷村の「大」と、柳村の「柳」を取って命名したもの。1889年（明治22）、町村制の施行により、大柳村など7村が合併して常磐村が発足し、1955年（昭和30）、岡崎市に編入される。

小久田町 おくだちょう［小楠村＋桃ヶ久保村＋赤田和村］（岡崎市）

１８７６年（明治9）、小楠村、桃ヶ久保村、赤田和村の3村が合併して小久田村が成立。村名は小楠村の「小」、桃ヶ久保村の「久」、赤田和村の「田」を取って命名したもの。１８８９年（明治22）、町村制の施行により小久田村、桜形村、鍛埜《かじの》村など8村が合併して形埜村が発足。形埜村も桜形村の「形」と、鍛埜村の「埜」を取った合成地名。１９５６年（昭和31）、形埜村、豊富村、宮崎村、下山村（一部）の4村が合併して額田町になり、２００６年（平成18）、岡崎市に編入される（⇩鍛埜町）。

押井町 おしいちょう［押手村＋二井村］（豊田市）

１８７８年（明治11）、押手村と二井村が合併して押井村が成立。村名は押手村の「押」と、二井村の「井」を取って命名したもの。１８８９年（明治22）、町村制の施行により、押井村など12村が合併して野見村が発足。１９０６年（明治39）、野見村、生駒村、介木《けんぎ》村、築羽《つくば》村の4村が合併して旭村になり、１９６７年（昭和42）、町に昇格。２００５年（平成17）、豊田市に編入される。

鍛埜町 かじのちょう［鍛冶屋村＋大林村＋土村］（岡崎市）

１８７８年（明治11）、鍛冶屋村、大林村、土村の3村が合併して鍛埜村が成立。村名は鍛冶屋村の「鍛」、大林村の「林」と土村の「土」を組み合わせて「埜」という文字をつくり、その2文字を取って命名したもの。１８８９年（明治22）、町村制の施行により、鍛埜村、桜形村など8村が合併して形埜村が発足。形埜村も桜形村の「形」と、鍛埜村の「埜」を取った合成地名。１９５６年（昭和31）、形埜村、豊富村、宮崎村、下山村（一部）の4村が合併して額田町になり、２００６年（平成18）、岡崎市に編入される（⇩小久田町）。

金野 かねの［金割村＋灰野村］（豊川市）

１８７６年（明治9）、金割村と灰野村が合併して金野村が成立。村名は金割村の「金」と、灰野村の「野」を取って命名したもの。1889年（明治22）、町村制の施行により、金野村、豊沢村、西方村、広石村、泙野村の5村が合併して御津《みと》村が発足し、1930年（昭和5）、町に昇格。2008年（平成20）、豊川市に編入される。

金平町 かねひらちょう ［戸金村＋平地村］（蒲郡市）

1876年（明治9）、戸金村と平地村が合併して金平村が成立。村名は戸金村の「金」と、平地村の「平」を取って命名したもの。1889年（明治22）、町村制の施行により、金平村、形原村、一色村の3村が合併して形原村が発足し、1924年（大正13）、町に昇格。1962年（昭和37）、蒲郡市に編入される。

河原町 かわはらちょう ［河辺村＋栃原村］（岡崎市）

1878年（明治11）、河辺村と栃原村が合併して河原村が成立。村名は河辺村の「河」と、栃原村の「原」を取って命名したもの。1889年（明治22）、町村制の施行により、河原村など7村が合併して宮崎村になり、1956年（昭和31）、宮崎村、豊富村、形埜村、下山村（一部）の4村が合併し、町に昇格して額田町が発足。2006年（平成18）、岡崎市に編入される。

北崎町 きたさきまち ［北尾村＋近崎村］（大府市）

1876年（明治9）、北尾村と近崎村が合併して北崎村が成立。村名は北尾村の「北」と、近崎村の「崎」を取って命名したもの。1889年（明治22）、単独で村制を施行し、1906年（明治39）、北崎村、大府村など7村が合併して大府村が発足し、1915年（大正4）、町に昇格。1970年（昭和45）、市制施行して大府市になる。

熊味町 くまみちょう ［熊子村＋味崎村］（西尾市）

1878年（明治11）、熊子村と味崎村が合併して熊味村が成立。村名は熊子村の「熊」と、味崎村の「味」を取って命名したもの。1889年（明治22）、町村制の施行により、熊味村など10村が合併して久麻久《くまく》村が発足。1906年（明治39）、久麻久村、西尾町、西野町村、大宝村（一部）、奥津村（一部）の5町村が合併して西尾町になり、1953年（昭和28）、市制施行して西尾市になる。

小本　こもと［小塚村＋本郷村］（名古屋市中川区）

1878年（明治11）、小塚村、本郷村、七女子《しちにょし》村の3村が合併して小本村が成立。村名は小塚村の「小」と、本郷村の「本」を取って命名したもの。1889年（明治22）、町村制の施行により、小本村、四女子《しにょし》村、篠原村、長良村の4村が合併して松葉村が発足。1906年（明治39）、松葉村、柳森村、岩塚村の3村が合併して常磐村になり、1921年（大正10）、名古屋市に編入される。

才栗町　さいくりちょう［才熊村＋栗木村］（岡崎市）

1878年（明治11）、才熊村と栗木村が合併して才栗村が成立。村名は才熊村の「才」と、栗木村の「栗」を取って命名したもの。1889年（明治22）、町村制の施行により、才栗村など9村が合併して河合村が発足し、1955年（昭和30）、岡崎市に編入される。

坂宇場　さかうば［坂場村＋川宇連村］（北設楽郡豊根村）

1875年（明治8）、坂場村と川宇連《かうれ》村が合併して坂宇場村が成立。村名は坂場村の「坂」と「場」の文字の間に、川宇連村の「宇」を入れて「坂宇場」としたもの。1889年（明治22）、町村制の施行により、坂宇場村、三沢村、上黒川村、下黒川村、古真立《こまだて》村の5村が合併して豊根村になる。

島本　しまもと［柿木島村＋東鵜之本村］（稲沢市）

1878年（明治11）、柿木島村と東鵜之本村が合併して島本村が成立。村名は柿木島村の「島」と、東鵜之本村の「本」を取って命名したもの。1889年（明治22）、町村制の施行により、島本村、野田村、上牧村、中牧村、両寺内村の5村が合併して牧川村になり、1906年（明治39）、牧川村、祖父江町、山崎村、丸甲《まるこう》村、領内村の5町村が合併して祖父江町が発足。2005年（平成17）、稲沢市に編入される。

須依町　すえちょう　［須賀村＋依田村］（愛西市）

1878年（明治11）、須賀村と依田村が合併して須依村が成立。村名は須賀村の「須」と、依田村の「依」を取って命名したもの。1889年（明治22）、町村制の施行により、須依村、佐屋村、内佐屋村、柚木《ゆぎ》村、北一色村の5村が合併して佐依木村が発足。佐依木村も、佐屋村および内佐屋村の「佐」と、須依村の「依」、柚木村の「木」を取った合成地名。1906年（明治39）、八幡村と合併して佐屋村になり、1955年（昭和30）、町に昇格。2005年（平成17）、佐屋町、佐織町、立田村、八開村の4町村が合併し、市制施行して愛西市になる。

田折町　たおりちょう　［上田代村＋折地村］（豊田市）

1878年（明治11）、上田代村と折地村が合併して田折村が成立。村名は上田代村の「田」と、折地村の「折」を取って命名したもの。1889年（明治22）、町村制の施行により、田折村など9村が合併して下山村が発足し、2005年（平成17）、豊田市に編入される。

高社　たかやしろ　［高針村＋一社村＋上社村］（名古屋市名東区）

1889年（明治22）、町村制の施行により、高針村、一社村、上社村の3村が合併して高社村が成立。村名は高針村の「高」と、一社村および上社村の「社」を取って命名したもの。1955年（昭和30）、名古屋市千種区に編入され、1975年（昭和50）、名東区に移管される。

玉野町　たまのちょう　［玉ヶ瀬村＋永野村］（豊田市）

1878年（明治11）、玉ヶ瀬村と永野村が合併して玉野村が成立。村名は玉ヶ瀬村の「玉」と、永野村の「野」を取って命名したもの。1889年（明治22）、町村制の施行により、玉野村など18村が合併して賀茂村が発足。1955年（昭和30）、賀茂村、足助《あすげ》町、盛岡村、阿摺《あすり》村の4町村が合併して足助町になり、2005年（平成17）、豊田市に編入される。

黄柳野　つげの　［黄柳村＋多利野村］（新城市）

1878年（明治11）、黄柳《つげ》村と多利野村が合併して黄柳野村が成立。村名は黄柳村の「黄柳」と、多利野村の「野」を取って命名したもの。1889年（明治22）、町村制の施行により、黄柳野村、竹之輪村、上吉田村、下吉田村の4村が合併して山吉田村が発足。1956年（昭和31）、鳳来町に編入され、2005年（平成17）、鳳来町、新城市、作手《つくで》村の3市町村が合併して新城市になる。

中伊町　なかいちょう　［中保久村＋伊賀谷村］（岡崎市）

1878年（明治11）、中保久村と伊賀谷村が合併して中伊村が成立。村名は中保久村の「中」と、伊賀谷村の「伊」を取って命名したもの。1889年（明治22）、町村制の施行により、中伊村など9村が合併して下山村が発足。1956年（昭和31）、下山村の一部が宮崎村、豊富村、形埜《かたの》村と合併し、町に昇格して額田町が発足。2006年（平成18）、岡崎市に編入される。

中島　なかじま　［山中村＋湯島村］（新城市）

1878年（明治11）、山中村と湯島村が合併して中島村が成立。村名は山中村の「中」と、湯島村の「島」を取って命名したもの。1889年（明治22）、町村制の施行により、中島村、海老村、副川村、四谷村、連合村の5村が合併して海老村が発足し、1894年（明治27）、町に昇格。1956年（昭和31）、鳳来町に編入され、2005年（平成17）、鳳来町、新城市、作手村の3市町村が合併して新城市になる。

永野 ながの［永井村＋野崎村］（額田郡幸田町）

1873年（明治6）、永井村と野崎村が合併して永野村が成立。村名は永井村の「永」と、野崎村の「野」を取って命名したもの。1889年（明治22）、町村制の施行により、永野村、須美村、野場村、六栗《むつぐり》村の4村が合併して松坂村になり、1906年（明治39）、松坂村と豊国村が合併して豊坂村が発足。豊坂村も豊国村の「豊」と、松坂村の「坂」を取った合成地名。1954年（昭和29）、幸田町と合併して幸田町になる。

野林町 のばやしちょう［大野村＋籠林村］（豊田市）

1875年（明治8）、大野村と籠林村が合併して野林村が成立。村名は大野村の「野」と、籠林村の「林」を取って命名したもの。1889年（明治22）、町村制の施行により、野林村など18村が合併して盛岡村が発足。1955年（昭和30）、盛岡村、足助町、賀茂村、阿摺《あすり》村の4町村が合併して足助町になり、2005年（平成17）、豊田市に編入される。

幡山町 はたやまちょう［幡野村＋山口村］（瀬戸市）

1906年（明治39）、幡野村と山口村が合併して幡山村が成立。村名は幡野村の「幡」と、山口村の「山」を取って命名したもの。1955年（昭和30）、瀬戸市に編入される。

花沢町 はなざわちょう［花園村＋柵沢村］（豊田市）

1878年（明治11）、花園村、柵沢村、長峯村、切二木村、槇ヶ田和村の5村が合併して花沢村が成立。村名は花園村の「花」と、柵沢村の「沢」を取って命名したもの。1889年（明治22）、町村制の施行により、花沢村と東大沼村が合併して大沼村が発足。1906年（明治39）、大沼村、下山村、富義村の3村が合併して下山村になり、2005年（平成17）、豊田市に編入される。

富木島町 ふきしままち［富田村＋木庭村＋姫島村］（東海市）

1878年（明治11）、富田村、木庭村、姫島村の3村が合併して富木島村が成立。村名は富田村の

「富」、木庭村の「木」、姫島村の「島」を取って命名したもの。１８８９年（明治22）、単独で村制を施行。１９０６年（明治39）、富木島村、名和村、荒尾村の３村が合併して上野村が発足し、１９４０年（昭和15）、町に昇格。１９６９年（昭和44）、上野町と横須賀町が合併し、市制施行して東海市になる。

福屋 ふくや［西福田村＋福田前新田＋茶屋後新田］（名古屋市港区）

１８８９年（明治22）、町村制の施行により、西福田村、福田前新田、茶屋後新田が合併して福屋村が成立。村名は西福田村および福田前新田の「福」と、茶屋後新田の「屋」を取って命名したもの。１９０６年（明治39）、福屋村、福田村、茶屋村の３村が合併して南陽村が発足し、１９４９年（昭和24）、町に昇格。１９５５年（昭和30）、名古屋市に編入され、港区の管轄になる。

細光町 ほそみつちょう［細野村＋光久村］（岡崎市）

１８７５年（明治８）、細野村と光久村が合併して細光村が成立。村名は細野村の「細」と、光久村の「光」を取って命名したもの。１８８９年（明治22）、町村制の施行により、細光村、滝尻村、鳥川村、淡淵村、片寄村の５村が合併して高富村になり、１９０６年（明治39）、高富村、豊岡村、栄枝《さかえだ》村（一部）の３村が合併して豊富村が発足。豊富村も豊岡村の「豊」と、高富村の「富」を取った合成地名。１９５６年（昭和31）、豊富村、宮崎村、形埜村、下山村（一部）の４村が合併し、町に昇格して額田町が発足。２００６年（平成18）、岡崎市に編入される。

保見町 ほみちょう［伊保村＋橋見村］（豊田市）

１８８９年（明治22）、町村制の施行により、伊保村と橋見村が合併して保見村が成立。村名は伊保村の「保」と、橋見村の「見」を取って命名したもの。１９５５年（昭和30）、猿投《さなげ》町へ編入され、さらに１９６７年（昭和42）、豊田市へ編入される。

前野　まえの　［前後村＋熊野村］（西尾市）

１８７８年（明治11）、前後村と熊野村が合併して前野村が成立。村名は前後村の「前」と、熊野村の「野」を取って命名したもの。１８８９年（明治22）、町村制の施行により、前野村、大塚村、野田村、池田村、対米《ついごめ》村の5村が合併して五保村が発足。１９０６年（明治39）、五保村、一色村、栄生《さこう》村、味沢村、衣崎村の5村が合併して一色村になり、１９２３年（大正12）、町に昇格。２０１１年（平成23）、西尾市に編入される。

南大須町　みなみおおすちょう　［南須山村＋大山村］（岡崎市）

１８７６年（明治9）、南須山村と大山村が合併して南大須村が成立。村名は南須山村の「南」と「須」の文字の間に、大山村の「大」を入れて、「南大須村」としたもの。１８８９年（明治22）、町村制の施行により、南大須村など8村が合併して形埜村が発足。１９５６年（昭和31）、形埜村、豊富村、宮崎村、下山村（一部）の4村が合併し、町に昇格して額田町になる。２００６年（平成18）、岡崎市に編入される。

三谷原町　みやはらちょう　［三橋村＋雨谷村＋石原村］（豊川市）

１８７３年（明治6）、三橋村、雨谷村、石原村の3村が合併して三谷原村が成立。村名は三橋村の「三」、雨谷村の「谷」、石原村の「原」を取って命名したもの。１８８９年（明治22）、町村制の施行により、三谷原村、当古《とうご》村、牧野村、土筒《どどう》村、瀬木村の5村が合併して睦美村になる。１９０６年（明治39）、睦美村、豊川町、麻生田村の3町村が合併して豊川町が発足し、１９４３年（昭和18）、市制施行して豊川市になる。

椋岡　むくおか　［椋原村＋角岡村］（知多郡阿久比町）

明治初年、椋原村と角岡村が合併して椋岡村が成立。村名は椋原村の「椋」と、角岡村の「岡」を取って命名したもの。1878年（明治11）の合併で阿久比《あぐい》村になるが、1884年（明治17）、分村して椋岡村が復活。1889年（明治22）、町村制の施行により、椋岡村、阿久比村、植大村、矢高村の4村が合併して阿久比村が発足し、1953年（昭和28）、町に昇格。

睦平 むつひら［六(睦)郎貝津村＋下平村］（新城市）

1875年（明治8）、六郎貝津村と下平村が合併して睦平村が成立。村名は六郎貝津村の「六」を「睦」という文字に置き換え、下平村の「平」を取って「睦平」と命名したもの。1889年（明治22）、町村制の施行により大野村になるが、1890年（明治23）、大野村が分割されて睦平村が復活。1906年（明治39）、睦平村など7村が合併して七郷《ななさと》村が発足。1956年（昭和31）、七郷村、大野町、長篠村、鳳来寺村の4町村が合併して鳳来町になり、2005年（平成17）、鳳来町、新城市、作手《つくで》村の3市町村が合併して新城市になる。

室口町 むろぐちちょう［室平村＋足口村］（豊田市）

1878年（明治11）、室平村と足口村が合併して室口村が成立。村名は室平村の「室」と、足口村の「口」を取って命名したもの。1889年（明治22）、町村制の施行により、室口村など14村が合併して金沢村になり、1906年（明治39）、金沢村、賀茂村、伊勢神村の3村が合併して賀茂村が発足。1955年（昭和30）、賀茂村、足助町、盛岡村、阿摺《あすり》村の4町村が合併して足助町になり、2005年（平成17）、豊田市へ編入される。

森川町 もりかわちょう［大森村＋上古川村＋下古川村］（愛西市）

1878年（明治11）、大森村、上古川村、下古川村、梶島新田の4村が合併して森川村が成立。村名は大森村の「森」と、上古川村および下古川村の「川」を取って命名したもの。1889年（明治22）、町村制の施行により、森川村、山路村、小茂井村、雀ヶ森村の４村が合併して川治村が発足。１９０６年（明治39）、川治村、立和村、早尾村、五会《いつえ》村、六ッ和村の５村が合併して立田村になり、２００５年（平成17）、立田村、佐屋町、佐織町、八開村の４町村が合併し、市制施行して愛西市になる。

八熊　やぐま［八剣神社＋熊野神社］（名古屋市中川区）

１８７８年（明治11）、二女子《ににょし》村と五女子《ごにょし》村が合併して八熊村が成立。村名は二女子村と五女子村の氏神様である八剣神社の「八」と、熊野神社の「熊」を取って命名したもの。１８８９年（明治22）、町村制の施行により、八熊村、西古渡村、野立村、中野外新田の４村が合併して八幡村が発足。１９２１年（大正10）、名古屋市に編入される。

矢高　やたか［矢口村＋高岡村］（知多郡阿久比町）

明治初年、矢口村と高岡村が合併して矢高村が成立。村名は矢口村の「矢」と、高岡村の「高」を取って命名したもの。１８７８年（明治11）の合併で阿久比村になるが、１８８４年（明治17）、分村して矢高村が復活。１８８９年（明治22）、町村制の施行により、矢高村、阿久比村、植大村、椋岡村の４村が合併して阿久比村が発足し、１９５３年（昭和28）、町に昇格。

山谷町　やまがいちょう［山蕨村＋浅谷村］（豊田市）

１８７８年（明治11）、山蕨《やまわらび》村と浅谷《あざかい》村が合併して山ヶ谷《やまがい》村が成立。村名は山蕨村の「山」と、浅谷村の「谷」を取って命名したもの。１８８９年（明治22）、町村制の施行により、山ヶ谷村など14村が合併して金沢村になり、１９０６年（明治39）、金沢村、賀茂村、伊勢神村の３村が合併して賀茂村が発足。１９５５年（昭和30）、賀茂村、足助町、盛岡村、阿摺《あすり》村の４町村が合併して足助町になり、２００５年（平成17）、豊田市へ編入される。

V

近畿地方の合成地名

広域の合成地名

紀淡海峡 きたんかいきょう［紀伊国＋淡路国］

和歌山県北西端の加太《かだ》と、淡路島の由良との間にある海峡で、大阪湾と紀伊水道を結んでいる。友ヶ島水道ともいう。地名は和歌山県の旧国名である紀伊国の「紀」と、淡路国（淡路島）の「淡」を取って命名したもの。

京滋 けいじ［京都府＋滋賀県］

京都府と滋賀県を指す地方名。京都の「京」と、滋賀の「滋」を取って命名したもの。京滋バイパスがある。奈良県を加えて、「京滋奈」と呼ぶこともある。

京阪神 けいはんしん［京都市＋大阪市＋神戸市］

京都、大阪、神戸の3都市にまたがる地域を指す地方名。京都市の「京」、大阪市の「阪」、神戸市の「神」の3文字を繋ぎ合わせたもの。阪神（大阪と神戸）、京阪（京都と大阪）、阪和（大阪と和歌山）、阪奈（大阪と奈良）などという地方名もある。鉄道にJR阪和線、阪神電気鉄道、京阪電気鉄道がある。

三丹 さんたん［丹波国＋丹後国＋但馬国］

丹波国（京都府中部と兵庫県の一部）と丹後国（京都府の北部）、但馬国（兵庫県の北部）3国の総称。三つの「たん」に由来する。

摂河泉 せっかせん［摂津国＋河内国＋和泉国］

摂津国（大阪府北部および兵庫県南東部）、河内国（大阪府南東部）、和泉国（大阪府南西部）3国の総称。大阪平野を摂河泉平野ともいう。

両丹 りょうたん［丹波国＋丹後国］

丹波国（京都府中部と兵庫県の一部）と丹後国（京都府の北部）2国の総称。

市町村・郡の合成地名

「市」「町村」「郡」の順に掲載

▼三重県

大紀町 たいきちょう ［大宮町＋大内山村＋紀勢町］（度会郡）

県中南部の宮川流域に開けた町。伊勢神宮別宮の滝原宮がある。２００５年（平成17）、大宮町、紀勢町、大内山村の3町村が合併して大紀町が成立。町名は大宮町および大内山村の「大」と、紀勢町の「紀」を取って命名したもの（⇩大宮町、紀勢町）。

明和町 めいわちょう ［斎明村＋三和町］（多気郡）

伊勢市と松阪市に挟まれた伊勢湾岸の町。古代、伊勢神宮の事務を司った斎宮が置かれた地で、国史跡の斎宮跡がある。１９５８年（昭和33）、三和町と斎明村が合併して明和町が成立。町名は斎明村の「明」と、三和町の「和」を取って命名したもの。斎明村も１９５５年（昭和30）、斎宮村と明星村が合併し、斎宮村の「斎」と明星村の「明」を取った合成地名。

▼滋賀県

愛荘町 あいしょうちょう ［愛知川町＋秦荘町］（愛知郡）

近江盆地の中央を流れる愛知川《えちがわ》の流域に開けた町で、東海道新幹線と名神高速道路が通り抜けている。２００６年（平成18）、愛知川町と秦荘《はたしょう》町が合併して愛荘町が成立。町名は愛知川町の「愛」と、秦荘町の「荘」を取って命名したもの。秦荘町も合成地名で、１９５５年（昭和30）、秦川《はたかわ》村と八木荘村が合併した際に、秦川村の「秦」と八木荘村の「荘」を取って命名したもの（⇩秦荘町）。

▼京都府

京田辺市 きょうたなべし ［京都府＋田辺町］

京都府の南部に位置し、大阪府と奈良県に接する。関西文化学術研究都市の一角を形成しており、同志社大学のキャンパスがある。１９９７年（平成9）、田辺町が単独で市制施行して京田辺市になる。市名は和歌山県田辺市との混同を避けるため、京都府の

「京」を冠して「京田辺」と命名したもの。

久御山町 くみやまちょう［久世郡＋御牧村＋佐山村］（久世郡）

木津川と宇治川の合流点近くに、かつて存在した巨椋《おぐら》池を干拓して開けた町。1954年（昭和29）、久世郡の御牧村と佐山村が合併して久御山町が成立。町名は久世郡の「久」と、御牧村の「御」、佐山村の「山」を取って命名したもの。

▼大阪府

河内長野市 かわちながのし［河内国＋長野町］

1889年（明治22）の町村制施行で成立した長野村が、1910年（明治43）、町に昇格し、1954年（昭和29）、三日市村、高向《たこう》村、加賀田村、天見村、河上村の5村と合併して市制施行する際、長野県の長野市との混同を避けるため、旧国名の「河内」を冠して河内長野市と命名したもの。

千早赤阪村 ちはやあかさかむら［千早村＋赤阪村］（南河内郡）

金剛山地西麓の農山村。楠木正成が居城した千早城など、南北朝時代の史跡が数多く残っている。1956年（昭和31）、千早村と赤阪村が合併して千早赤阪村が成立。村名は旧村名の「千早」と、「赤阪」をそのまま繋ぎ合わせたもの。

豊能町 とよのちょう［豊島郡＋能勢郡］（豊能郡）

府の北部、猪名川《いながわ》支流の余野川流域に開けた町。町の北東部に、地域の人の信仰が厚い妙見山がそびえている。1977年（昭和52）、東能勢《ひがしのせ》村が町に昇格する際、豊能町に改称。町名は郡名に因むが、郡名は1896年（明治29）、豊島《てしま》郡と能勢《のせ》郡が統合された際に、豊島郡の「豊」と、能勢郡の「能」を取って命名したもの。

▼兵庫県

神河町 かみかわちょう［神崎町＋大河内町］（神崎郡）

県のほぼ中央に位置する。町の中心部を市川が南流し、並行してJR播但線が走っている。2005年（平成17）、神崎町と大河内町が合併して神河町が成立。町名は神崎町の「神」と、大河内町の「河」を取って命名したもの。

香美町 かみちょう ［香住町＋美方郡］（美方郡）

県の北部に位置する但馬牛の飼育が盛んな町。日本海側は山陰海岸国立公園に指定されている。2005年（平成17）、城崎郡香住町と美方郡美方町および村岡町が合併して香美町が成立。町名は香住町の「香」と、美方郡および美方町の「美」を取って命名したもの（⇩美方郡）。

美方郡 みかたぐん ［七美郡＋二方郡］

県の北西部を占める。北側は日本海、西側は鳥取県に接する。1896年（明治29）、七美《しつみ》郡と二方《ふたかた》郡が合併して美方郡が成立。郡名は七美郡の「美」と、二方郡の「方」を取って命名したもの。

▼奈良県

野迫川村 のせがわむら ［野川組＋迫組＋川並組］（吉野郡）

県南西部の山岳地帯にある山村。1889年（明治22）、町村制の施行により、野川組、迫組《せぐみ》、川並組が合併して野迫川村が成立。村名は野川組の「野」、迫組の「迫」、川並組の「川」を取って命名したもの。

山添村 やまぞえむら ［山辺郡＋添上郡］（山辺郡）

県の北東端に位置する。村内を名阪国道が通り抜けている。1956年（昭和31）、山辺郡波多野村および豊原村と、添上《そえかみ》郡東山村が合併して山添村が成立。村名は山辺郡の「山」と、添上郡の「添」を取って命名したもの。

▼和歌山県

紀美野町 きみのちょう ［紀伊国＋美里町＋野上町］（海草郡）

県の北部を流れる貴志川の流域に開けた農林業を主産業とする町。2006年（平成18）、美里町と野上町が合併して紀美野町が成立。町名は美里町の「美」と、野上町の「野」を取り、それに紀伊国の「紀」を冠して命名したもの。

那智勝浦町　なちかつうらちょう　［那智町＋勝浦町］（東牟婁郡）

那智の滝や勝浦温泉などで知られる南紀を代表する観光都市。１９５５年（昭和30）、那智町、勝浦町、宇久井村、色川村の４町村が合併して那智勝浦町が成立。町名は中心部を占める那智町と勝浦町の、両町名をそのまま繋ぎ合わせたもの。

海草郡　かいそうぐん　［海部郡＋名草郡］

県の中北部を占める。１８９６年（明治29）、海《あ》部《ま》郡と名草《なぐさ》郡が統合されて海草郡が成立。郡名は海部郡の「海」と、名草郡の「草」を取って命名したもの。

平成になるまで存在した市町村の合成地名

▼三重県

大宮町　おおみやちょう　［大内山川＋宮川］（現・度会郡大紀町）

１９５６年（昭和31）、滝原町と七保《ななほ》村が合併して大宮町が成立。町名は町内を流れる宮川支流の大内山川の「大」と、宮川の「宮」を取って命名したもの。２００５年（平成17）、大宮町、紀勢町、大内山村の３町村が合併して大紀町になり消滅。大紀町も大宮町および大内山村の「大」と、紀勢町の「紀」を取って命名した合成地名（⇩大紀町）。

紀勢町　きせいちょう　［紀伊国＋伊勢国］（現・度会郡大紀町）

１９５７年（昭和32）、錦町と柏崎村が合併して紀勢町が成立。町名は錦町が紀伊国、柏崎村が伊勢国に属していたことから、紀伊国の「紀」と、伊勢国の「勢」を取って命名したもの。２００５年（平成17）、紀勢町、大宮町、大内山村の３町村が合併して大紀町になり消滅。大紀町も合成地名で、大宮町および大内山村の「大」と、紀勢町の「紀」を取って命名したもの（⇩大紀町）。

芸濃町 げいのうちょう ［河芸郡＋安濃郡］（現・津市）

１９５６年（昭和31）、河芸郡《かわげ》の椋本《むくもと》村と明《あきら》村、安濃郡の安西村、雲林院《うじい》村、河内村の5村が合併して芸濃町が成立。町名は河芸郡の「芸」と、安濃郡の「濃」を取って命名したもの。河芸郡も１８９６年（明治29）、郡制の施行により、河曲《かわわ》郡と奄芸《あんき》郡が統合された際に、河曲郡の「河」と奄芸郡の「芸」を取った合成地名。２００６年（平成18）、芸濃町、津市、久居市、河芸町、安濃町、香良洲《からす》町、一志町、白山町、美里村、美杉村の10市町村が合併して津市になり消滅。

三雲町 みくもちょう ［三渡川＋雲出川］（現・松阪市）

１９５５年（昭和30）、米ノ庄村、天白村、鵲《かささぎ》村、小野江村の4村が合併して三雲村が成立。村名は村内を流れている三渡《みわたり》川の「三」と、雲出川の「雲」を取って命名したもの。１９８６年（昭和61）、町に昇格。２００５年（平成17）、三雲町、松阪市、嬉野町、飯南町、飯高町の5市町が合併して松阪市になり消滅。

安芸郡 あげぐん ［安濃郡＋河芸郡］

１９５６年（昭和31）、安濃《あのう》郡と河芸《かわげ》郡が統合されて安芸郡が発足。郡名は安濃郡の「安」と、河芸郡の「芸」を取って命名したもの。河芸郡も１８９６年（明治29）、郡制の施行により、河曲《かわわ》郡と奄芸《あんき》郡が統合された際に、河曲郡の「河」と奄芸郡の「芸」を取った合成地名。２００６年（平成18）の市町村合併で、安芸郡のすべての町村（河芸町、芸濃町、安濃町、美里村）が津市になったため消滅。

阿山郡 あやまぐん ［阿拝郡＋山田郡］

１８９６年（明治29）、阿拝《あはい》郡と山田郡が統合されて阿山郡が発足。郡名は阿拝郡の「阿」と、山田郡の「山」を取って命名したもの。２００４年（平成16）の市町村合併で、阿山郡のすべての町村（伊賀町、阿山町、島ヶ原村、大山田村）が伊賀市になったため消滅。

名賀郡 ながぐん［名張郡＋伊賀郡］

1896年（明治29）、名張郡と伊賀郡が統合されて名賀郡が発足。郡名は名張郡の「名」と、伊賀郡の「賀」を取って命名したもの。2004年（平成16）の市町村合併で、名賀郡で一郡一町の青山町が伊賀市になったため消滅。

▼滋賀県

新旭町 しんあさひちょう［新儀村＋旭村］（現・高島市）

1955年（昭和30）、新儀村と饗庭《あいば》村が合併して新旭町が成立。饗庭村は1889年（明治22）、町村制の施行により、饗庭村、旭村、熊野本村、針江村、深溝村の5村が合併して発足した村だが、新町名は新儀村の「新」と、旧村の一つである旭村の「旭」を取って命名したもの。2005年（平成17）、新旭町、マキノ町、今津町、安曇川《あどがわ》町、高島町、朽《くつ》木《き》村の6町村が合併し、市制施行して高島市になり消滅。

中主町 ちゅうずちょう［中里村＋兵主村］（現・野洲市）

1955年（昭和30）、中里村と兵主《ひょうず》村が合併し、町制施行して中主町が成立。町名は中里村の「中」と、兵主村の「主」を取って命名したもの。2004年（平成16）、中主町と野洲《やす》町が合併し、市制施行して野洲市になり消滅。

秦荘町 はたしょうちょう［秦川村＋八木荘村］（現・愛知郡愛荘町）

1955年（昭和30）、秦川《はたかわ》村と八木荘村が合併して秦荘町が成立。町名は秦川村の「秦」と、八木荘村の「荘」を取って命名したもの。2006年（平成18）、愛知川《えちがわ》町と秦荘町が合併して愛荘町になり消滅。愛荘町も愛知川町の「愛」と、秦荘町の「荘」を取った合成地名である（⇩愛荘町）。

▼兵庫県

香寺町 こうでらちょう ［香呂村＋中寺村］（現・姫路市）

1954年（昭和29）、香呂村と中寺村が合併して香寺町が成立。町名は香呂村の「香」と、中寺村の「寺」を取って命名したもの。2006年（平成18）、姫路市に編入され消滅。

美方町 みかたちょう ［七美郡＋二方郡］（現・美方郡香美町）

1955年（昭和30）、小代《おじろ》村と射添《いそう》村が合併して美方町が成立。町名は小代村が所属していた旧・七美《しつみ》郡（現・美方郡）の「美」と、射添村の一部が所属していた旧・二方《ふたかた》郡（現・美方郡）の「方」を取って命名したもの。2005年（平成17）、美方郡美方町および村岡町と城崎郡香住町の3町が合併して香美町になり消滅。香美町も香住町の「香」と、美方町の「美」を取った合成地名（⇩香美町）。

安富町 やすとみちょう ［安師村＋富栖村］（現・姫路市）

1956年（昭和31）、安師《あなし》村と富栖《とみす》村が合併して安富町が成立。町名は安師村の「安」と、富栖村の「富」を取って命名したもの。富栖村も1889年（明治22）、町村制の施行により、栃原《とちはら》村、皆河《みなご》村、末広《すえひろ》村の3村が合併した際に、3村の頭文字の「と」「み」「す」に「富栖」の文字を当てた合成地名。2006年（平成18）、姫路市に編入され消滅。

▼和歌山県

中津村 なかつむら ［川中村＋船津村＋高津尾村＋高津尾川村］（現・日高郡日高川町）

1956年（昭和31）、川中村と船着《ふなつき》村が合併して中津村が成立。船着村は1889年（明治22）の町村制施行により、船津村、高津尾村、高津尾川村、藤野川村、西原村、三十木《みそぎ》村、姉子村、原日浦村、三十井川《みそいがわ》村の9村が合併して発足した村で、中津村の村名は川中村の「中」と、船着村の旧村である船津村、高津尾村、高津尾川村の「津」を取って命名したもの。2005年（平成17）、川辺町および美山村と合併して日高川町になり消滅。

小地名（字名）として残る合成地名

▼三重県

安坂山町 あさかやまちょう［安楽村＋坂本村＋池山村］（亀山市）

1875年（明治8）、安楽村、坂本村、池山村の3村が合併して安坂山村が成立。村名は安楽村の「安」、坂本村の「坂」、池山村の「山」を取って命名したもの。1889年（明治22）、町村制の施行により、安坂山村、両尾《ふたお》村、辺法寺村の3村が合併して野登《ののぼり》村が発足。1954年（昭和29）、野登村、亀山町、昼生《ひるお》村、井田川村、川崎村の5町村が合併し、市制施行して亀山市になる。

井口中町 いぐちなかちょう［井口村＋中河原村］（松阪市）

1875年（明治8）、井口村と中河原村が合併して井口中村が成立。村名は井口村の「井口」と、中河原村の「中」を取って命名したもの。1889年（明治22）、町村制の施行により、井口中村など8村が合併して機殿《はたどの》村が発足し、1952年（昭和27）、松阪市に編入される。

井田川町 いだがわちょう［井尻村＋和田村＋小田村＋西富田村＋中富田村＋川合村］（亀山市）

1889年（明治22）、町村制の施行により、井尻村、和田村、小田村、西富田村、中富田村、川合村など8村が合併して井田川村が成立。村名は井尻村の「井」、和田村、小田村、西富田村、中富田村の「田」、川合村の「川」を取って命名したもの。1954年（昭和29）、井田川村、亀山町、昼生村、野登《ののぼり》村、川崎村の5町村が合併し、市制施行して亀山市になる。

井内林 いのうちばやし［井ノ内村＋林村］（多気郡多気町）

1877年（明治10）、井ノ内村と林村が合併して井内林村が成立。村名は井ノ内村の「井」「内」と、林村の「林」を取って命名したもの。1889年（明治22）、町村制の施行により、井内林村など

7村が合併して津田村が発足。1955年（昭和30）、津田村、相可《おうか》町、佐奈村の3町村が合併して多気町になる。

小社曾根　おごそね　［小社村＋曾根村］（度会郡玉城町）

明治初年、小社《おごそ》村と曾根村が合併して小社曾根村が成立。村名は両村名をそのまま繋ぎ合わせたもの。1889年（明治22）、町村制の施行により、小社曾根村など9村が合併して下外城田《しもときだ》村が発足。1956年（昭和31）、玉城《たまき》町に編入される。

神川町　かみかわちょう　［神上村＋尾川村］（熊野市）

1889年（明治22）、町村制の施行により、神《こうの》上《うえ》村、尾川村、花知《はなじり》村、大井村、長井村、柳谷《やなぎだに》村、赤倉村、粉所《こどころ》村、長原村の9村が合併して神川村が成立。村名は神上村の「神」と、尾川村の「川」を取って命名したもの。1954年（昭和29）、神川村など8町村が合併し、市制施行して熊野市が発足。

神森　かもり　［神田村＋森村］（三重郡菰野町）

1875年（明治8）、神田村と森村が合併して神森村が成立。村名は神田村の「神」と、森村の「森」を取って命名したもの。1889年（明治22）、町村制の施行により、神森村、菰野《こもの》村、宿野《しゅくの》村、福村の4村が合併して菰野村が発足し、1928年（昭和3）、町に昇格して菰野町になる。

清滝　きよたき　［清水村＋赤滝木屋］（多気郡大台町）

1872年（明治5）、清水村と赤滝木屋が合併して清滝村が成立。村名は清水村の「清」と、赤滝木屋の「滝」を取って命名したもの。1889年（明治22）、町村制の施行により、清滝村など12村が合併して荻原村になり、1956年（昭和31）、領内村と合併して宮川村が発足。2006年（平成18）、宮川村と大台町が合併して大台町になる。

菅合　すがあい　［下菅村＋川合村］（多気郡大台町）

1871年（明治4）、下菅村と川合村が合併して菅合村が成立。村名は下菅村の「菅」と、川合村の「合」を取って命名したもの。1889年（明治22）、町村制の施行により、菅合村など8村が合併して三瀬谷《みせだに》村が発足し、1953年（昭和28）、町に昇格。1956年（昭和31）、三瀬谷町と川添村が合併して大台町になる。

高奈 たかな ［高瀬村＋奈良井村］（多気郡大台町）

1871年（明治4）、高瀬村と奈良井村が合併して高奈村が成立。村名は高瀬村の「高」と、奈良井村の「奈」を取って命名したもの。1889年（明治22）、町村制の施行により、高奈村など9村が合併して川添村が発足。1956年（昭和31）、川添村と三瀬谷町が合併して大台町になる。

富州原 とみすはら ［富田一色村＋天ヶ須（洲）賀村＋松原村］（四日市市）

1889年（明治22）、町村制の施行により富田一色村、天ヶ須賀村、松原村の3村が合併して富洲原村が成立。村名は富田一色村の「富」、天ヶ須賀村の「須」（須を「洲」に置き換える）、松原村の「原」を取って命名したもの。1923年（大正12）、町に昇格し、1941年（昭和16）、四日市市に編入され、富州原の表記になる。

両尾町 ふたおちょう ［平尾村＋原尾村（両方の尾）］（亀山市）

1875年（明治8）、平尾村と原尾村が合併して両尾村が発足。村名は平尾村の「尾」と、原尾村の「尾」の二つの尾を取って「両尾」としたもの。1889年（明治22）、町村制の施行により、両尾村、安坂山村、辺法寺村の3村が合併して野登《ののぼり》村が発足。1954年（昭和29）、野登村、亀山町、井田川村、昼生《ひるお》村、川崎村の5町村が合併し、市制施行して亀山市になる。

太森町 ふともりちょう ［太田村＋岩森村］（亀山市）

1875年（明治8）、太田村と岩森村が合併して太森村が成立。村名は太田村の「太」と、岩森村の「森」を取って命名したもの。1889年（明治22)、町村制の施行により、太森村、川崎村、田村、長明寺村の4村が合併して川崎村が発足。1954年（昭和29)、川崎村、亀山町、井田川村、昼生《ひるお》村、野登《ののぼり》村の5町村が合併し、市制施行して亀山市になる。

▼滋賀県

鮎河　あいが　［鮎川村＋大河原村］（甲賀市）

1889年（明治22)、町村制の施行により、鮎川村と大河原村が合併して鮎河村が成立。村名は鮎川村の「鮎」と、大河原村の「河」を取って命名したもの。1955年（昭和30)、鮎河村、土山町、大野村、山内村の4町村が合併して土山町が発足。2004年（平成16)、土山町、甲賀町、水口町、甲南町、信楽《しがらき》町の5町が合併し、市制施行して甲賀《こうか》市になる。

石橋　いしはし　［石部村＋土橋村］（愛知郡愛荘町）

1874年（明治7)、石部村、土橋村、山塚村の3村が合併して石橋村が成立。村名は石部村の「石」と、土橋村の「橋」を取って命名したもの。1889年（明治22)、町村制の施行により、石橋村など9村が合併して愛知川《えちがわ》村が発足し、1909年（明治42)、町に昇格。2006年（平成18)、愛知川町と秦荘《はたしょう》町が合併して愛荘町になる。愛荘町も愛知川町の「愛」と、秦荘町の「荘」を取った合成地名（⇩愛荘町）。

岩瀬　いわせ　［岩神村＋穴ヶ瀬村］（高島市）

1874年（明治7)、岩神村と穴ヶ瀬村が合併して岩瀬村が成立。村名は岩神村の「岩」と、穴ヶ瀬村の「瀬」を取って命名したもの。1889年（明治22)、町村制の施行により、岩瀬村など21村が合併して朽木《くつき》村が発足。2005年（平成17)、朽《くつ》木《き》村、高島町など6町村が合併し、市制施行して高島市になる。

賀田山 かたやま ［茂賀村＋小田部村＋大山崎村＋小山崎村］（彦根市）

1874年（明治7）、茂賀村、小田部村、大山崎村、小山崎村の4村が合併して賀田山村が成立。村名は茂賀村の「賀」、小田部村の「田」、大山崎村および小山崎村の「山」を取って命名したもの。1889年（明治22）、町村制の施行により、賀田山村など6村が合併して安水《やすみず》村が発足し、1892年（明治25）、亀山村に改称。1956年（昭和31）、彦根市に編入される。

苅原 かりはら ［半苅村＋市川原村］（栗東市）

1874年（明治7）、半苅村と市川原村が合併して苅原村が成立。村名は半苅村の「苅」と、市川原村の「原」を取って命名したもの。1889年（明治22）、町村制の施行により、苅原村など9村が合併して大《たい》宝《ほう》村が発足。1954年（昭和29）、大宝村、治《はる》田《た》村、葉山村、金《こん》勝《ぜ》村の4村が合併して栗《りっ》東《とう》町になり、2001年（平成13）、市制施行して栗東市になる。

貴生川 きぶかわ ［内貴村＋北内貴村＋虫生野村＋宇川村］（甲賀市）

1889年（明治22）、内貴村、北内貴村、虫生野村、宇川村の4村が合併して貴生川村が成立。村名は内貴村および北内貴村の「貴」、虫《む》生《しょう》野《の》村の「生」、宇川村の「川」を取って命名したもの。1942年（昭和17）、北杣《きたそま》村と合併して貴生川町になり、1955年（昭和30）、貴生川町、水口町、柏木村、伴谷《ばんたに》村の4町村が合併して水口町が発足。2004年（平成16）、水口町、甲《こう》賀《か》町、甲南町、土山町、信楽《しがらき》町の5町が合併し、市制施行して甲賀市になる。

清崎 きよさき ［清水村＋北山崎村］（彦根市）

1879年（明治12）、清水村と北山崎村が合併して清崎村が成立。村名は清水村の「清」と、北山崎村の「崎」を取って命名したもの。1889年（明治22）、町村制の施行により、清崎村など6村が合併して安水村が発足。1892年（明治25）、安水村が改称して亀山村になり、1956年（昭和31）、彦根市に編入される。

清田 きよた［清水脇村＋五反田村］（蒲生郡日野町）

1874年（明治7）、清水脇村と五反田村が合併して清田村が成立。村名は清水脇村の「清」と、五反田村の「田」を取って命名したもの。1889年（明治22）、町村制の施行により、清田村など6村が合併して南比都佐《みなみひずさ》村が発足し、1955年（昭和30）、南比都佐村、日野町など7町村が合併して日野町になる。

白王町 しらおうちょう［白部村＋王ノ浜村］（近江八幡市）

1879年（明治12）、白部村と王ノ浜村が合併して白王村が成立。村名は白部村の「白」と、王ノ浜村の「王」を取って命名したもの。1889年（明治22）、町村制の施行により、白王村など7村が合併して島村が発足し、1951年（昭和26）、八《はち》幡《まん》町に編入される。1954年（昭和29）、八幡町、岡山村、金田村、桐原村、馬淵村の5町村が合併し、市制施行して近江八幡市になる。

新宮町 しんぐうちょう［新村＋宮西村］（東近江市）

1879年（明治12）、新村と宮西村が合併して新宮村が成立。村名は新村の「新」と、宮西村の「宮」を取って命名したもの。1889年（明治22）、町村制の施行により、新宮村など5村が合併して栗見村になる。1897年（明治30）、栗見村の一部が分立して栗見荘村が発足するが、1927年（昭和2）、八幡村に編入。1942年（昭和17）、八幡村、能登川村、伊庭《いば》村、五峰《ごほう》村、栗見村の5村が合併して能登川町になり、2006年（平成18）、東近江市に編入される。

杉山 すぎやま［大杉村＋山中村］（高島市）

1874年（明治7）、大杉村と山中村が合併して杉山村が成立。村名は大杉村の「杉」と、山中村の「山」を取って命名したもの。1889年（明治22）、町村制の施行により、杉山村など10村が合併して三谷村が発足。1955年（昭和30）、三谷村、今津町、川上村の3町村が合併して今津町になり、2005年（平成17）、今津町、高島町など6町村が合併し、市制施行して高島市になる。

瀬ノ音 せのおと［市ノ瀬村＋音羽野村］（甲賀市）

1874年（明治7）、市ノ瀬村と音羽野村が合併して瀬ノ音村が成立。村名は市ノ瀬村の「ノ瀬」を逆さにして「瀬ノ」とし、音羽野村の「音」を取って命名したもの。1889年（明治22）、町村制の施行により、瀬ノ音村など7村が合併して土山村が発足し、1916年（大正5）、町に昇格。2004年（平成16）、土山町、水口町、甲賀《こうか》町、甲南町、信楽《しがらき》町の5町が合併し、市制施行して甲賀市になる。

立田町 たつたちょう［立花村＋戸田村］（守山市）

1872年（明治5）、立花村と戸田村が合併して立田村が成立。村名は立花村の「立」と、戸田村の「田」を取って命名したもの。1889年（明治22）、町村制の施行により、立田村など8村が合併して中洲村が発足。1957年（昭和32）、守山町に編入され、1970年（昭和45）、市制施行して守山市になる。

平田町 ひらたちょう［上平木村＋下平木村＋上羽田村＋中羽田村＋下羽田村］（東近江市）

1889年（明治22）、町村制の施行により、上平木村、下平木村、上羽田村、中羽田村、下羽田村、柏木村の6村が合併して平田村が成立。村名は上平木村および下平木村の「平」と、上羽田村・中羽田村・下羽田村の「田」を取って命名したもの。1954年（昭和29）、八日市町、平田村など6町村が合併し、市制施行して八日市市が発足。2005年（平成17）、八日市市、永源寺町、五個荘《ごかしょう》町、愛東町、湖東町の5市町が合併し、市制施行して東近江市になる。

宮司町 みやしちょう［宮川村＋下司村］（長浜市）

1874年（明治7）、宮川村と下司村が合併して宮司村が成立。村名は宮川村の「宮」と、下司村の「司」を取って命名したもの。1889年（明治22）、町村制の施行により、宮司村など10村が合併して南郷里《みなみごうり》村が発足。1943年（昭和18）、南郷里村、長浜町など7町村が合併し、市制施行して長浜市になる。

本市場 もといちば［本庄中村＋市場中村］（米原市）

1874年（明治7）、本庄中村と市場中村が合併して本市場村が成立。村名は本庄中村の「本」と、市場中村の「市場」を取って命名したもの。1889年（明治22）、町村制の施行により、本市場村など14村が合併して大原村になり、1955年（昭和30）、大原村、柏原村、東黒田村の3村が合併して山東町が発足。2005年（平成17）、山東町、米原町、伊吹町の3町が合併し、市制施行して米原市になる。

安井川 やすいがわ［安養寺村＋井ノ口村＋河(川)原市村］（高島市）

1879年（明治12）、安養寺村、井ノ口村、河原市村の3村が合併して安井川村が成立。村名は安養寺村の「安」、井ノ口村の「井」、河原市村の「河」を「川」に替えて「安井川」としたもの。1889年（明治22）、町村制の施行により、安井川村、藁園《わらその》村、太田村、新庄村、北畑村の5村が合併して新儀村になり、1955年（昭和30）、新儀村と饗《あい》庭《ば》村が合併して新旭町が発足。新旭町も新儀村の「新」と、饗庭村の旧村の一つである旭村の「旭」を取った合成地名。2005年（平成17）、新旭町、高島町など6町村が合併し、市制施行して高島市になる。（⇩新旭町）。

和野 わの［伊佐野村＋平野村＋和］（甲賀市）

1879年（明治12）、伊佐野村と平野村が合併して和野村が成立。村名は合併した2村が仲良くしていく（和する）ことを願って、伊佐野村の「野」

と、平野村の「野」を取り、それに「和」を冠して命名したもの。１８８９年（明治22）、町村制の施行により、和野村など6村が合併して佐山村になり、１９５５年（昭和30）、佐山村、大原村、油日《あぶらひ》村の3村が合併して甲賀《こうか》町が発足。２００４年（平成16）、甲賀町、甲南町、水口町、土山町、信楽《しがらき》町の5町が合併し、市制施行して甲賀市になる。

▼京都府

五泉町 いいずみちょう ［市之瀬（いちのせ）村＋市志（いちし）村＋辻（つじ）村＋水梨（みずなし）村］（綾部市）

１８７４年（明治7）、市之瀬村、市志村、辻村、水梨村の4村が合併して五泉村が成立。村名は合併する4村の頭文字を仮名で表記して、市之瀬村の「い」、市志村の「い」、辻村の「つ」を「ず」に置き換え、水梨村の「み」の4文字を繋ぎ合わせて「い・い・ず・み」とし、それに漢字の「五泉」を当てたもの。１８８９年（明治22）、町村制の施行により、五泉村、五津合《いつあい》村、八津合《やつあい》村、睦合村の4村が合併して中上林村が発足し、１９５５年（昭和30）、綾部市に編入される。

岩山 いわやま ［岩本村＋長山村］（綴喜郡宇治田原町）

１８７４年（明治7）、岩本村と長山村が合併して岩山村が成立。村名は岩本村の「岩」と、長山村の「山」を取って命名したもの。１８８９年（明治22）、町村制の施行により岩山村、立川村、禅定寺村、湯屋谷村、奥山田村の5村が合併して宇治田原村が発足。１９５６年（昭和31）、田原村と合併して町に昇格し、宇治田原町になる。

内久保 うちくぼ ［大内村＋上久保村］（南丹市）

１８７６年（明治9）、大内村と上久保村が合併して内久保村が成立。村名は大内村の「内」と、上久保村の「久保」を取って命名したもの。１８８９年（明治22）、町村制の施行により、内久保村など9村が合併して平屋村が発足。１９５５年（昭和30）、平屋村、宮島村、大野村、知井村、鶴ヶ岡村の5村が合併し、町に昇格して美山町になる。2006年（平成18）、美山町、園部町、八木町、日吉町の4町が合併し、市制施行して南丹市になる。

内林 うちばやし ［垣内村＋今林村］（南丹市）

1876年（明治9）、垣内村と今林村が合併して内林村が成立。村名は垣内村の「内」と、今林村の「林」を取って命名したもの。1889年（明治22）、町村制の施行により、内林村など8村が合併して桐ノ庄村になり、1929年（昭和4）、園部町、園部村、桐ノ庄村の3町村が合併して園部町が発足。2006年（平成18）、園部町、八木町、日吉町、美山町の4町が合併し、市制施行して南丹市になる。

老富町 おいとみちょう ［大唐内村（お）＋市茅野村（い）＋栃村（と）＋光野村（み）］（綾部市）

1874年（明治7）、大唐内村、市茅野村、栃村、光野村の4村が合併して老富村が成立。村名は合併する4村の頭文字を仮名で表記し、大唐内村の「お」、市茅野村の「い」、栃村の「と」、光野村の「み」を取って「お・い・と・み」とし、それに漢字の「老富」を当てたもの。1889年（明治22）、町村制の施行により、老富村、故屋岡村、睦寄《むつより》村の3村が合併して奥上林村が発足し、1955年（昭和30）、綾部市に編入される。

河原林町 かわらばやしちょう ［河原尻村＋勝林島村］（亀岡市）

1889年（明治22）、町村制の施行により、河原尻《かわらじり》村と勝林島《しょうりんじま》村が合併して河原林村が成立。村名は河原尻村の「河原」と、勝林島村の「林」を取って命名したもの。1955年（昭和30）、河原林村、亀岡町など16町村が合併し、市制施行して亀岡市になる。

故屋岡町 こやおかちょう ［古和木村（こ）＋八代村（や）＋小中村（お）＋川原村（か）］（綾部市）

1874年（明治7）、古和木村、八代村、小中村、

川原村の4村が合併して故屋岡村が成立。村名は合併する4村の頭文字を仮名で表記し、古和木村の「こ」、八代村の「や」、小中村の「お」、川原村の「か」を取って「こ・や・お・か」とし、それに漢字の「故屋岡」を当てたもの。1889年（明治22）、町村制の施行により、故屋岡村、睦寄《むつより》村、老富村の3村が合併して奥上林村が発足し、1955年（昭和30）、綾部市に編入される。

島津 しまづ［島溝川村＋三津村＋掛津村］（京丹後市）

1889年（明治22）、町村制の施行により、島溝川村、三津村、掛津村、仲禅寺村、尾坂村の5村が合併して島津村が成立。村名は島溝川村の「島」と、三津村および掛津村の「津」を取って命名したもの。1950年（昭和25）、島津村、網野町、郷村、木津村、浜詰村の5町村が合併して網野町が発足し、2004年（平成16）、網野町など6町が合併し、市制施行して京丹後市になる。

西坂町 にしざかちょう［西保村＋赤目坂村］（綾部市）

1876年（明治9）、西保村と赤目坂村が合併して西坂村が成立。村名は西保村の「西」と、赤目坂村の「坂」を取って命名したもの。1889年（明治22）、町村制の施行により、西坂村、物部村、白道路《はそうじ》村、新庄村の4村が合併して物部村が発足し、1955年（昭和30）、綾部市に編入される。

畑野町 はたのちょう［土ヶ畑村＋千ヶ畑村＋広野村］（亀岡市）

1889年（明治22）、町村制の施行により、土ヶ畑村、千ヶ畑村、広野村の3村が合併して畑野村が成立。村名は土ヶ畑村および千ヶ畑村の「畑」と、広野村の「野」を取って命名したもの。1955年（昭和30）、畑野村、亀岡町など16町村が合併し、市制施行して亀岡市になる。

福稲 ふくいな［東福寺門前＋稲荷村］（京都市東山区）

1874年（明治7）、東福寺門前と稲荷村が合併して福稲村が成立。村名は東福寺門前の「福」と、稲荷村の「稲」を取って命名したもの。1889年(明治22)、町村制の施行により、福稲村、深草村、大亀谷村、伏見町(一部)の4町村が合併して深草村が発足し、1922年(大正11)、町に昇格。1931年(昭和6)、京都市に編入され、東山区の管轄になる。

細野町 ほそのちょう [細川田尻村+細川滝村+細川上村+細川中村+細川下村+長野村+余野村](京都市右京区)

1874年(明治7)、細川田尻村、細川滝村、細川上村、細川中村、細川下村、長野村、余野村の7村が合併して細野村が成立。村名は細川田尻村、細川滝村、細川上・中・下村の「細」と、長野村および余野村の「野」を取って命名したもの。1889年(明治22)、単独で村制を施行し、1955年(昭和30)、周山町、細野村など6町村が合併して京北町が発足。2005年(平成17)、京都市右京区に編入される。

保野田 ほのだ [久保村+上野村+家田村](南丹市)

1876年(明治9)、久保村、上野村、家田村の3村が合併して保野田村が成立。村名は久保村の「保」、上野村の「野」、家田村の「田」を取って命名したもの。1889年(明治22)、町村制の施行により、胡麻村、上胡麻村、畑郷村、志和賀村、保野田村の5村が合併して胡麻郷《ごまごう》村が発足。胡麻郷村も胡麻村および上胡麻村の「胡麻」と、畑郷村の「郷」を取った合成地名。1955年(昭和30)、胡麻郷村、五ヶ荘村、世木村の3村が合併して日吉町になり、2006年(平成18)、日吉町、園部町、八木町、美山町の4町が合併し、市制施行して南丹市になる。

宮前町 みやざきちょう [宮川村+神前村](亀岡市)

1889年(明治22)、町村制の施行により宮川村、神前《こうざき》村、猪倉村の3村が合併して宮前村が成立。村名は宮川村の「宮」と、神前村の「前」を取って命名したもの。1955年(昭和30)、宮前村、亀岡町など16町村が合併し、市制施行して亀岡市になる。

宮津 みやづ ［宮口村＋江津村］（京田辺市）

1876年（明治9）、宮口村と江津村が合併して宮津村が成立。村名は宮口村の「宮」と、江津村の「津」を取って命名したもの。1889年（明治22）、町村制の施行で、宮津村と三山木《みやまき》村が合併して三山木村になり、1951年（昭和26）、田辺町に編入される。1997年（平成9）、市制施行して京田辺市になる。

三山木 みやまき ［南山村＋山本村＋山崎村＋高木村（三つの山＋木）］（京田辺市）

1876年（明治9）、南山村、山本村、山崎村、高木村の4村が合併して三山木村が成立。村名は南山村、山本村、山崎村の三つの「山」と、高木村の「木」を取って命名したもの。1889年（明治22）、町村制の施行で、三山木村と宮津村が合併して三山木村が発足し、1951年（昭和26）、田辺町に編入される。1997年（平成9）、市制施行して京田辺市になる。

諸畑 もろはた ［諸木村＋畑中村］（南丹市）

1876年（明治9）、諸木村と畑中村が合併して諸畑村が成立。村名は諸木村の「諸」と、畑中村の「畑」を取って命名したもの。1889年（明治22）、町村制の施行により、諸畑村など6村が合併して新庄村が発足し、1951年（昭和26）、八木町に編入される。2006年（平成18）、八木町、園部町、日吉町、美山町の4町が合併し、市制施行して南丹市になる。

吉川町 よしかわちょう ［吉田村＋穴川村］（亀岡市）

1889年（明治22）、町村制の施行により、吉田村と穴川村が合併して吉川村が成立。村名は吉田村の「吉」と、穴川村の「川」を取って命名したもの。1955年（昭和30）、亀岡町、吉川村など16村が合併し、市制施行して亀岡市になる。

▼大阪府

大冠町 おおかんむりちょう［大塚町＋大塚村＋西冠村］（高槻市）

1889年（明治22）、町村制の施行により、大塚町、大塚村、西冠村など12町村が合併して大冠村が成立。村名は大塚町および大塚村の「大」と、西冠村の「冠」を取って命名したもの。1931年（昭和6）、大冠村、高槻町、芥川町、清水村、磐手《いわて》村の5町村が合併して高槻町になり、1943年（昭和18）、市制施行して高槻市になる。

木川 きかわ［木寺村＋川口新家村］（大阪市淀川区）

1883年（明治16）、木寺村と川口新家村が合併して木川村が成立。村名は木寺村の「木」と、川口新家村の「川」を取って命名したもの。1889年（明治22）、町村制の施行により、木川村など8村が合併して神津村が発足し、1922年（大正11）、町に昇格。1925年（大正14）、大阪市（東淀川区）に編入される。1974年（昭和49）、東淀川区が分区され、淀川区の管轄になる。

中本 なかもと［中道村＋中浜村＋本庄村］（大阪市東成区）

1889年（明治22）、町村制の施行により、中道村、中浜村、本庄村など6村が合併して中本村が成立。村名は中道村および中浜村の「中」と、本庄村の「本」を取って命名したもの。1912年（大正元）、町に昇格して中本町になり、1925年（大正14）、大阪市（東成区）に編入される。

野作 のさく［野村＋惣作村］（河内長野市）

1883年（明治16）、野村と惣作村が合併して野作村が成立。村名は野村の「野」と、惣作村の「作」を取って命名したもの。1889年（明治22）、町村制の施行により、長野村、野作村など6村が合併して長野村になり、1910年（明治43）、町に昇格。1954年（昭和29）、高向《たこう》村、三日市村、加賀田村、天見村、川上村の5村と合併し、市制施行して河内長野市になる。

宮島 みやじま［野々宮村＋島村］（茨木市）

1889年（明治22）、町村制の施行により、野々宮村と島村が合併して宮島村が成立。村名は野々宮村の「宮」と、島村の「島」を取って命名したもの。1935年（昭和10）、宮島村と溝咋《みぞくい》村が合併して玉島村になり、1954年（昭和29）、茨木市に編入される。

▼兵庫県

井吹台 いぶきだい［永井村＋吹上新田村］（神戸市西区）

1877年（明治10）、永井村と吹上新田村が合併して井吹村が成立。村名は永井村の「井」と、吹上新田村の「吹」を取って命名したもの。1889年（明治22）、町村制の施行により、井吹村など9村が合併して伊川谷村が発足し、1947年（昭和22）、神戸市に編入される。

大木谷 おおきだに［大猪伏村＋植木谷村］（佐用郡佐用町）

1875年（明治8）、大猪伏《おおいぶし》村と植木谷村が合併して大木谷村が成立。村名は大猪伏村の「大」と、植木谷村の「木谷」を取って命名したもの。1889年（明治22）、町村制の施行により、大木谷村など8村が合併して江川村が発足し、1955年（昭和30）、江川村、佐用《さよ》町、平福町、長谷村、石井村の5町村が合併して佐用《さよう》町になる。2005年（平成17）、佐用町、上月《こうづき》町、三日月町、南光町の4町が合併して佐用町になる。

大島町 おおしまちょう［大殿林村＋中島村］（三木市）

1876年（明治9）、大殿林村と中島村が合併して大島村が成立。村名は大殿林村の「大」と、中島村の「島」を取って命名したもの。1889年（明治22）、町村制の施行により、大島村など17村が合併して口吉川《くちよかわ》村が発足し、1954年（昭和29）、口吉川村、三木町、別所村、細川村の4町村が合併し、市制施行して三木市になる。

大富 おおとみ［大杉野村＋富満寺村］（赤穂郡上郡町）

１８７７年（明治10）、大杉野村、富満寺村、鍋倉村の３村が合併して大富村が成立。村名は大杉野村の「大」と、富満寺村の「富」を取って命名したもの。１８８９年（明治22）、町村制の施行により、大富村、野桑村、尾長谷村、金出地《かなじ》村の４村が合併して鞍居村が発足。１９５５年（昭和30）、鞍居村、上郡町、赤松村、高田村、船坂村の５町村が合併して上郡町になる。

大中　おおなか　［大沢村＋東中野村］（加古郡播磨町）

１８７６年（明治９）、大沢村と東中野村が合併して大中村が成立。村名は大沢村の「大」と、東中野村の「中」を取って命名したもの。１８８９年（明治22）、町村制の施行により、大中村など７村が合併して阿閇《あえ》村が発足。１９６２年（昭和37）、阿閇村が町に昇格し、播磨町に改称される。

樫山町　かしやまちょう　［樫村＋樫村新田＋室山村］（小野市）

１８７３年（明治６）、樫村、樫村新田、室山村の３村が合併して樫山村が成立。村名は樫村および樫村新田の「樫」と、室山村の「山」を取って命名したもの。１８８９年（明治22）、町村制の施行により、樫山村、山田村、池尻村、大島村、太郎太夫村の５村が合併して市場村が発足。１９５４年（昭和29）、小野町、市場村など６町村が合併し、市制施行して小野市になる。

北浜町　きたはまちょう　［北脇村＋西浜村］（高砂市）

１８８９年（明治22）、町村制の施行により、北脇村、西浜村、牛谷村の３村が合併して北浜村が成立。村名は北脇村の「北」と、西浜村の「浜」を取って命名したもの。１９５７年（昭和32）、高砂市に編入される。

栗町　くりまち　［栗田村＋町屋村］（たつの市）

１８８１年（明治14）、栗田村と町屋村が合併して栗町村が成立。村名は栗田村の「栗」と、町屋村の「町」を取って命名したもの。１８８９年（明治

22）、町村制の施行により、栗町村など7村が合併して西栗栖《にしくりす》村になり、１９５１年（昭和26）、西栗栖村、東栗栖村、新宮町、香島《かしま》村、越部村の5町村が合併して新宮町が発足。２００５年（平成17）、新宮町、龍野市、揖保川《いぼがわ》町、御津《みつ》町の4市町が合併して「たつの市」になる。

才金 さいかね ［才元村＋金子村］（佐用郡佐用町）

１８７５年（明治8）、才元村と金子村が合併して才金村が成立。村名は才元村の「才」と、金子村の「金」を取って命名したもの。１８８９年（明治22）、町村制の施行により、才金村など9村が合併して幕山村になり、１９５５年（昭和30）、幕山村と西庄《にししょう》村が合併して上月《こうづき》町が発足。２００５年（平成17）、上月町、佐用《さよう》町、三日月町、南光町の4町が合併して佐用町になる。

西庄 さいしょう ［西脇村＋庄村］（姫路市）

１８７３年（明治6）、西脇村と庄村が合併して西庄村が成立。村名は西脇村の「西」と、庄村の「庄」を取って命名したもの。１８８９年（明治22）、町村制の施行により、西庄村など8村が合併して荒川村が発足。１９３６年（昭和11）、姫路市に編入される。

塩瀬町 しおせちょう ［名塩村＋生瀬村］（西宮市）

１８８９年（明治22）、町村制の施行により、名塩村と生瀬《なまぜ》村が合併して塩瀬村が成立。村名は名塩村の「塩」と、生瀬村の「瀬」を取って命名したもの。１９５１年（昭和26）、西宮市に編入される。

塩山 しおやま ［西塩野村＋銀山村］（宍粟市）

１８７９年（明治12）、西塩野村と銀山村が合併して塩山村が成立。村名は西塩野村の「塩」と、銀山村の「山」を取って命名したもの。１８８９年（明治22）、町村制の施行により、塩山村、土万《ひじま》村、葛根村、大沢村の4村が合併して土万村になり、１９５５年（昭和30）、土万村、山崎町など7町村が合併して山崎町が発足。2005年（平成17）、山崎町、一宮町、千種町、波賀《はが》町の4町が合併し、市制施行して宍粟《しそう》市になる。

須賀沢　すかざわ　［須賀村＋蟹沢村］（宍粟市）

1879年（明治12）、須賀村と蟹沢村が合併して須賀沢村が成立。村名は須賀村の「須賀」と、蟹沢村の「沢」を取って命名したもの。1889年（明治22）、町村制の施行により、須賀沢村など8村が合併して河東《かわひがし》村になり、1955年（昭和30）、河東村、山崎町など7町村が合併して山崎町が発足。2005年（平成17）、山崎町、一宮町、千種町、波賀町の4町が合併し、市制施行して宍粟市になる。

鷆和　てんわ　［眞木村＋鳥撫村＋和］（赤穂市）

1876年（明治9）、眞木村と鳥撫《となで》村が合併して鷆和村が成立。村名は眞木村の「眞」と、鳥撫村の「鳥」を組み合わせて「鷆」の文字をつくり、両村が和することを願って「鷆和村」と命名したもの。1889年（明治22）、町村制の施行により、鷆和村など6村が合併して塩屋村が発足し、1937年（昭和12）、赤穂町に編入される。1951年（昭和26）、赤穂町、坂越町、高雄村の3町村が合併し、市制施行して赤穂市になる。

長貞　ながさだ　［長井村＋貞守村］（加東市）

1877年（明治10）、長井村と貞守村が合併して長貞村が成立。村名は長井村の「長」と、貞守村の「貞」を取って命名したもの。1889年（明治22）、町村制の施行により、長貞村など9村が合併して上東条村になり、1955年（昭和30）、上東条村と中東条村が合併して東条町が発足。2006年（平成18）、東条町、社《やしろ》町、滝野町の3町が合併し、市制施行して加東市になる。

延吉　のぶよし　［友延村＋正吉村］（佐用郡佐用町）

1881年（明治14）、友延村と正吉村が合併して延吉村が成立。村名は友延村の「延」と、正吉村の「吉」を取って命名したもの。1889年（明治22）、町村制の施行により、延吉村、庵《いおり》村、平福村の3村が合併して平福村が発足。1928年（昭和3）、町に昇格し、1955年（昭和30）、平福町、佐用《さよ》町、石井村、長谷村、江川村の5町村が合併して佐用《さよう》町になる。

復井町 ふくいちょう［上曾我井村＋下曾我井村〈複数〈復数〉の井〉］（小野市）

明治初年、上曾我井村と下曾我井村が合併して復井村が成立。村名は上曾我井村の「井」と下曾我井村の「井」の、複数の「井」があることから複井村と命名され、「複井」が「復井」に変化したもの。1889年（明治22）、町村制の施行により、復井村など7村が合併して河合村が発足。1954年（昭和29）、河合村、小野町など6町村が合併し、市制施行して小野市になる。

古田 ふるた［古向村＋経田村］（加古郡播磨町）

1876年（明治9）、古向村と経田村が合併して古田村が成立。村名は古向村の「古」と、経田村の「田」を取って命名したもの。1889年（明治22）、町村制の施行により、古田村など7村が合併して阿閇《あえ》村が発足。1962年（昭和37）、阿閇村が町に昇格し、播磨町に改称される。

御国野町 みくにのちょう［御着村＋国分寺村＋深志野村］（姫路市）

1889年（明治22）、町村制の施行により、御《ご》着《ちゃく》村、国分寺村、深志野村の3村が合併して御国野村が成立。村名は御着村の「御」、国分寺村の「国」、深志野村の「野」を取って命名したもの。1957年（昭和32）、姫路市に編入される。

八木町 やぎまち［八家村＋木場村］（姫路市）

1889年（明治22）、町村制の施行により、八《や》家《か》村と木場村が合併して八木村が成立。村名は八家村の「八」と、木場村の「木」を取って命名したもの。1954年（昭和29）、姫路市に編入される。

山田町　やまだちょう　［山川村＋田井村］（加西市）

1885年（明治18）、山川村と田井村が合併して山田村が成立。村名は山川村の「山」と、田井村の「田」を取って命名したもの。1889年（明治22）、町村制の施行により、山田村など16村が合併して多加野村になり、1955年（昭和30）、多加野村、在田村、西在田村の3村が合併して泉町が発足。1967年（昭和42）、泉町、加西《かさい》町、北条町の3町が合併し、市制施行して加西市になる。

山本　やまもと　［片山村＋福本村］（丹波市）

1887年（明治20）、片山村と福本村が合併して山本村が成立。村名は片山村の「山」と、福本村の「本」を取って命名したもの。1889年（明治22）、町村制の施行により、山本村など19村が合併して和田村になる。1957年（昭和32）、和田村と山南《さんなん》町が合併して山南町が発足し、2004年（平成16）、山南町など6町が合併し、市制施行して丹波市になる。

両月町　わちちょう　［西月村＋東月村（両方の月）］（加西市）

明治初年、西月村と東月村が合併して両月村が成立。村名は西月村の「月」と、東月村の「月」の両方の月を取って命名したもの。1889年（明治22）、両月村など16村が合併して下里村になり、1955年（昭和30）、下里村、北条町、富田村、賀茂村の4町村が合併して北条町が発足。1967年（昭和42）、北条町、加西町、泉町の3町が合併し、市制施行して加西市になる。

▼奈良県

石木町　いしきちょう　［石堂村＋木島村］（奈良市）

1876年（明治9）、石堂村と木島村が合併して石木村が成立。村名は石堂村の「石」と、木島村の「木」を取って命名したもの。1889年（明治22）、町村制の施行により、石木村、中村、大和田村、二名《にみょう》村、三碓《みつがらす》村の5村が合併して富雄村が発足し、1953年（昭和28）、町に昇格。1955年（昭和30）、奈良市に編入される。

大和田町 おおわだちょう［大向村＋小和田村］（奈良市）

1876年（明治9）、大向村と小和田村が合併して大和田村が成立。村名は大向村の「大」と、小和田村の「和田」を取って命名したもの。1889年（明治22）、町村制の施行により、大和田村、石木村、中村、二名《にみょう》村、三碓《みつがらす》村の5村が合併して富雄村が発足し、1953年（昭和28）、町に昇格。1955年（昭和30）、奈良市に編入される。

小川 おがわ［小村＋小栗栖村＋木津川村］（吉野郡東吉野村）

1889年（明治22）、町村制の施行により、小村、小栗栖《こぐりす》村、木津川村、鷲家口《わしかぐち》村、中黒村の5村が合併して小川村が成立。村名は小村および小栗栖村の「小」と、木津川村の「川」を取って命名したもの。1958年（昭和33）、小川村、四郷村、高見村の3村が合併して東吉野村が発足。

神下 こうか［神山村＋下葛川村］（吉野郡十津川村）

1884年（明治17）、神山村と下葛川村が合併して神下村が成立。村名は神山村の「神」と、下葛川村の「下」を取って命名したもの。1889年（明治22）、町村制の施行により、神下村など9村が合併して東十津川村になり、1890年（明治23）、東十津川村など6村が合併して十津川村が発足。

小橡 ことち［小瀬村＋橡本村］（吉野郡上北山村）

1875年（明治8）、小瀬村と橡本《とちもと》村が合併して小橡村が成立。村名は小瀬村の「小」と、橡本村の「橡」を取って命名したもの。1889年（明治22）、町村制の施行により、小橡村、西原村、河合村、白川村の4村が合併して上北山村が発足。

杉清 すぎせ［杉野瀬村＋清之原村］（吉野郡十津川村）

1874年（明治7）、杉野瀬村と清之原村が合併して杉清村が成立。村名は杉野瀬村の「杉」と、清之原村の「清」を取って命名したもの。1889年（明治22）、町村制の施行により、杉清村など13村が合併して北十津川村になり、1890年（明治23）、北十津川村など6村が合併して十津川村が発足。

大東 だいとう［大蔵村＋東ノ庄村］（宇陀市）

1884年（明治17）、大蔵村と東ノ庄村が合併して大東村が成立。村名は大蔵村の「大」と、東ノ庄村の「東」を取って命名したもの。1889年（明治22）、町村制の施行により、大東村など24村が合併して神戸《かんべ》村になり、1942年（昭和17）、神戸村、松山町、政始《せいし》村、上龍門村の4町村が合併して大宇陀《おおうだ》町が発足。2006年（平成18）、大宇陀町、菟田野《うたの》町、榛原《はいばら》町、室生村の4町村が合併し、市制施行して宇陀市になる。

原谷 はらだに［椎原村＋杣谷村］（吉野郡下市町）

1878年（明治11）、椎原村と杣谷村が合併して原谷村が成立。村名は椎原村の「原」と、杣谷村の「谷」を取って命名したもの。1889年（明治22）、町村制の施行により、原谷村など11村が合併して下市村が発足し、1890年（明治23）、町に昇格。

山辺三 やまべさん［山辺村＋山辺中村＋山辺西村（三つの山辺）］（宇陀市）

1875年（明治8）、山辺村、山辺中村、山辺西村の3村が合併して山辺三村が成立。村名は山辺村の「山辺」、山辺中村の「山辺」、山辺西村の「山辺」の三つの山辺に由来。1889年（明治22）、山辺三村など12村が合併して榛原村が発足し、1893年（明治26）、町に昇格。2006年（平成18）、榛原町、大宇陀町、菟田野町、室生村の4町村が合併し、市制施行して宇陀市になる。

吉新 よししん［吉田村＋新家村］（生駒郡平群町）

1877年（明治10）、吉田村と新家村が合併して吉新村が成立。村名は吉田村の「吉」と、新家村の「新」を取って命名したもの。1889年（明治22）、町村制の施行により、吉新村など20村が合併して明治村が発足。1896年（明治29）、平群《へぐり》村に改称され、1971年（昭和46）、町に昇格して平群町になる。

▼和歌山県

大古 おおふる［大野村＋古屋村］（西牟婁郡白浜町）

明治初年、大野村と古屋村が合併して大古村が成立。村名は大野村の「大」と、古屋村の「古」を取って命名したもの。1889年（明治22）、町村制の施行により、大古村、塩野村、矢田村、安宅《あたぎ》村、日置浦の5村が合併して日置村になり、1924年（大正13）、町に昇格。1956年（昭和31）、日置町、川添村、三舞《みまい》村の3町村が合併して日置川町が発足し、2006年（平成18）、白浜町と合併して白浜町になる。

高池 たかいけ［高川原村＋池野口村］（東牟婁郡古座川町）

1875年（明治8）、高川原村と池野口村が合併して高池村が発足。村名は高川原村の「高」と、池野口村の「池」を取って命名したもの。1889年（明治22）、町村制の施行により、高池村など6村が合併して高池村が発足。1900年（明治33）、町に昇格し、1956年（昭和31）、高池町、明神村、小川村、三尾川《みとがわ》村、七川村の5町村が合併して古座川町になる。

中筋日延 なかすじひのべ［中筋村＋枝郷日延村］（和歌山市）

1874年（明治7）、中筋村と枝郷日延村が合併して中筋日延村が成立。村名は中筋村の「中筋」と、枝郷日延村の「日延」を取って命名したもの。1889年（明治22）、町村制の施行により、中筋日延村など11村が合併して山口村が発足し、1959年（昭和34）、和歌山市に編入される。

長野 ながの［上長瀬村＋馬我野村＋伏菟野村］（田辺市）

１８８９年（明治22）、町村制の施行により、上長瀬村、馬我野《ばがの》村、伏菟野《ふどの》村の３村が合併して長野村が成立。村名は上長瀬村の「長」と、馬我野村および伏菟野村の「野」を取って命名したもの。１９５６年（昭和31）、長野村など６村が合併して牟婁《むろ》町になり、１９６４年（昭和39）、田辺市に編入される。

藤田町　ふじたちょう　［藤井村＋吉田村］（御坊市）

１８８９年（明治22）、町村制の施行により、藤井村と吉田村が合併して藤田村が成立。村名は藤井村の「藤」と、吉田村の「田」を取って命名したもの。１９５４年（昭和29）、藤田村、御坊町など６町村が合併し、市制施行して御坊市が発足。

森小手穂　もりおてぼ　［森村＋小手穂村］（和歌山市）

１８７４年（明治７）、森村と小手穂村が合併して森小手穂村が成立。村名は両村名を繋ぎ合わせたもの。１８８９年（明治22）、町村制の施行により、森小手穂村、寺内村、西村、井辺村、神前村の５村が合併して岡崎村が発足し、１９５５年（昭和30）、和歌山市へ編入される。

Ⅵ　中国・四国地方の合成地名

広域の合成地名

阿讃山脈 あさんさんみゃく［阿波国＋讃岐国］

香川県と徳島県の境界に連なる讃岐山脈の別称。地名は徳島県の旧国名である阿波国の「阿」と、香川県の旧国名である讃岐国の「讃」を取って命名したもの。

雲伯 うんぱく［出雲国＋伯耆国］

島根県と鳥取県にまたがる地域名。島根県東部の旧国名である出雲国の「雲」と、鳥取県西部の旧国名である伯耆《ほうき》国の「伯」を取って命名したもの。

関門海峡 かんもんかいきょう［下関＋門司］

本州と九州の間にある海峡で、関門トンネルや関門橋などで本州と九州が結ばれている。地名は本州最西端に位置する下関市の「関」と、九州側の北九州市門司区の「門」を取って命名したもの。

芸予諸島 げいよしょとう［安芸国＋伊予国］

瀬戸内海の西部、広島県と愛媛県の間の海域に浮かぶ島しょ群をいう。地名は広島県西部の旧国名である安芸国の「芸」と、愛媛県の旧国名である伊予国の「予」を取って命名したもの。

備讃諸島 びさんしょとう［備前国＋備中国＋讃岐国］

岡山県と香川県に挟まれた海域の備讃瀬戸に浮かぶ島しょ群をいう。地名は岡山県東部の旧国名である備前国の「備」、および岡山県西部の旧国名である備中国の「備」、香川県の旧国名である讃岐国の「讃」を取って命名したもの。備讃瀬戸は岡山県の児島半島と、香川県の讃岐半島に挟まれた瀬戸内海が最も狭まっている海域をいう。

防長 ぼうちょう［周防国＋長門国］

山口県の別称として使われることがある。山口県東部の旧国名である周防国の「防」と、山口県西部の旧国名である長門国の「長」を取って命名したもの。

防予諸島　ぼうよしょとう　［周防国＋伊予国］

山口県と愛媛県に挟まれた海域に浮かぶ島しょ群をいう。地名は山口県東部の旧国名である周防国の「防」と、愛媛県の旧国名である伊予国の「予」を取って命名したもの。

市町村・郡の合成地名

「市」「町村」「郡」の順に掲載

▼鳥取県

岩美町　いわみちょう　［岩井郡＋邑美郡＋法美郡］（岩美郡）

県の北東端に位置し、日本海側は山陰海岸国立公園に属すリアス式の浦富海岸。1954年（昭和29）、浦富町、岩井町、東《ひがし》村、田後《たじり》村、網代《あじろ》村、大岩村、本庄村、小田村、蒲生《がもう》村の9町村が合併して岩美町が成立。町名は郡名に由来するが、郡名は岩井郡、邑美《おうみ》郡、法美《ほうみ》郡の3郡が統合して発足する際に、岩井郡の「岩」と、邑美郡および法美郡の「美」を取って命名したもの。

北栄町　ほくえいちょう　［北条町＋大栄町］（東伯郡）

県のほぼ中央にある町。北側は日本海に面し、南側は倉吉市に接する。2005年（平成17）、北条町と大栄町が合併して北栄町が成立。町名は北条町の「北」と、大栄町の「栄」を取って命名したもの。大栄町も1955年（昭和30）、大誠村と栄村が合併し、大誠村の「大」と、栄村の「栄」を取った合成地名（⇩大栄町）。

八頭町　やずちょう　［八上郡＋八東郡＋智頭郡］（八頭郡）

県の東部、鳥取平野の南端に位置する。2005年（平成17）、郡家《こおげ》町、船岡町、八東《はっとう》町の3町が合併して八頭町が成立。町名は郡名に由来するが、郡名は1896年（明治29）、八上郡、八東郡、智頭《ちず》郡の3郡が統合された際に、八上郡および八東郡の「八」と、智頭郡の「頭」を取って命名したもの（⇩八頭郡）。

湯梨浜町 ゆりはまちょう ［温泉地の「湯」＋二十世紀梨の産地の「梨」＋美しい砂浜の「浜」］（東伯郡）

県のほぼ中央、日本海に面する二十世紀梨の産地で、東郷池畔に羽合《はわい》温泉や東郷温泉がある。2004年（平成16）、羽合町、東郷町、泊村の3町村が合併して湯梨浜町が成立。町名は町の特色をアピールするため、温泉地の「湯」と、二十世紀梨の産地の「梨」、美しい砂浜の「浜」を繋ぎ合わせ「湯梨浜」と命名したもの。

八頭郡 やずぐん ［八上郡＋八東郡＋智頭郡］

1896年（明治29）、郡制施行により八上郡、八東郡、智頭郡の3郡が統合されて八頭郡が発足。郡名は八上郡および八東郡の「八」と、智頭郡の「頭」を取って命名したもの。（⇩八頭町）

▼岡山県

赤磐市 あかいわし ［赤坂郡＋磐梨郡］

県庁所在地の岡山市に隣接する、備前国分寺跡など史跡の多い町。2005年（平成17）、山陽町、熊山町、赤坂町、吉井町の4町が合併し、市制施行して赤磐市が成立。市名は郡名（赤磐郡）に由来するが、郡名は1900年（明治33）赤坂郡と磐梨郡が統合された際に、赤坂郡の「赤」と、磐梨郡の「磐」を取って命名したもの（⇩赤磐郡）。

玉野市 たまのし ［日比町玉＋宇野町］

瀬戸内海に突き出た児島半島の東部を占める都市。かつては宇高連絡船の四国への玄関口として栄えた。1940年（昭和15）、日比町と宇野町が合併して市制施行し、玉野市が成立。市名は日比町玉地区の「玉」と、宇野町の「野」を取って命名したもの。

真庭市 まにわし ［真島郡＋大庭郡］

県北部の中国山地に位置し、鳥取県との県境に蒜《ひる》山《ぜん》高原が広がっている。2005年（平成17）、真庭郡の8町村（勝山町、落合町、湯原町、久世町、美《み》甘《かも》村、川上村、八束《やつか》村、中和《ちゅうか》村）と、上房郡北房町が合併して市制施行し、真庭市が成立。市名は郡名に由来するが、郡名は１９００年（明治33）真島郡と大庭郡が統合された際に、真島郡の「真」と、大庭郡の「庭」を取って命名したもの（⇩真庭郡）。

里庄町 さとしょうちょう［里美村＋新庄村］（浅口郡）

県の南西部、笠岡市に隣接する町。町の中央をＪＲ山陽本線が通っている。１９０５年（明治38）、里美村と新庄村が合併して里庄村が成立。村名は里美村の「里」と、新庄村の「庄」を取って命名したもの。１９５０年（昭和25）、町に昇格して里庄町になる。

加賀郡 かがぐん［加茂川町＋賀陽町］

県の中央部にあり、周囲を岡山市、高梁《たかはし》市、真庭市などに囲まれている。２００４年（平成16）、御《み》津《つ》郡加茂川町と上房郡賀陽《かよう》町が合併して吉備中央町が成立した際、新郡名を両町の頭文字である加茂川町の「加」と、賀陽町の「賀」を取って命名したもの。

都窪郡 つくぼぐん［都宇郡＋窪屋郡］

岡山市と倉敷市に挟まれた、面積が県下で最小の早島町１町のみで構成されている郡。１９００年（明治33）、都宇《つう》郡と窪屋郡が統合されて都窪郡が発足。郡名は都宇郡の「都」と、窪屋郡の「窪」を取って命名したもの。

真庭郡 まにわぐん［真島郡＋大庭郡］

１９００年（明治33）、郡制施行により真島郡と大庭郡が統合されて真庭郡が発足。郡名は真島郡の「真」と、大庭郡の「庭」を取って命名したもの（⇩真庭市）。

▼山口県

山陽小野田市 さんようおのだし［山陽町＋小野田市］

県の南西部、周防灘（瀬戸内海）に面する工業都市。２００５年（平成17）、小野田市と山陽町が合併して山陽小野田市が成立。市名は山陽町と小野田市をそのまま繋ぎ合わせたもの。

▼徳島県

藍住町 あいずみちょう［藍園村＋住吉村］（板野郡）

吉野川の下流域に開けている、かつては藍の栽培で栄えた町。1955年（昭和30）、藍園村と住吉村が合併し、町制を施行して藍住町が成立。町名は藍園村の「藍」と、住吉村の「住」を取って命名したもの。

▼香川県

三豊市 みとよし［三野郡＋豊田郡］

瀬戸内海に突き出している荘内半島から、讃岐山脈に至る県の西部を市域とする。2006年（平成18）、三豊郡の高瀬町、山本町、三野町、豊中町、詫間《たくま》町、仁尾町、財田町の7町が合併し、市制施行して三豊市が成立。市名は郡名に由来するが、郡名は1899年（明治32）、三野郡と豊田郡が統合された際に、三野郡の「三」と、豊田郡の「豊」を取って命名したもの（⇩三豊郡）。

綾歌郡 あやうたぐん［阿野（あや）郡＋鵜足（うた）郡］

高松市の西に隣接する綾川町1町のみの郡。1899年（明治32）、郡制の施行により、阿野《あや》郡と鵜《う》足《た》郡が統合されて綾歌郡が発足。郡名は阿野郡と鵜足郡の読みを平仮名で「あや」「うた」と表記し、それに「綾」「歌」の文字を当てたもの（⇩綾歌町）。

木田郡 きたぐん［三木郡＋山田郡］

高松市の東に隣接する三木町1町のみで構成されている郡。郡名は1899年（明治32）、郡制の施行により、三木郡と山田郡が統合されて木田郡が成立。郡名は三木郡の「木」と、山田郡の「田」を取って命名したもの。

仲多度郡 なかたどぐん［那珂（仲）＋多度郡］

讃岐山脈の北麓に位置する、日本一大きい溜め池として有名な満濃《まんのう》池がある。1899年（明治32）、郡制の施行により、那珂《なか》郡と多度《たど》郡が統合されて仲多度郡が成立。郡名は那珂郡の「那珂」を「仲」の文字に置き換え、それに多度郡の「多度」を繋ぎ合わせて命名したもの。

▼愛媛県

松野町 まつのちょう［松丸町＋吉野生村］（北宇和郡）

県の南部、四万十《しまんと》川支流の広見川と、目黒川の流域に開けた山間の町で、天然ウナギを産する。1955年（昭和30）、松丸町と吉野生《よしのぶ》村が合併して松野町が成立。町名は松丸町の「松」と、吉野生村の「野」を取って命名したもの。吉野生村も1889年（明治22）、町村制の施行により、吉野村、奥野川村、蕨生《わらびお》村の3村が合併した際に、吉野生村の「吉野」および奥野川村の「野」と、蕨生村の「生」を取った合成地名。

▼高知県

土佐清水市 とさしみずし［土佐国＋清水町］

県の南西端に位置する水産都市。観光地として有名な足摺岬がある。1954年（昭和29）、清水町、下ノ加江町、三崎町、下川口町の4町が合併して土佐清水市が成立。市名は静岡県の清水市（当時）との混同を避けるため、高知県の旧国名である「土佐」を清水町に冠して命名したもの。

大月町 おおつきちょう［大内町＋月灘村］（幡多郡）

県の最西端に位置する。西側は宿毛《すくも》湾に面し、景勝地の大堂海岸がある。1957年（昭和32）、大内町と月灘村が合併して大月町が成立。町名は大内町の「大」と、月灘村の「月」を取って命名したもの。

大豊町 おおとよちょう［大杉村＋東豊永村＋西豊永村］（長岡郡）

吉野川の上流域に開けた町で、国の特別天然記念物の大スギがある。1955年（昭和30）、大杉村、東豊永村、西豊永村、天坪《あまつぼ》村の4村が合併し、町制を施行して大豊町が成立。町名は大杉村の「大」と、東豊永村および西豊永村の「豊」を取って命名したもの。

平成になるまで存在した市町村・郡の合成地名

▼鳥取県

気高町 けたかちょう［気多郡＋高草郡］（現・鳥取市）

1955年（昭和30）、浜村町、宝木村、酒津村、瑞穂村、逢坂村の5町村が合併して気高町が成立。町名は郡名に由来するが、郡名は1896年（明治29）、気多《けた》郡と高草郡が統合された際に、気多郡の「気」と高草郡の「高」を取って命名したもの。2004年（平成16）、鳥取市に編入されて気高郡、気高町ともに消滅（⇩気高郡）。

関金町 せきがねちょう［湯関宿＋金谷村］（現・倉吉市）

1953年（昭和28）、矢送《やおくり》村、南谷村、山守村の3村が合併して関金町が成立。町名は関金温泉に因むが、関金という地名は1877年（明治10）、湯関宿と金谷村が合併した際に、湯関宿の「関」と、金谷村の「金」を取って命名したもの。2005年（平成17）、倉吉市に編入されて消滅。

大栄町 だいえいちょう［大誠村＋栄村］（現・東伯郡北栄町）

1955年（昭和30）、大誠村と栄村が合併して大栄町が成立。町名は大誠村の「大」と、栄村の「栄」を取って命名したもの。2005年（平成17）、北条町と大栄町が合併して北栄町になり消滅。北栄町も北条町の「北」と、大栄町の「栄」を取った合成地名（⇩北栄町）。

福部村 ふくべそん［福田保＋服部庄］（現・鳥取市）

1928年（昭和3）、塩見村と服部村が合併して福部村が成立。村名は中世に村内にあった福田保の「福」と、服部庄の「部」を取って命名したもの。2004年（平成16）、鳥取市に編入されて消滅。

気高郡 けたかぐん［気多郡＋高草郡］

1896年（明治29）、気多郡と高草郡が統合されて気高郡が発足。郡名は気多郡の「気」と、高草郡の「高」を取って命名したもの。２００４年（平成16）、気高郡内の気高町、鹿野町、青谷町が鳥取市に編入されたため消滅（⇩気高町）。

▼島根県

赤来町 あかぎちょう［赤名町＋来島村］（現・飯石郡飯南町）

１９５７年（昭和32）、赤名町と来島《きじま》村が合併して赤来町が成立。町名は赤名町の「赤」と、来島村の「来」を取って命名したもの。２００５年（平成17）、頓原《とんばら》村と合併して飯南《いいなん》町になり消滅。

鹿島町 かしまちょう［秋鹿郡＋島根郡］（現・松江市）

１９５６年（昭和31）、恵曇《えとも》町、佐太村、講武村、御津《みつ》村の４町村が合併して鹿島町が成立。町名は恵曇町と佐太村が所属する秋鹿郡の「鹿」と、講武村と御津村が所属する島根郡の「島」を取って命名したもの。２００５年（平成17）、鹿島町、松江市、島根町、美保関町、玉湯町、宍道《しんじ》町、八束《やつか》町、八雲村の８市町村が合併して松江市になり消滅。

佐田町 さだちょう［須佐村＋窪田村］（現・出雲市）

１９５６年（昭和31）、須佐村と窪田村が合併して佐田町が成立。町名は須佐村の「佐」と、窪田村の「田」を取って命名したもの。２００５年（平成17）、佐田町、出雲市、平田市、多伎《たき》町、湖陵《こりょう》町、大社町の６市町が合併して出雲市になり消滅。

玉湯町 たまゆちょう［玉造村＋湯町村］（現・松江市）

１９０５年（明治38）、玉造村と湯町村が合併して玉湯村が成立。村名は玉造村の「玉」と、湯町村の「湯」を取って命名したもの。１９５９年（昭和34）、町に昇格し、２００５年（平成17）、玉湯町、松江市、鹿島町、島根町、美保関町、宍道町、八束町、八雲村の８市町村が合併して松江市になり消滅。

仁摩町 にまちょう［仁万町＋邇摩郡］（現・大田市）

１９５４年（昭和29）、仁万《にま》町、宅野村、大国村、

馬路《うまじ》村の4町村が合併して仁摩町が成立。町名は仁万町の「仁」と、仁摩町が所属する邇摩《にま》郡の「摩」を取って命名したもの。2005年（平成17）、仁摩町、大田市、温泉津《ゆのつ》町の3市町が合併して大田市になり消滅。

羽須美村 はすみむら［口羽村＋阿須那村＋美］（現・邑智郡邑南町）

1957年（昭和32）、口羽村と阿須那《あすな》村が合併して羽須美村が成立。村名は口羽村の「羽」と、阿須那村の「須」を取り、それに美しい村であることを願い、「美」を付けて新村名としたもの。2004年（平成16）、羽須美村、瑞穂町、石見《いわみ》町の3町村が合併して邑南《おおなん》町になり消滅。

美都町 みとちょう［美濃郡＋都茂村］（現・益田市）

1954年（昭和29）、都茂村、東仙道村、二川村の3村が合併して美都村が成立。村名は3村が所属する美濃郡の「美」と、都茂村の「都」を取って命名したもの。1957年（昭和32）、町に昇格し、2004年（平成16）、益田市に編入されて消滅。

▼岡山県

山陽町 さんようちょう［西山村＋高陽村］（現・赤磐市）

1953年（昭和28）、西山村、高陽村、高月村（一部）の3村が合併し、町制施行して山陽町が成立。町名は西山村の「山」と、高陽村の「陽」を取って命名したもの。2005年（平成17）、山陽町、吉井町、赤坂町、熊山町の4町が合併し、市制を施行して赤磐《あかいわ》市になり消滅。

神郷町 しんごうちょう［神代村＋新郷村］（現・新見市）

1955年（昭和30）、神代村と新郷村が合併し、町制施行して神郷町が成立。町名は神代村の「神」と、新郷村の「郷」を取って命名したもの。2005年（平成17）、神郷町、新見市、大佐町、哲多町、哲西町の5市町が合併して新見市になり消滅。

灘崎町 なださきちょう ［灘村＋彦崎村］（現・岡山市南区）

１９０６年（明治39）、灘村と彦崎村（一部）が合併して灘崎村が成立。村名は灘村の「灘」と、彦崎村の「崎」を取って命名したもの。１９４９年（昭和24）、町に昇格し、２００５年（平成17）、岡山市に編入されて消滅。

美星町 びせいちょう ［美山川＋星田川］（現・井原市）

１９５４年（昭和29）、美山村、堺村、宇戸村、日里村の４村が合併し、町制施行して美星町が成立。町名は町内を流れる美山川の「美」と、星田川の「星」を取って命名したもの。２００５年（平成17）、井原《いばら》市に編入されて消滅。

御津町 みつちょう ［御野郡＋津高郡］（現・岡山市北区）

１９５３年（昭和28）、金山町、牧山村（一部）、宇甘西《うかいにし》村、宇甘東村、宇垣村、葛城村、五城村の７町村が合併して御津町が成立。町名は郡名（御津郡）に由来するが、郡名は１９００年（明治33）、御野郡と津高郡が統合された際に、御野郡の「御」と、津高郡の「津」を取って命名したもの。２００５年（平成17）、岡山市に編入されて消滅（⇩御津郡）。

赤磐郡 あかいわぐん ［赤坂郡＋磐梨郡］

１９００年（明治33）、赤坂郡と磐梨郡が統合されて赤磐郡が発足。郡名は赤坂郡の「赤」と、磐梨郡の「磐」を取って命名したもの。２００７年（平成19）、赤磐郡に最後まで残っていた瀬戸町が岡山市に編入されたため消滅（⇩赤磐市）。

阿哲郡 あてつぐん ［阿賀郡＋哲多郡］

１９００年（明治33）、阿賀郡の一部と哲多郡が統合されて阿哲郡が発足。郡名は阿賀郡の「阿」と、哲多郡の「哲」を取って命名したもの。２００５年（平成17）、阿哲郡の大佐町、神郷町、哲多町、哲西町の４町が新見市と合併したため消滅。

御津郡 みつぐん ［御野郡＋津高郡］

1900年（明治33）、御野郡と津高郡が統合されて御津郡が発足。郡名は御野郡の「御」と、津高郡の「津」を取って命名したもの。2007年（平成19）、御津郡に最後まで残っていた建部町が、岡山市に編入されて消滅（⇩御津町）。

▼広島県

大柿町 おおがきちょう ［大原村＋大君村＋柿浦村］（現・江田島市）

1889年（明治22）、町村制の施行により、大原村、大君村、柿浦村、小古江《おぶれ》村の4村が合併して大柿村が成立。村名は大原村および大君村の「大」と、柿浦村の「柿」を取って命名したもの。1927年（昭和2）、町に昇格。2004年（平成16）、大柿町、江田島町、沖美町、能美町の4町が合併し、市制施行して江田島市になり消滅。

沖美町 おきみちょう ［沖村＋三(美)高村］（現・江田島市）

1956年（昭和31）、沖村と三高村が合併して沖美町が成立。町名は沖村の「沖」と、三高村の「三」を「美」に置き換えて「沖美」としたもの。2004年（平成16）、沖美町、江田島町、大柿町、能美町の4町が合併し、市制施行して江田島市になり消滅。

君田村 きみたそん ［東入君村＋西入君村＋櫃田村＋茂田村＋泉吉田村］（現・三次市）

1889年（明治22）、町村制の施行により、東入君村、西入君村、櫃田《ひった》村、茂田村、泉吉田村、藤兼村、石原村の7村が合併して君田村が成立。村名は東入君村および西入君村の「君」と、櫃田村、茂田村、泉吉田村の「田」を取って命名したもの。2004年（平成16）、君田村、三次《みよし》市、吉舎《きさ》町、三良坂町、三和町、甲奴《こうぬ》町、布野村、作木村の8市町村が合併して三次市になり消滅。

口和町 くちわちょう ［口北村＋口南村＋和］（現・庄原市）

1955年（昭和30）、口北村と口南村が合併して口和村が成立。村名は両村が和することを願い、口北村と口南村の「口」に「和」をつけて命名したもの。1960年（昭和35）、町に昇格。2005年（平成17）、口和町、庄原市、総領町、西城町、東城町、高野町、比和町の7市町が合併して庄原市になり消滅。

甲田町 こうだちょう ［甲立町＋小田村］（現・安芸高田市）

1956年（昭和31）、甲立《こうたち》町と小田村が合併して甲田町が成立。村名は甲立町の「甲」と、小田村の「田」を取って命名したもの。2004年（平成16）、甲田町、吉田町、八千代町、美土里町、高宮町、向原町の6町が合併し、市制施行して安芸高田市になり消滅。

総領町 そうりょうちょう ［田総村＋領家村］（現・庄原市）

1955年（昭和30）、田総《たぶさ》村と領家村が合併し、町制施行して総領町になる。町名は田総村の「総」と、領家村の「領」を取って命名したもの。2005年（平成17）、総領町、庄原市、西城町、東城町、口和町、高野町、比和町の7市町が合併して庄原市になり消滅。

豊浜町 とよはまちょう ［豊島村＋大浜村］（現・呉市）

1889年（明治22）、町村制の施行により、豊島村、大浜村、斎島《いつきしま》村の3村が合併して豊浜村が成立。村名は豊島村の「豊」と、大浜村の「浜」を取って命名したもの。1969年（昭和44）、町に昇格し、2005年（平成17）、呉市に編入されて消滅。

芦品郡 あしなぐん ［芦田郡＋品治郡］

1898年（明治31）、郡制の施行により、芦田郡と品治《ほんじ》郡が統合されて芦品郡が発足。郡名は芦田郡の「芦」と、品治郡の「品」を取って命名したもの。2003年（平成15）、芦品郡で最後まで残っていた新市《しんいち》町が、福山市に編入されたことにより消滅。

双三郡 ふたみぐん［三次郡＋三谿郡（双つの三）］

1898年（明治31）、郡制の施行により、三次《みよし》郡と三谿《みたに》郡が統合されて双三郡が発足。郡名は三次郡と三谿郡の二つの「三」から、双三郡と命名したもの。2004年（平成16）、双三郡内のすべての町村（吉舎《きさ》町、三良坂町、三和町、君田村、布野村、作木村）が三次市と合併したことにより消滅。

深安郡 ふかやすぐん［深津郡＋安那郡］

1898年（明治31）、郡制の施行により、深津郡と安那《やすな》郡が統合されて深安郡が発足。郡名は深津郡の「深」と、安那郡の「安」を取って命名したもの。2006年（平成18）、深安郡で一郡一町の神《かん》辺《なべ》町が、福山市に編入されたことにより消滅。

▼山口県

田万川町 たまがわちょう［田万崎村＋小川村］（現・萩市）

1955年（昭和30）、江崎町と小川村が合併して田万川町が成立。町名は江崎町が町制施行する前の村名である田万崎村の「田万」と、小川村の「川」を取って命名したもの。2005年（平成17）、田万川町、萩市、須佐町、川上村、むつみ村、旭村、福栄村の7市町村が合併して萩市になり消滅。

▼徳島県

木沢村 きさわそん［坂州木頭村＋沢谷村］（現・那賀郡那賀町）

1955年（昭和30）、坂州村と沢谷村が合併して木沢村が成立。村名は坂州村が改称する前の坂《さか》州《しゅう》木頭《きとう》村の「木」と、沢谷村の「沢」を取って命名したもの。坂州木頭村も1889年（明治22）、町村制の施行により、坂州村、木頭村、木頭名村、当山村、出羽村、阿津江村の6村が合併した際、坂州村と木頭村の村名をそのまま繋ぎ合わせた合成地名。2005年（平成17）、木沢村、鷲敷《わじき》町、相生町、上那賀町、木頭村の5町村が合併して那賀町になり消滅。

三加茂町 みかもちょう［三庄村＋加茂町］（現・三好郡東みよし町）

１９５９年（昭和34）、三庄村と加茂町が合併して三加茂町が成立。町名は三庄村の「三」と、加茂町の「加茂」を取って命名したもの。２００６年（平成18）、三好町と合併して「東みよし町」になり消滅。

山川町 やまかわちょう［山瀬町＋三山村＋川田町］（現・吉野川市）

１９５５年（昭和30）、山瀬町、川田町、三山村（一部）の3町村が合併して山川町が成立。町名は山瀬町および三山村の「山」と、川田町の「川」を取って命名したもの。２００４年（平成16）、山川町、鴨島町、川島町、美郷村の4町村が合併し、市制施行して吉野川市になり消滅。

▼香川県

綾歌町 あやうたちょう［阿野（あや）郡＋鵜足（うた）郡］（現・丸亀市）

１９５９年（昭和34）、久万玉村と岡田村が合併し、町制施行して綾歌町が成立。町名は郡名に由来するが、郡名は１８９９年（明治32）の郡制施行により、阿野《あや》郡と鵜足《うた》郡が統合された際、読みの「あや」「うた」に漢字の「綾」「歌」を当てて命名したもの。２００５年（平成17）、綾歌町、丸亀市、飯山町の3市町が合併して丸亀市になり消滅（⇩綾歌郡）。

大川町 おおかわちょう［大内郡＋寒川郡］（現・さぬき市）

１９５５年（昭和30）、富田村と松尾村が合併して大川村が成立。村名は郡名に由来するが、郡名は１８９９年（明治32）の郡制施行で大内郡と寒川郡が統合された際、大内郡の「大」と、寒川郡の「川」を取って命名したもの。１９６１年（昭和36）、大川町に昇格し、２００２年（平成14）、大川町、津田町、志度町、寒川町、長尾町の5町が合併し、市制施行して「さぬき市」になり消滅（⇩大川郡）。

大川郡 おおかわぐん［大内郡＋寒川郡］

1899年（明治32）、郡制の施行により、大内郡と寒川郡が統合されて大川郡が発足。郡名は大内郡の「大」と、寒川郡の「川」を取って命名したもの。2003年（平成15）、大川郡の白鳥町、引田《ひけた》町、大内町の3町が合併し、市制施行して「東かがわ市」になったため消滅（⇩大川町）。

三豊郡 みとよぐん［三野郡＋豊田郡］

1899年（明治32）、郡制の施行により、三野郡と豊田郡が統合されて三豊郡が発足。郡名は三野郡の「三」と、豊田郡の「豊」を取って命名したもの。2006年（平成18）、三豊郡の高瀬町、山本町、三野町、豊中町、詫間《たくま》町、仁尾町、財田町の7町が合併し、市制施行して三豊市になり消滅（⇩三豊市）。

▼愛媛県

伊予三島市 いよみしましし［伊予国＋三島町］（現・四国中央市）

1954年（昭和29）、三島町、寒川町、松柏《しょうはく》村、豊岡村、豊郷村、金砂《きんしゃ》村の6町村が合併し、市制施行して伊予三島市が成立。市名は静岡県三島市との混同を避けるため、新市の中心となる三島町の町名に、愛媛県の旧国名の「伊予」を冠したもの。2004年（平成16）、伊予三島市、川之江市、土居町、新宮村の4市町村が合併して四国中央市が発足し消滅。

大西町 おおにしちょう［大井村＋小西村］（現・今治市）

1955年（昭和30）、大井村と小西村が合併し、町制施行して大西町が成立。町名は大井村の「大」と、小西村の「西」を取って命名したもの。2005年（平成17）、大西町、今治市、玉川町、波方《なみかた》町、菊間町、吉海町、宮窪町、伯方《はかた》町、上浦町、大三島町、朝倉村、関前村の12市町村が合併して今治市になり消滅。

川内町 かわうちちょう［川上村＋三内村］（現・東温市）

1955年（昭和30）、川上村と三内村が合併して川内村が成立。町名は川上村の「川」と、三内村の「内」を取って命名したもの。1956年（昭和31）、町に昇格し、2004年（平成16）、川内町と重信町が合併し、市制施行して東温市になり消滅。

城川町　しろかわちょう　［土居村＋魚成村＋遊子川村＋高川村］（現・西予市）

1954年（昭和29）、土居村、魚成《うおなし》村、遊子《ゆす》川《かわ》村、高川村の4村が合併して黒瀬川村が成立。1959年（昭和34）、町に昇格して城川町に改称。町名は土居村の「土」と、魚成村の「成」を組み合わせて「城」とし、遊子川村および高川村の「川」を取って「城川」と命名したもの。旧村名の遊子川村も1889年（明治22）、町村制の施行により、遊子谷村と野井川村が合併し、遊子谷村の「遊子」と、野井川村の「川」を取った合成地名。高川村も高野子村と川津南村が合併し、高野子村の「高」と、川津南村の「川」を取った合成地名である。城川町は2004年（平成16）、宇和町、明浜町、野村町、三《み》瓶《かめ》町の4町と合併し、市制施行して西予《さいよ》市になり消滅。

柳谷村　やなだにむら　［柳井川村＋西谷村］（現・上浮穴郡久万高原町）

1889年（明治22）、町村制の施行により、柳井川村と西谷村が合併して柳谷村が成立。村名は柳井川村の「柳」と、西谷村の「谷」を取って命名したもの。2004年（平成16）、柳谷村、久万町、面河《おもご》村、美川村の4町村が合併して久万高原町になり消滅。

周桑郡　しゅうそうぐん　［周敷郡＋桑村郡］

1897年（明治30）、郡制の施行により、周敷《しゅうふ》郡と桑村郡が統合されて周桑郡が発足。郡名は周敷郡の「周」と、桑村郡の「桑」を取って命名したもの。2004年（平成16）、周桑郡の小松町と丹原町が、西条市および東予市と合併して西条市になったため消滅。

▼高知県

十和村 とおわそん ［十川村＋昭和村］（現・高岡郡四万十町）

１９５７年（昭和32）、十川村と昭和村が合併して十和村が成立。村名は十川村の「十」と、昭和村の「和」を取って命名したもの。２００６年（平成18）、窪川町および大正町と合併して四万十《しまんと》町になり消滅。

吉川村 よしかわそん ［吉原村＋古川村］（現・香南市）

１８８９年（明治22）、町村制の施行により、吉原村と古川村が合併して吉川村が成立。村名は吉原村の「吉」と、古川村の「川」を取って命名したもの。２００６年（平成18）、吉川村、赤岡町、香我《かが》美《み》町、野市町、夜須町の5町村が合併し、市制施行して香南《こうなん》市になり消滅。

小地名（字名）として残る合成地名

▼鳥取県

市山 いちやま ［市場村＋山根村］（西伯郡南部町）

１８７７年（明治10）、市場村と山根村が合併して市山村が成立。村名は市場村の「市」と、山根村の「山」を取って命名したもの。１８８９年（明治22）、町村制の施行により、市山村など10村が合併して賀野村になり、１９５５年（昭和30）、手間村と合併して会見《あいみ》町が発足。２００４年（平成16）、西伯町と合併して南部町になる。

岩吉 いわよし ［岩室村＋吉山村］（鳥取市）

１８８１年（明治14）、岩室村と吉山村が合併して岩吉村が成立。村名は岩室村の「岩」と、吉山村の「吉」を取って命名したもの。１８８９年（明治22）、町村制の施行により、岩吉村など8村が合併して松保村が発足し、１９５３年（昭和28）、鳥取市に編入される。

浦津 うらつ［浦木村＋津末村］（米子市）
1877年（明治10）、浦木村と津末村が合併して浦津村が成立。村名は浦木村の「浦」と、津末村の「津」を取って命名したもの。1889年（明治22）、町村制の施行により、浦津村など6村が合併して厳《いわお》村が発足し、1954年（昭和29）、米子市に編入される。

大島 おおしま［大栄町＋島］（東伯郡北栄町）
2005年（平成17）、北条町と大栄町が合併して北栄町が発足したのにともない、北条町にあった字名の「島」を「北条島」に改称し、大栄町にあった「島」を、大栄町の「大」を取って「大島」に改称したもの。

大殿 おおとの［大寺村＋殿河内村］（西伯郡伯耆町）
1877年（明治10）、大寺村と殿河内村が合併して大殿村が成立。村名は大寺村の「大」と、殿河内村の「殿」を取って命名したもの。1889年（明治22）、町村制の施行により、大殿村など7村が合併して幡郷村になり、1955年（昭和30）、幡郷村（一部）、大幡村、八郷村の3村が合併して岸本町が発足。2005年（平成17）、溝口町と合併して伯耆《ほうき》町になる。

岡木 おかき［岡井村＋木梨村］（鳥取市）
1877年（明治10）、岡井村と木梨村が合併して岡木村が成立。村名は岡井村の「岡」と、木梨村の「木」を取って命名したもの。1889年（明治22）、町村制の施行により岡木村など6村が合併して勝谷《かつたに》村が発足。1955年（昭和30）、勝谷村、鹿野町、小鷲河《こわしがわ》村の3町村が合併して鹿野町になり、2004年（平成16）、鳥取市に編入される。

奥崎 おくさき［奥谷村＋山崎村］（鳥取市）
1887年（明治10）、奥谷村と山崎村が合併して奥崎村が成立。村名は奥谷村の「奥」と、山崎村の「崎」を取って命名したもの。1889年（明治

22)、町村制の施行により、奥崎村、蔵内村、善田村、大坪村、養郷村の5村が合併して日置谷村が発足。１９５３年（昭和28)、日置谷《ひおきだに》村、青谷町、勝部村、中郷村の4町村が合併して青谷町になり、２００４年（平成16)、鳥取市に編入される。

北福 きたふく ［北方村＋福永村］（東伯郡湯梨浜町）

１８７７年（明治10)、北方村と福永村が合併して北福村が成立。村名は北方村の「北」と、福永村の「福」を取って命名したもの。１８８９年（明治22)、町村制の施行により、北福村など7村が合併して舎人《とねり》村になり、１９５３年（昭和28)、舎人村、東郷松崎町、花見村の3町村が合併して東郷町が発足。東郷松崎町と花見村も合成地名で、東郷松崎町は１９５１年（昭和26)、東郷村と松崎村が合併した際に両村名を繋ぎ合わせたもの。花見村は１９５２年（昭和27)、野花村、埴見《はなみ》村など7村が合併した際に野花村の「花」と、埴見村の「見」を取って命名したもの。２００４年（平成16)、東郷町、羽《は》合《わい》町、泊村の3町村が合併して湯梨浜町になる。湯梨浜町も合成地名の一種で、3町村には温泉地（湯）があり、二十世紀梨の産地（梨）で、日本海側には美しい砂浜（浜）が続いている。この町の特色をアピールするため、「湯」と「梨」と「浜」を繋ぎ合わせて新町名としたもの（⇩湯梨浜町）。

清原 きよはら ［清山村＋原村］（西伯郡伯耆町）

１８７７年（明治10)、清山村と原村が合併して清原村が成立。村名は清山村の「清」と、原村の「原」を取って命名したもの。１８８９年（明治22)、町村制の施行により、清原村、番原《ばんばら》村、久古《くご》村、口別所村、福岡村の5村が合併して日吉村が発足し、１９１２年（大正元)、日吉村と吉寿《よしず》村が合併して八郷村になる。１９５５年（昭和30)、八郷村、大幡村、幡郷村（一部）の3村が合併して岸本町が発足し、２００５年（平成17)、溝口町と合併して伯耆町になる。

古豊千 こほうち ［古川村＋上豊田村＋下豊田村＋東千太村］（米子市）

1877年（明治10）、古川村、上豊田村、下豊田村、東千太村の4村が合併して古豊千村が成立。村名は古川村の「古」、上豊田村および下豊田村の「豊」、東千太村の「千」を取って命名したもの。1889年（明治22）、町村制の施行により、古豊千村と高島村が合併して古豊千村になり、1912年（大正元）、古豊千村、王子村、八幡村の3村が合併して春日村が発足し、1956年（昭和31）、米子市に編入される。

坂長 さかちょう ［坂中村＋長者原村］（西伯郡伯耆町）

1878年（明治11）、坂中村と長者原村が合併して坂長村が成立。村名は坂中村の「坂」と、長者原村の「長」を取って命名したもの。1889年（明治22）、坂長村など7村が合併して幡郷村になり、1955年（昭和30）、幡郷村（一部）、大幡村、八郷村の3村が合併して岸本町が発足。2005年（平成17）、溝口町と合併して伯耆町になる。

大桷 だいかく ［大満村＋桷間村］（鳥取市）

1877年（明治10）、大満村と桷間村が合併して大桷村が成立。村名は大満村の「大」と、桷間村の「桷」を取って命名したもの。1889年（明治22）、大桷村など6村が合併して豊実《とよみ》村が発足。1953年（昭和28）、鳥取市に編入される。

高島 たかしま ［高田村＋島田村］（米子市）

1877年（明治10）、高田村と島田村が合併して高島村が成立。村名は高田村の「高」と、島田村の「島」を取って命名したもの。1889年（明治22）、町村制の施行により、高島村と古豊千《こほうち》村が合併して古豊千村になり、1912年（大正元）、王子村および八幡村と合併して春日村が発足。1956年（昭和31）、米子市に編入される。

高福 たかふく［高津原村＋福和田村］（鳥取市）

１８７７年（明治10）、高津原村と福和田村が合併して高福村が成立。村名は高津原村の「高」と、福和田村の「福」を取って命名したもの。１８８９年（明治22）、町村制の施行により、高福村など８村が合併して国英《くにふさ》村が発足。１９５５年（昭和30）、国英村、河原町、八上村、西郷村、散岐《さんき》村の５町村が合併して河原町になり、２００４年（平成16）、鳥取市に編入される。

田住 たすみ［石田村＋住吉村］（西伯郡南部町）

１８７７年（明治10）、石田村と住吉村が合併して田住村が成立。村名は石田村の「田」と、住吉村の「住」を取って命名したもの。１８８９年（明治22）、町村制の施行により、田住村、寺内村、三崎村、宮前村、天万宿の5村が合併して手間村になり、１９５５年（昭和30）、手間村と賀野村が合併し、町制施行して会見町が発足。２００４年（平成16）、会見《あいみ》町と西伯町が合併して南部町になる。

美用 びよう［栗尾(美)村＋無用村］（日野郡江府町）

１８７７年（明治10）、栗尾村と無用村が合併して美用村が成立。村名は栗尾村の「尾」を「美」に替え、無用村の「用」を取って「美用」としたもの。１８８９年（明治22）、町村制の施行により、美用村など７村が合併して米沢村になり、１９５３年（昭和28）、米沢村、江尾町、神奈川村の３町村が合併して江府《こうふ》町が発足。

福守 ふくもり［福岡村＋守護分村］（倉吉市）

１８７８年（明治11）、福岡村と守護分《しゅごぶん》村が合併して福守村が成立。村名は福岡村の「福」と、守護分村の「守」を取って命名したもの。１８８９年（明治22）、町村制の施行により、福守村など12村が合併して小鴨村になり、１９５１年（昭和26）、倉吉町に編入される。１９５３年（昭和28）、倉吉町など9町村が合併し、市制施行して倉吉市になる。

古長 ふるなが［古布地村＋長房村］（東伯郡琴浦町）

1877年（明治10）、古布地村と長房村が合併して古長村が成立。村名は古布地村の「古」と、長房村の「長」を取って命名したもの。1889年（明治22）、町村制の施行により、古長村など7村が合併して古布庄《こうのしょう》村になり、1954年（昭和29）、古布庄村、八橋町、浦安町、上郷村、下郷村の5町村が合併して東伯町が発足。2004年（平成16）、東伯町と赤碕村が合併して琴浦町になる。

別宮 べつみや［別所村＋宮脇村］（東伯郡琴浦町）

1878年（明治11）、別所村と宮脇村が合併して別宮村が成立。村名は別所村の「別」と、宮脇村の「宮」を取って命名したもの。1889年（明治22）、町村制の施行により、別宮村など7村が合併して古布庄村になり、1954年（昭和29）、古布庄村、八橋町、浦安町、上郷村、下郷村の5町村が合併して東伯町が発足。2004年（平成16）、東伯町と赤碕村が合併して琴浦町になる。

本鹿 ほんが［本角村＋鹿野村］（鳥取市）

1877年（明治10）、本角村と鹿野村が合併して本鹿村が成立。村名は本角村の「本」と、鹿野村の「鹿」を取って命名したもの。1889年（明治22）、町村制の施行により本鹿村、中井村、牛戸村、神馬村、小河内村の5村が合併して五総村が発足。村名はバラバラになっていた五つの村を総括する、という意味から「五総」とつけられたもので合成地名の一種だといえる。1915年（大正4）、五総村と明寺村が合併して西郷村になり、1955年（昭和30）、西郷村、河原町、国英《くにふさ》村、散岐《さぬき》村、八上村の5町村が合併して河原町が発足。2004年（平成16）、鳥取市に編入される。

宮場 みやば［宮内村＋馬場村］（東伯郡琴浦町）

1877年（明治10）、宮内村と馬場村が合併して宮場村が成立。村名は宮内村の「宮」と、馬場村の「場」を取って命名したもの。1889年（明治22）、町村制の施行により、宮場村など7村が合併して古布庄村になり、1954年（昭和29）、古布庄村、浦安町、八橋町、上郷村、下郷村の5町村が合併して東伯町が発足。2004年（平成16）、東伯町と赤碕村が合併して琴浦町になる。

八金 やかね ［八子村＋金崎村］（西伯郡南部町）

1877年（明治10）、八子村と金崎村が合併して八金村が成立。村名は八子村の「八」と、金崎村の「金」を取って命名したもの。1889年（明治22）、町村制の施行により、八金村、中村、東上村の3村が合併して東長田村になり、1955年（昭和30）、東長田村、上長田村、天津村、大国村、法勝寺村の5村が合併して西伯町が発足。2004年（平成16）、西伯町と会見《あいみ》町が合併して南部町になる。

善田 よしだ ［善積村＋小平田村］（鳥取市）

1877年（明治10）、善積村と小平田村が合併して善田村が成立。村名は善積村の「善」と、小平田村の「田」を取って命名したもの。1889年（明治22）、町村制の施行により善田村など5村が合併して日置谷《ひおきだに》村が発足。1953年（昭和28）、日置谷村、青谷町、勝部村、中郷村の4町村が合併して青谷町になり、2004年（平成16）、鳥取市に編入される。

両三柳 りょうみつやなぎ ［三柳村＋下三柳村（両方の三柳）］（米子市）

1877年（明治10）、三柳村と下三柳村が合併して両三柳村が成立。村名は三柳村と下三柳村の二つの「三柳」があることから、「両」を冠して「両三柳」としたもの。1889年（明治22）、町村制の施行により、両三柳村と河崎村が合併して加茂村になり、1938年（昭和13）、米子市に編入される。

▼島根県

朝山町 あさやまちょう ［朝倉村＋仙山村］（大田市）

1889年（明治22）、町村制の施行により、朝倉村と仙山《せんやま》村が合併して朝山村が成立。村名は朝倉村の「朝」と、仙山村の「山」を取って命名したもの。１９５４年（昭和29）、大田市に編入される。

荒茅町 あらかやちょう ［荒木村＋古荒木村＋茅原村］（出雲市）

１８７５年（明治8）、荒木村、古荒木村、茅原村の3村が合併して荒茅村が成立。村名は荒木村および古荒木村の「荒」と、茅原村の「茅」を取って命名したもの。１８８９年（明治22）、単独で村制を施行。１９５０年（昭和25）、荒茅村と園村が合併して長浜村が発足し、１９５６年（昭和31）、出雲市に編入される。

大金町 おおがねちょう ［大津村＋姉金村］（浜田市）

１８７５年（明治8）、大津村と姉金村が合併して大金村が成立。村名は大津村の「大」と、姉金村の「金」を取って命名したもの。１８８９年（明治22）、町村制の施行により、大金村、上有福村、下有福村、本明村、宇野村の5村が合併して有福村が発足。１９５５年（昭和30）、有福村と国府町が合併して国府町になり、１９６９年（昭和44）、浜田市に編入される。

大代町 おおしろちょう ［大家村＋八代村］（大田市）

１９４７年（昭和22）、大家《おおえ》村と八代村が合併して大代村が成立。村名は大家村の「大」と、八代村の「代」を取って命名したもの。１９５５年（昭和30）、大代村、川本町、川下村、三原村、三谷村の5町村が合併して川本町になり、１９５７年（昭和32）、大田市に編入される。

荻杼町 おぎとちちょう ［荻原村＋杼島村］（出雲市）

１８７５年（明治8）、荻原村と杼島村が合併して荻杼村が成立。村名は荻原村の「荻」と、杼島村の「杼」を取って命名したもの。１８８９年（明治22）、荻杼村、稲岡村など5村が合併して川跡《かわと》村になり、１９４１年（昭和16）、川跡村、今市町など9町村が合併して出雲町になり、同年、出雲市になる。

乙加宮 おつかみや ［乙多田村＋加食田村＋掛合宮内村］（雲南市）

1875年（明治8）、乙多田村、加食田村、掛合宮内村の3村が合併して乙加宮村が成立。村名は乙多田村の「乙」と、加食田村の「加」、掛合宮内村の「宮」を取って命名したもの。1889年（明治22）、乙加宮村、里坊村、殿河内村、根波別所村の4村が合併して鍋山村になり、1954年（昭和29）、鍋山村、三刀屋町、飯石村、中野村の4町村が合併して三刀屋町が発足。2004年（平成16）、三刀屋町など6町村が合併し、市制施行して雲南市になる。

金田町 かねたちょう ［千金村＋田野村］（江津市）

1875年（明治8）、千金村と田野村が合併して金田村が成立。村名は千金村の「金」と、田野村の「田」を取って命名したもの。1889年（明治22）、町村制の施行により、金田村と郷田村が合併して江津《ごうつ》村が発足し、1912年（大正元）、町に昇格。1954年（昭和29）、江津町など9町村が合併し、市制施行して江津市になる。

上島町 かみしまちょう ［上ノ郷村＋中ノ島村］（出雲市）

1875年（明治8）、上ノ郷村と中ノ島村が合併して上島村が成立。村名は上ノ郷村の「上」と、中ノ島村の「島」を取って命名したもの。1889年（明治22）、町村制の施行により、上島村と船津村が合併して上津村になる。上津村も上島村の「上」と、船津村の「津」を取った合成地名。1955年（昭和30）、出雲市に編入される。

川平町 かわひらちょう ［南川上村＋平田村］（江津市）

1889年（明治22）、町村制の施行により、南川上村、平田村、金田村（一部）の3村が合併して川平村が成立。村名は南川上村の「川」と、平田村の「平」を取って命名したもの。平田村も1875年（明治8）、平床村と田原村が合併し、平床村の「平」と田原村の「田」を取った合成地名。195

4年（昭和29）、川平村、江津町など9町村が合併し、市制施行して江津市になる。

神氷　かんぴ　［神守村＋氷室村］（出雲市）

1875年（明治8）、神守村と氷室村が合併して神氷村が成立。村名は神守村の「神」と、氷室村の「氷」を取って命名したもの。1889年（明治22）、町村制の施行により、神氷村、出西《しゅっさい》村、阿宮村、求院《ぐい》村、併川《あいかわ》村の5村が合併して出西村になる。1955年（昭和30）、出西村など6村が合併して斐川《ひかわ》村が発足し、1965年（昭和40）、町に昇格。2011年（平成23）、出雲市に編入される。

黒井田町　くろいだちょう　［黒鳥村＋細井村＋和田村］（安来市）

1875年（明治8）、黒鳥村、細井村、和田村の3村が合併して黒井田村が成立。村名は黒鳥村の「黒」、細井村の「井」、和田村の「田」を取って命名したもの。1889年（明治22）、黒井田村、島田村、門生村、吉佐村の4村が合併して島田村が発足。1954年（昭和29）、島田村、安来《やすぎ》町など6町村が合併し、市制施行して安来市になる。

耕田　こうだ　［麓耕村＋和田村］（鹿足郡津和野町）

1875年（明治8）、麓耕《ろくごう》村と和田村が合併して耕田村が成立。村名は麓耕村の「耕」と、和田村の「田」を取って命名したもの。1889年（明治22）、町村制の施行により、耕田村など6村が合併して小川村が発足。1955年（昭和30）、小川村（一部）、津和野町、畑迫《はたがさこ》村、木部《きべ》村の4町村が合併して津和野町になる。

下横町　しもよこちょう　［下荘村＋横引村］（出雲市）

1875年（明治8）、下荘村と横引村が合併して下横村が成立。村名は下荘村の「下」と、横引村の「横」を取って命名したもの。1889年（明治22）、町村制の施行により、下横村、松枝村、白枝村、松寄下村の4村が合併して高松村になり、19

４１年（昭和16）、高松村、今市町など9町村が合併して出雲町が発足。同年、市制施行して出雲市になる。

荘成町 しょうじょうちょう［荘村＋成相寺村］（松江市）

１８７５年（明治8）、荘村と成相寺《じょうそうじ》村が合併して荘成村が成立。村名は荘村の「荘」と、成相寺村の「成」を取って命名したもの。１８８９年（明治22）、町村制の施行により、荘成村と古曾志村が合併して古曾志村になり、１９０８年（明治41）、古曾志村、古志村、長江村の3村が合併して古江村が発足。古江村も古曾志村および古志村の「古」と、長江村の「江」を取った合成地名。１９５５年（昭和30）、松江市に編入される。

白谷 しらたに［白須山村＋大井谷村］（鹿足郡吉賀町）

１８７５年（明治8）、白須山村と大井谷村が合併して白谷村が成立。村名は白須山村の「白」と、大井谷村の「谷」を取って命名したもの。１８８９年（明治22）、町村制の施行により、白谷村など7村が合併して柿木村が発足し、２００５年（平成17）、柿木村と六日市町が合併して吉賀町になる。

鳥井 とりい［鳥屋村＋井上村］（出雲市）

１８７５年（明治8）、鳥屋村と井上村が合併して鳥井村が成立。村名は鳥屋村の「鳥」と、井上村の「井」を取って命名したもの。１８８９年（明治22）、町村制の施行により、鳥井村、名島村、富村、上直江村の4村が合併して伊波野村になり、１９５５年（昭和30）、伊波野村など6村が合併して斐川村が発足。１９６５年（昭和40）、町に昇格し、２０１１年（平成23）、出雲市に編入される。

中曾野 なかその［中組村＋木曾野村＋小野村］（鹿足郡津和野町）

１８７５年（明治8）、中組村、木曾野村、小野村の3村が合併して中曾野村が成立。村名は中組村の「中」、木曾野村の「曾野」、小野村の「野」を取って命名したもの。1889年（明治22）、町村制の施行により、中曾野村など7村が合併して木部《きべ》村が発足。1955年（昭和30）、木部村、津和野町、畑迫《はたがさこ》村、小川村（一部）の4町村が合併して津和野町になる。

長福 ながふく［長野村＋福谷村］（鹿足郡津和野町）

1875年（明治8）、長野村と福谷村が合併して長福村が成立。村名は長野村の「長」と、福谷村の「福」を取って命名したもの。1889年（明治22）、町村制の施行により、長福村など7村が合併して木部《きべ》村が発足。1955年（昭和30）、木部村、津和野町、畑迫《はたがさこ》村、小川村（一部）の4町村が合併して津和野町になる。

中湯石 なかゆいし［中屋村＋湯村＋飛石村］（雲南市）

1875年（明治8）、中屋村、湯村、飛石村の3村が合併して中湯石村が成立。村名は中屋村の「中」、湯村の「湯」、飛石村の「石」を取って命名したもの。1889年（明治22）、町村制の施行により、中湯石村など10村が合併して海潮《うしお》村が発足し、1956年（昭和31）、大東町に編入される。2004年（平成16）、大東町など6町村が合併し、市制施行して雲南市になる。

名島 なしま［別名村＋北島村］（出雲市）

1875年（明治8）、別名村と北島村が合併して名島村が成立。村名は別名村の「名」と、北島村の「島」を取って命名したもの。1889年（明治22）、町村制の施行により、名島村、鳥井村、富村、上直江村の4村が合併して伊波野村になる。1955年（昭和30）、伊波野村など6村が合併して斐川村が発足し、1965年（昭和40）、町に昇格。2011年（平成23）、出雲市に編入される。

抜月 ぬくつき［抜舞村＋月和田村］（鹿足郡吉賀町）

1875年（明治8）、抜舞村と月和田村が合併して抜月村が成立。村名は抜舞村の「抜」と、月和田村の「月」を取って命名したもの。1889年（明治22）、町村制の施行により、抜月村、七日市村、真田村、上高尻村、下高尻村の5村が合併して七日市村が発足し、1956年（昭和31）、六日市町に編入される。2005年（平成17）、六日市町と柿木村が合併して吉賀町になる。

原鹿 はらしか［中原村＋上鹿塚村］（出雲市）

中原村と上鹿塚村が合併して原鹿村が成立。村名は中原村の「原」と、上鹿塚村の「鹿」を取って命名したもの。1889年（明治22）、町村制の施行により、原鹿村、福富村、南村、今在家村の4村が合併して久木村が発足。1955年（昭和30）、久木村など6村が合併して斐川村になり、1965年（昭和40）、町に昇格。2011年（平成23）、出雲市に編入される。

山下 やました［小山村＋下組村］（鹿足郡津和野町）

1875年（明治8）、小山村と下組村が合併して山下村が成立。村名は小山村の「山」と、下組村の「下」を取って命名したもの。1889年（明治22）、町村制の施行により山下村など7村が合併して木部村が発足し、1955年（昭和30）、木部村、津和野町、畑迫《はたがさこ》村、小川村（一部）の4町村が合併して津和野町になる。

▼岡山県

粟野 あわの［粟原村＋野時村］（美作市）

1881年（明治14）、粟原村と野時村が合併して粟野村が成立。村名は粟原村の「粟」と、野時村の「野」を取って命名したもの。1889年（明治22）、町村制の施行により、粟野村など7村が合併して大吉《おおよし》村になる。1954年（昭和29）、大吉村、大原町、大野村、讃甘《さのも》村の4町村が合併して大原町が発足。2005年（平成17）、大原町、美作《みまさか》町などの6町村が合併し、市制施行して美作市になる。

岩田町 いわたちょう［山上村＋石妻村＋上高田村］（岡山市

北区）
１８８９年（明治22）、町村制の施行により、山上村、石妻村、上高田村の３村が合併して岩田村が成立。村名は山上村の「山」と石妻村の「石」で「岩」とし、上高田村の「田」を取って「岩田」と命名したもの。１９５３年（昭和31）、岩田村、足守町、大井村、日近《ひじかい》村、福谷村の５町村が合併して足守町になり、１９７１年（昭和46）、岡山市に編入される。

宇生 うぶ［宇屋村＋土生村］（和気郡和気町）

１８７５年（明治８）、宇屋村と土生村が合併して宇生村が成立。村名は宇屋村の「宇」と、土生村の「生」を取って命名したもの。１８８９年（明治22）、町村制の施行により、宇生《うぶ》村、田賀村、矢田部村、加三方《かみがた》村、小坂村の５村が合併して佐伯上村になり、１９４２年（昭和17）、佐伯上村と佐伯本村が合併して佐伯村が発足。１９５５年（昭和30）、佐伯村、山田村、塩田村の３村が合併し、町制施行して佐伯町になる。２００６年（平成18）、和気《わけ》町と合併して和気町になる。

奥田 おくだ［奥内村＋田住村］（岡山市北区）

１８７５年（明治８）、奥内村と田住村が合併して奥田村が成立。村名は奥内村の「奥」と、田住村の「田」を取って命名したもの。１８８９年（明治22）、町村制の施行により、奥田村など６村が合併して古鹿田《こしかだ》村が発足。１８９９年（明治32）、古鹿田村が３分割され、岡山市と鹿田村および福浜村に編入される。鹿田村が１９２１年（大正10）、福浜村が１９３１年（昭和６）、岡山市へ編入される。

加三方 かみがた［壁（加部）村＋三宅村＋大方村］（和気郡和気町）

１８７５年（明治８）、壁村、三宅村、大方村の３村が合併して加三方村が成立。村名は壁村の「壁」を「加部」に置き換えて「加」を取り、三宅村の「三」、大方村の「方」を繋ぎ合わせて命名したもの。1889年（明治22）、町村制の施行により、加三方村、宇生村、田賀村、矢田部村、小坂村の5村が合併して佐伯上村になり、1942年（昭和17）、佐伯上村と佐伯本村が合併して佐伯村が発足。1955年（昭和30）、佐伯村、山田村、塩田村の3村が合併し、町制施行して佐伯町になる。2006年（平成18）、佐伯町と和気町が合併して和気町になる。

光木 こうき ［来光寺村＋塩木村］（赤磐市）

1875年（明治8）、来光寺村と塩木村が合併して光木村が成立。村名は来光寺村の「光」と、塩木村の「木」を取って命名したもの。1889年（明治22）、町村制の施行により、光木村、稲蒔村、石村、八島田村、暮田村の5村が合併して佐伯北村が発足。1954年（昭和29）、佐伯北村、周匝《すさい》村、山方村の3村が合併して吉井町になり、2005年（平成17）、吉井町、山陽町、赤坂町、熊山町の4町が合併し、市制施行して赤磐《あかいわ》市になる。

上東 じょうとう ［上庄村＋東庄村］（倉敷市）

1876年（明治9）、上庄村と東庄村が合併して上東村が成立。村名は上庄村の「上」と、東庄村の「東」を取って命名したもの。1889年（明治22）、町村制の施行により、上東村など9村が合併して庄《しょう》村が発足し、1971年（昭和46）、倉敷市に編入される。

新本 しんぽん ［新庄村＋本庄村］（総社市）

1874年（明治7）、新庄村と本庄村が合併して新本村が成立。村名は新庄村の「新」と、本庄村の「本」を取って命名したもの。1889年（明治22）、単独で村制を施行。1954年（昭和29）、新本村、総社町など7町村が合併し、市制施行して総社市になる。

田賀 たが ［田尻村＋加賀知田村］（和気郡和気町）

1875年（明治8）、田尻村と加賀知田村が合併して田賀村が成立。村名は田尻村の「田」と、加賀知田村の「賀」を取って命名したもの。１８８９年（明治22）、町村制の施行により、田賀村、加三《かみ》方《がた》村、宇生《うぶ》村、矢田部村、小坂村の５村が合併して佐伯上村になり、１９４２年（昭和17）、佐伯上村と佐伯本村が合併して佐伯村が発足。１９５５年（昭和30）、佐伯村、山田村、塩田村の３村が合併し、町制施行して佐伯町になり、２００６年（平成18）、和気《わけ》町と合併して和気町になる。

高倉町　たかくらちょう［高室山＋美倉山］（高梁市）

１８８９年（明治22）、町村制の施行により、田井村、飯部村、近似《ちかのり》村（一部）の３村が合併して高倉村が成立。村名は村内にそびえる高室山の「高」と、美倉山の「倉」を取って命名したもの。１９５４年（昭和29）、高倉村、高梁《たかはし》町など９町村が合併し、市制施行して高梁市になる。

田益　たます［田中＋益井］（岡山市北区）

１８７５年（明治８）、横井上村が分村して田益村が成立。村名は村内の田中地区の「田」と、益井地区の「益」を取って命名したもの。１８８９年（明治22）、町村制の施行により、田益村、横井上村、中原村、富原村の４村が合併して横井村が発足。１９５９年（昭和34）、横井村と津高村が合併し、町制施行して津高町になり、１９７１年（昭和46）、岡山市に編入される。

父井原　ちちいはら［父井村＋小原村］（和気郡和気町）

１８７５年（明治８）、父井村と小原村が合併して父井原村が成立。村名は父井村の「父井」と、小原村の「原」を取って命名したもの。１８８９年（明治22）、町村制の施行により、父井原村、佐伯村、米沢村、津瀬村の４村が合併して佐伯本村になり、１９４２年（昭和17）、佐伯本村と佐伯上村が合併して佐伯村が発足。１９５５年（昭和30）、佐伯村、山田村、塩田村の３村が合併し、町制施行して佐伯町になり、２００６年（平成18）、和気《わけ》町と合併して和気町になる。

津川町 つがわちょう［今津村＋八川村］（高梁市）

1889年（明治22）、町村制の施行により、今津村と八川村が合併して津川村が成立。村名は今津村の「津」と、八川村の「川」を取って命名したもの。1954年（昭和29）、津川村、高梁町など9村が合併し、市制を施行して高梁市になる。

納地 のうち［室納村＋舞地村］（加賀郡吉備中央町）

1876年（明治9）、室納村と舞地村が合併して納地村が成立。村名は室納村の「納」と、舞地村の「地」を取って命名したもの。1889年（明治22）、町村制の施行により、納地村と有津井村が合併して上竹荘村になる。1955年（昭和30）、上竹荘村、下竹荘村、豊野村、吉川村、大和村の5村が合併し、町制施行して賀陽《かよう》町が発足。2004年（平成16）、上房郡賀陽町と御津《みつ》郡加茂川町が合併して吉備中央町になる。

畑鮎 はたあゆ［畑村＋鮎帰村］（岡山市北区）

1875年（明治8）、畑村と鮎帰村が合併して畑鮎村が成立。村名は畑村の「畑」と、鮎帰村の「鮎」を取って命名したもの。1889年（明治22）、町村制の施行により、畑鮎村、玉柏《たまがし》村、金山寺村、中原村、原村の5村が合併して牧石村が発足し、1952年（昭和27）、岡山市に編入される。

平福 ひらふく［平野村＋下福原村］（美作市）

1872年（明治5）、平野村と下福原村が合併して平福村が成立。村名は平野村の「平」と、下福原村の「福」を取って命名したもの。1889年（明治22）、町村制の施行により、平福村、楢原上村、楢原中村、楢原下村の4村が合併して楢原村が発足。1953年（昭和28）、楢原村、豊田村、林野町、湯郷町、豊国村の5町村が合併して美作《みまさか》町になり、2005年（平成17）、美作町、勝田町など6町村が合併し、市制施行して美作市になる。

福田 ふくだ［大福村＋山田村］（岡山市南区）

1902年（明治35）、大福村と山田村が合併して福田村が成立。村名は大福村の「福」と、山田村の「田」を取って命名したもの。1971年（昭和46）、岡山市に編入される。

福浜町 ふくはまちょう［福島村＋福田村＋福富村＋福成村＋浜野村］（岡山市南区）

1889年（明治22）、町村制の施行により、福島村、福田村、福富村、福成村、浜野村、洲崎村の6村が合併して福浜村が成立。村名は福島村、福田村、福富村、福成村の「福」と、浜野村の「浜」を取って命名したもの。1931年（昭和6）、岡山市に編入される。

真神 まがみ［真木山村＋神田村］（美作市）

1872年（明治5）、真木山村と神田村が合併して真神村が成立。村名は真木山村の「真」と、神田村の「神」を取って命名したもの。1889年（明治22）、町村制の施行により、真神村、福本村、奥村、井口村、三保原村の5村が合併して福本村になる。1955年（昭和30）、福本村と河会《かわい》村が合併し、町制施行して英田《あいだ》町が発足。2005年（平成17）、英田町、美作町など6町村が合併し、市制施行して美作市になる。

松原町 まつばらちょう［松岡村＋神原村］（高梁市）

1889年（明治22）、町村制の施行により、松岡村、神原村、春木村、大津寄村の4村が合併して松原村が成立。村名は松岡村の「松」と、神原村の「原」を取って命名したもの。1954年（昭和29）、松原村、高梁《たかはし》町など9町村が合併し、市制施行して高梁市になる。

見石 みいし［宇多見村＋碁石村］（玉野市）

1875年（明治8）、宇多見村と碁石村が合併して見石村が成立。村名は宇多見村の「見」と、碁石村の「石」を取って命名したもの。1889年（明治22）、町村制の施行により、見石村、八浜《はちはま》村、波知《はち》村の3村が合併して玉井村が発足し、1898年（明治31）、玉井村から八浜村に改称。1901年（明治34）、町に昇格し、1955年（昭和30）、玉野市に編入される。

海吉 みよし ［海面村＋福吉村］（岡山市中区）

1875年（明治8）、海面村と福吉村が合併して海吉村が成立。村名は海面村の「海」と、福吉村の「吉」を取って命名したもの。1889年（明治22）、町村制の施行により、海吉村、福泊村、円山村、山崎村の4村が合併して富山村が発足し、1952年（昭和27）、岡山市に編入される。

▼広島県

上田町 うえだまち ［上壱村＋飯田村］（三次市）

1889年（明治22）、町村制の施行により、上《かみ》壱《いち》村と飯田村が合併して上田村が成立。村名は上壱村の「上」と、飯田村の「田」を取って命名したもの。上壱村も1882年（明治15）、上野山村の「上」と、壱歩村の「壱」を取った合成地名。1896年（明治29）、上田村から上山村に改称される。1955年（昭和30）、上山村が分立し、津名村および板木村と合併して三和町が発足。2004年（平成16）、三和町、三次《みよし》市など8市町村が合併して三次市になる。

金江町 かなえちょう ［金見村＋藁江村］（福山市）

1889年（明治22）、町村制の施行により、金見村と藁江村が合併して金江村が成立。村名は金見村の「金」と、藁江村の「江」を取って命名したもの。1954年（昭和29）、金江村、松永町など7町村が合併し、市制施行して松永市が発足。1966年（昭和41）、福山市と合併して福山市になる。

河佐町 かわさちょう ［河面村＋久佐村］（府中市）

1889年（明治22）、町村制の施行により、河面《こうも》村と久佐村が合併して河佐村が成立。村名は河面村の「河」と、久佐村の「佐」を取って命名したもの。１９５６年（昭和31）、府中市に編入される。

口田 くちだ［矢口村＋小田村］（広島市安佐北区）

１８８９年（明治22）、矢口村と小田村が合併して口田村が成立。村名は矢口村の「口」と、小田村の「田」を取って命名したもの。１９５５年（昭和30）、口田村、落合村、深川村、狩小川村の４村が合併し、町制施行して高陽町になり、１９７３年（昭和48）、広島市に編入される。

栗谷町 くりたにちょう［大栗林村＋小栗林村＋奥谷尻村＋谷和村］（大竹市）

１８８９年（明治22）、町村制の施行により、大栗林村、小栗林村、奥谷尻村、谷和村、後原《うしろばら》村の５村が合併して栗谷村が成立。村名は大栗林村および小栗林村の「栗」と、奥谷尻村および谷和村の「谷」を取って命名したもの。１９５４年（昭和29）、栗谷村、大竹町、玖波《くば》町、小方町、友和村の５町村が合併し、市制施行して大竹市になる。

郷曾 ごうそ［吉郷村＋小比曾大河内村］（東広島市）

１８８６年（明治19）、吉郷村と小比曾大河内村が合併して郷曾村が成立。村名は吉郷村の「郷」と、小比曾大河内村の「曾」を取って命名したもの。１８８９年（明治22）、郷曾村と田口村が合併して郷田村が発足。郷田村も郷曾村の「郷」と、田口村の「田」を取った合成地名。１９５５年（昭和30）、西条町に編入され、１９７４年（昭和49）、西条町、高屋町、八本松町、志和町の４町が合併し、市制施行して東広島市になる。

高西町 たかにしちょう［高須町＋西藤町］（福山市）

１９５５年（昭和30）、高須町と西藤町が松永市に編入され、高西町（字名）として発足。町名は高須町の「高」と、西藤町の「西」を取って命名したもの。１９６６年（昭和41）、松永市と福山市が合併して福山市になる。

原田町 はらだちょう ［小原村＋梶山田村］（尾道市）

1889年（明治22）、町村制の施行により、小原村と梶山田村が合併して原田村が成立。村名は小原村の「原」と、梶山田村の「田」を取って命名したもの。1954年（昭和29）、尾道市に編入される。

古田台 ふるただい ［古江村＋山田村］（広島市西区）

1889年（明治22）、町村制の施行により、古江村と山田村が合併して古田村が成立。村名は古江村の「古」と、山田村の「田」を取って命名したもの。1929年（昭和4）、広島市に編入され、広島市古田町になるが、宅地造成などにより、現在は「古田台」という地名になっている。

峰田町 みねたちょう ［峰村＋春田村］（庄原市）

1889年（明治22）、峰村と春田村が合併して峰田村が成立。村名は峰村の「峰」と、春田村の「田」を取って命名したもの。1942年（昭和17）、峰田村と本村が合併して本田村が発足。本田村も本村の「本」と、峰田村の「田」を取った合成地名。1954年（昭和29）、本田村、庄原町など7町村が合併し、市制施行して庄原市になる。

▼山口県

高千帆 たかちほ ［東高泊村＋西高泊村＋高畑村＋千崎村＋有帆村］（山陽小野田市）

1889年（明治22）、町村制の施行により、東高泊村、西高泊村、高畑村、千崎村、有帆村の5村が合併して高千帆村が成立。村名は東高泊村・西高泊村・高畑村の「高」と、千崎村の「千」、有帆村の「帆」を取って命名したもの。1938年（昭和13）、町に昇格し、1940年（昭和15）、高千帆町と小野田町が合併し、市制施行して小野田市が発足。2005年（平成17）、小野田市と山陽町が合併して山陽小野田市になる。

▼徳島県

阿野 あの ［阿川村＋広野村］（名西郡神山町）

１８８９年（明治22）、町村制の施行により、阿川村と広野村が合併して阿野村が成立。村名は阿川村の「阿」と、広野村の「野」を取って命名したもの。１９５５年（昭和30）、阿野村、神領村、鬼籠野《おろの》村、上分上山《かみぶんかみやま》村、下分上山村の５村が合併し、町制施行して神山町が発足。神山町も神領村の「神」と、上分上山村および下分上山村の「山」を取った合成地名。

大津町　おおつちょう［大代村＋大幸村＋木津野村］（鳴門市）

１８８９年（明治22）、町村制の施行により、大代村、大幸村、木津野村など９村が合併して大津村が成立。村名は大代村および大幸村の「大」と、木津野村の「津」を取って命名したもの。１９５５年（昭和30）、鳴門市に編入される。

三島　みしま［三谷村＋小島村＋舞中島村］（美馬市）

１８８９年（明治22）、町村制の施行により、三谷村、小島村、舞中島村の３村が合併して三島村が成立。村名は三谷村の「三」と、小島村および舞中島村の「島」を取って命名したもの。１９５５年（昭和30）、三島村、穴吹町、口山村、古宮村の４町村が合併して穴吹町が発足。２００５年（平成17）、穴吹町、美馬町、脇町、木屋平村の４町村が合併し、市制施行して美馬市になる。

見能林町　みのばやしちょう［見能方村＋才見村＋中林村］（阿南市）

１８８９年（明治22）、町村制の施行により、見能方村、才見村、中林村、答島村の４村が合併して見能林村が成立。村名は見能方村の「見能」および才見村の「見」と、中林村の「林」を取って命名したもの。１９５５年（昭和30）、富岡町に編入される。１９５８年（昭和33）、富岡町と橘町が合併し、市制施行して阿南市になる。

▼香川県

笠田笠岡　笠田竹田　かさだかさおか　かさだたけだ ［笠岡村＋竹田村］（三豊市）

1890年（明治23）、町村制の施行により、笠岡村と竹田村が合併して笠田村が成立。村名は笠岡村の「笠」と、竹田村の「竹」を取って命名したもの。1955年（昭和30）、笠田村、本山村、桑山村、上高野《かみたかの》村、比地大《ひじだい》村の5村が合併して豊中村が発足し、1957年（昭和32）、町に昇格。2006年（平成18）、豊中町など7町が合併し、市制施行して三豊市になる。笠田笠岡は、村名の「笠田」に旧村名の「笠岡」をそのまま繋ぎ合わせたもの。笠田竹田も同じように、村名の「笠田」に旧村名の「竹田」を繋ぎ合わせたもの。

▼愛媛県

金田町　かなだちょう ［金川村＋半田村］（四国中央市）

1889年（明治22）、金川村、半田村、三角寺村の3村が合併して金田村が成立。村名は金川村の「金」と、半田村の「田」を取って命名したもの。1954年（昭和29）、金田村、川之江町など6町村が合併し、市制施行して川之江市になる。2004年（平成16）、川之江市、伊予三島市、土居町、新宮村の4市町村が合併して四国中央市が発足。

川上町　かわかみちょう ［川名津浦＋上泊浦］（八幡浜市）

1889年（明治22）、町村制の施行により、川名津浦と上泊浦が合併して川上村が成立。村名は川名津浦の「川」と、上泊浦の「上」を取って命名したもの。1955年（昭和30）、八幡浜市に編入される。

神郷　こうざと ［松神子村＋郷村］（新居浜市）

1889年（明治22）、町村制の施行により、松《まつ》神子《みこ》村と郷村が合併して神郷村が成立。村名は松神子村の「神」と、郷村の「郷」を取って命名したもの。1953年（昭和28）、新居浜市に編入される。

高津町 たかつちょう［宇高村＋沢津村］（新居浜市）

1889年（明治22）、町村制の施行により、宇高村と沢津村が合併して高津村が成立。村名は宇高村の「高」と、沢津村の「津」を取って命名したもの。1937年（昭和12）、高津村、新居浜町、金子村の3町村が合併し、市制施行して新居浜市になる。

豊岡町 とよおかちょう［豊田村＋岡銅村］（四国中央市）

1889年（明治22）、町村制の施行により、豊田村、岡銅村、長田《おさだ》村、大町村、五良野《いらの》村の5村が合併して豊岡村が成立。村名は豊田村の「豊」と、岡銅村の「岡」を取って命名したもの。1954年（昭和29）、豊岡村、三島町など6町村が合併し、市制施行して伊予三島市が発足。2004年（平成16）、伊予三島市、川之江市、土居町、新宮村の4市町村が合併して四国中央市になる。

中萩町 なかはぎちょう［中村＋萩生村］（新居浜市）

1889年（明治22）、町村制の施行により、中村、萩生《はぎゅう》村、大永山《だいえいやま》村の3村が合併して中萩村が成立。村名は中村の「中」と、萩生村の「萩」を取って命名したもの。1942年（昭和17）、町に昇格し、1955年（昭和30）、新居浜市に編入される。

平野町 ひらのちょう［平地村＋野田村］（大洲市）

1889年（明治22）、町村制の施行により、平地村と野田村が合併して平野村が成立。村名は平地村の「平」と、野田村の「野」を取って命名したもの。1954年（昭和29）、平野村、大洲町など10町村が合併し、市制施行して大洲市になる。

▼高知県

江川崎 えかわさき［江川村＋下山(川崎)村］（四万十市）

1889年（明治22）、町村制の施行により、江川村、下山（川崎）村など6村が合併して江川崎村が成立。村名は江川村の「江川」と、下山村の別称である川崎村の「崎」を取って命名したもの。19

58年（昭和33）、江川崎村と津大村が合併して西土佐村が発足し、2005年（平成17）、西土佐村と中村市が合併して四万十《しまんと》市になる。

数神 かずこう ［数家村＋神野々村］（高岡郡四万十町）

1876年（明治9）、数家村と神野々村が合併して数神村が成立。村名は数家村の「数」と、神野々村の「神」を取って命名したもの。1889年（明治22）、町村制の施行により、数神村など18村が合併して東又村が発足。1955年（昭和30）、東又村、窪川町、興津村、松葉川村、仁井田村の5町村が合併して窪川町になり、2006年（平成18）、窪川町、大正町、十和《とおわ》村の3町村が合併して四万十町になる。

徳王子 とくおうじ ［徳善村＋王子村］（香南市）

1883年（明治16）、徳善村と王子村が合併して徳王子村が成立。村名は徳善村の「徳」と、王子村の「王子」を取って命名したもの。1889年（明治22）、単独で村制を施行。1942年（昭和17）、徳王子村、富家村、香宗《こうそ》村、山南村の4村が合併して大忍《おおさと》村になるが、1948年（昭和23）、大忍村がもとの4村に分村。1955年（昭和30）、徳王子村、岸本町など6町村が合併して香我美《かがみ》町が発足し、2006年（平成16）、香我美町、赤岡町、野市町、夜須《やす》町、吉川村の5町村が合併し、市制施行して香南《こうなん》市になる。

山奈町 やまなちょう ［山田村＋芳奈村］（宿毛市）

1889年（明治22）、町村制の施行により、山田村と芳奈《よしな》村が合併して山奈村が成立。村名は山田村の「山」と、芳奈村の「奈」を取って命名したもの。1954年（昭和29）、山名村、宿毛町など6町村が合併し、市制施行して宿毛《すくも》市になる。

Ⅶ　九州地方の合成地名

広域の合成地名

筑肥山地 ちくひさんち ［筑後国＋肥後国］

福岡県と熊本県の境界に横たわる山地。地名は福岡県南部の旧国名である筑後国の「筑」と、熊本県の旧国名である肥後国の「肥」を取って命名したもの。筑肥は福岡（筑前および筑後）・佐賀（肥前）、熊本（肥後）の3県にまたがる地域名でもある。

筑豊 ちくほう ［筑前国＋豊前国］

福岡県東半分の地域名。福岡県の旧国名である筑前国の「筑」と、福岡県東部および大分県北部の旧国名である豊前《ぶぜん》国の「豊」を取って命名したもの。鉄道にJR筑豊本線、筑豊電気鉄道、平成筑豊鉄道がある。そのほか、「筑豊」を使った名称に、筑豊県立自然公園や筑豊炭田などがある。

日豊海岸 にっぽうかいがん ［日向国＋豊後国］

大分県南部から宮崎県北部に続く海岸線をいう。日豊は福岡県東部から宮崎県にまたがる地域名でもあり、宮崎県の旧国名である日向国の「日」と、豊前国および大分県の旧国名である豊後国の「豊」を取って命名したもの。鉄道にJR日豊本線がある。そのほか、「日豊」を使った名称に、日豊海岸国定公園がある。

肥薩山地 ひさつさんち ［肥後国＋薩摩国］

国見山地の別称で、熊本県と鹿児島県の境界に横たわっている山地。地名は熊本県の旧国名である肥後国の「肥」と、鹿児島県西部の旧国名である薩摩国の「薩」を取って命名したもの。

豊予海峡 ほうよかいきょう ［豊後国＋伊予国］

四国の佐田岬半島と九州の佐賀関半島に挟まれた、豊後水道が最も狭まっている海域で、速吸瀬戸《はやすいのせと》ともいう。豊後国の「豊」と、愛媛県の旧国名である伊予国の「予」を取って命名したもの。

市町村・郡の合成地名

「市」「町村」「郡」の順に掲載

▼福岡県

糸島市　いとしまし　［怡土（いと＝糸）郡＋志摩（しま＝島）郡］

県の最西端に位置する。南は佐賀県に接し、北は玄界灘に面する。２００９年（平成21）、前原市、志摩町、二丈町の3市町が合併して糸島市が成立。市名は郡名に由来するが、郡名は１８９６年（明治29）、怡土《いと》郡と志摩郡が統合された際に、両郡の読みの「いと」「しま」に、漢字の「糸」「島」を当てて命名したもの（⇩糸島郡）。

福津市　ふくつし　［福間町＋津屋崎町］

福岡市と北九州市のほぼ中間に位置し、玄界灘に面する。２００５年（平成17）、福間町と津屋崎町が合併し、市制施行して福津市が成立。市名は福間町の「福」と、津屋崎町の「津」を取って命名したもの。

みやま市　みやまし　［三池（みいけ）郡＋山門（やまと）郡］

県の南西部、大牟田市と柳川市の中間に位置し、市域の一部が有明海に面する。２００７年（平成19）、三池郡高田町と、山門《やまと》郡瀬高町および山川町の3町が合併して「みやま市」が成立。市名は高田町が所属する三池郡の「三」と、瀬高町および山川町が所属する山門郡の「山」を、平仮名で表記したもの。

宮若市　みやわかし　［宮田町＋若宮町］

福岡市と北九州市のほぼ中間の内陸にある。市内を山陽新幹線と九州自動車道が通り抜けている。２００６年（平成18）、宮田町と若宮町が合併し、市制施行して宮若市が成立。市名は宮田町の「宮」と、若宮町の「若」を取って命名したもの。

行橋市　ゆくはしし　［行事村＋大橋村］

県の東部に位置しており、周防灘に臨む。市の西部にカルスト地形の平尾台がある。１８８９年（明治22）、町村制の施行により、行事《ぎょうじ》村、大橋村、宮市村の３村が合併して行橋町が成立。町名は行事村の「行」と、大橋村の「橋」を取って命名したもの。１９５４年（昭和29）、行橋町など９町村が合併し、市制施行して行橋市が発足。

大木町 おおきまち ［大溝村＋大莞村＋木佐木村］（三潴郡）

筑後川の下流にある農業の町。１９５５年（昭和30）、大溝村、大莞《おおい》村、木佐木村の３村が合併し、町制施行して大木町が成立。町名は大溝村および大莞村の「大」と、木佐木村の「木」を取って命名したもの。大溝村も１８８９年（明治22）、大角村、横溝村など６村が合併した際に、大角村の「大」と、横溝村の「溝」をとった合成地名。

大任町 おおとうまち ［大行事村＋今任原村］（田川郡）

田川市の東に隣接する旧炭鉱町。１８８９年（明治22）、町村制の施行により、大行事《だいぎょうじ》村と今任原《いまとうばる》村が合併して大任村が成立。村名は大行事村の「大」と、今任原村の「任」を取って命名したもの。１９６０年（昭和35）、町制施行して大任町になる（⇩今任原）。

岡垣町 おかがきまち ［岡県村＋矢矧村（垣崎荘）］（遠賀郡）

県の北部、響灘に面する旧炭鉱町。１９０７年（明治40）、岡県《おかがた》村と矢矧《やはぎ》村が合併して岡垣村が成立。村名は、この地域が古くは「岡県」および「垣崎荘」と呼ばれたいたことに因み、岡県の「岡」と、垣崎荘の「垣」を取って命名したもの。１９６２年（昭和37）、町制施行して岡垣町になる。

築上町 ちくじょうまち ［築城郡＋上毛郡］（築上郡）

県の北東部に位置し、南は英彦山地、北は周防灘に臨む。２００６年（平成18）、築上郡の椎田町と築城《ついき》町が合併して築上町が成立。町名は郡名に由来するが、築上郡は１８９６年（明治29）、築城郡と上毛《こうげ》郡が統合された際に、築城郡の「築」と、上毛郡の「上」を取って命名した合成地名（⇩築上郡）。

久山町 ひさやままち ［久原村＋山田村］（糟屋郡）

三郡山地の西側斜面に開けた町で、福岡市に隣接する。1956年（昭和31）、久原《くばら》村と山田村が合併し、町制施行して久山町が成立。町名は久原村の「久」と、山田村の「山」を取って命名したもの。

嘉穂郡 かほぐん ［嘉麻郡＋穂波郡］

県のほぼ中央に位置する。飯塚市と嘉麻《かま》市に挟まれた桂川町1町の郡。1896年（明治29）、郡制の施行により、嘉麻郡と穂波郡が統合されて嘉穂郡が発足。郡名は嘉麻郡の「嘉」と、穂波郡の「穂」を取って命名したもの。

築上郡 ちくじょうぐん ［築城郡＋上毛郡］

1896年（明治29）、郡制の施行により、築城郡と上毛《こうげ》郡が統合されて築上郡が発足。郡名は築上郡の「築」と、上毛郡の「上」を取って命名したもの（⇩築上町）。

▼佐賀県

みやき町 みやきちょう ［三根（みね）郡＋養父（やぶ）郡＋基肄（きい）郡］（三養基郡）

2005年（平成17）、中原町、北茂安《きたしげやす》町、三根町の3町が合併して「みやき町」が成立。町名は郡名（三養基郡）に由来するが、郡名は1896年（明治29）の郡制施行により、三根郡、養父《やぶ》郡、基肄《きい》郡の3郡が統合された際に、3郡の頭の漢字を取って「三養基郡」と命名したもの（⇩三養基郡）。

三養基郡 みやきぐん ［三根郡＋養父郡＋基肄郡］

県の東部を占める。1896年（明治29）、郡制の施行により、三根郡、養父郡、基肄郡の3郡が統合されて三養基郡が発足。郡名は三根郡の「三」、養父郡の「養」、基肄郡の「基」を取って命名したもの（⇩みやき町）。

▼熊本県

宇城市 うきし〔宇土郡＋下益城郡〕

県のほぼ中央、宇土半島の南側と八代平野の北部を市域とする。〝不知火《しらぬい》〟という、光の異常屈折現象が見られる町として有名。2005年（平成17）、宇土郡の三角《みすみ》町と不知火町、下益城《しもましき》郡の松橋町、小川町、豊野町の5町が合併し、市制施行して宇城市が成立。市名は宇土郡の「宇」と、下益城郡の「城」を取って命名したもの。

嘉島町 かしままち〔六嘉村＋大島村〕（上益城郡）

熊本市の南に隣接する。1955年（昭和30）、六嘉《ろくか》村と大島村が合併して嘉島村が成立。村名は六嘉村の「嘉」と、大島村の「島」を取って命名したもの。大島村も1905年（明治38）、大川村と上島村が合併した際に、大川村の「大」と上島村の「島」を取った合成地名。1969年（昭和44）、町制施行して嘉島町になる。

和水町 なごみまち〔三加和町＋菊水町〕（玉名郡）

県の北西部、筑肥山地の南側斜面に位置する。2006年（平成18）、三加和町と菊水町が合併して和水《なごみ》町が成立。町名は三加和町の「和」と、菊水町の「水」を取って命名したもので、和水を「なごみ」と読ませる。

錦町 にしきまち〔西（にし）村＋木上（きのえ）村〕（球磨郡）

球磨《くま》川流域の人吉盆地に開けた農業の町。1955年（昭和30）、西村、木上村、一武《いちぶ》村の3村が合併して錦村が成立。村名は西村の「西」と、木上村の「木」を取って「西木」とし、「にしき」という読みに漢字の「錦」を当てたもの。1965年（昭和40）、町制施行して錦町になる。

西原村 にしはらむら〔山西村＋河原村〕（阿蘇郡）

阿蘇外輪山の南西麓に開けた農山村。1960年（昭和35）、山西村と河原村が合併して西原村が成立。村名は山西村の「西」と、河原村の「原」を取って命名したもの。

山江村 やまえむら［山田村＋万江村］（球磨郡）

県の南部、人吉市の北に隣接する農山村。村内を九州自動車道が通り抜けている。1889年（明治22）、町村制の施行により、山田村と万江《まえ》村が合併して山江村が成立。村名は山田村の「山」と、万江村の「江」を取って命名したもの。

▼宮崎県

木城町 きじょうちょう［椎木村＋高城村］（児湯郡）

県のほぼ中央、小丸川の流域に開けた内陸の町。1889年（明治22）、町村制の施行により、椎木村と高城村が合併して木城村が成立。村名は椎木村の「木」と、高城村の「城」を取って命名したもの。1973年（昭和48）、町制施行して木城町になる。

新富町 しんとみちょう［新田村＋富田村］（児湯郡）

宮崎平野を流れ、日向灘に注いでいる一ッ瀬川の河口北岸に開けた町。1959年（昭和34）、新田《にゅうた》村と富田《とんだ》村が合併し、町制施行して新富町が成立。町名は新田村の「新」と、富田村の「富」を取って命名したもの。

▼鹿児島県

いちき串木野市 いちきくしきのし［市来（いちき）町＋串木野市］

薩摩半島の付け根西側に位置し、東シナ海に臨む。2005年（平成17）、市来町と串木野市が合併して「いちき串木野市」が成立。市名は両市町名をそのまま繋ぎ合わせたもので、「市来」は平仮名になる。

薩摩川内市 さつませんだいし［薩摩国＋川内市］

2004年（平成16）、川内市、樋脇《ひわき》町、入来《いりき》町、東郷町、祁答院《けどういん》町、里村、上甑《かみこしき》村、下甑村、鹿島村の9市町村が合併して薩摩川内市が成立。市名は新市の中心となる川内市に鹿児島県の旧国名である

「薩摩」を冠して命名したもので、宮城県の仙台市との混同を避ける意味もある。

十島村 としまむら ［十の島］（鹿児島郡）

1908年（明治41）、島嶼《とうしょ》町村制の施行により、口之島、中之島、平島《たいら》、諏訪瀬島、悪石島《あくせき》、宝島、臥蛇島《がじゃ》、竹島、硫黄島、黒島の10島の区域をもって十島村《じっとう》が成立。村名は10の島から構成されることに因み命名されたもの。1946年（昭和21）、アメリカに占領され、1952年（昭和27）、日本に復帰。境界が変更されて十島村が設置され、読みが「じっとうそん」から「としまむら」になる。

平成になるまで存在した市町村の合成地名

▼福岡県

嘉穂町 かほまち ［嘉麻郡＋穂波郡］（現・嘉麻市）

1955年（昭和30）、大隈町、千手村、宮野村、足白村の4町村が合併して嘉穂町が成立。町名は郡名に由来するが、嘉穂郡は1896年（明治29）、郡制の施行により、嘉麻郡と穂波郡が統合された際に、嘉麻《かま》郡の「嘉」と穂波郡の「穂」を取って命名したもの。2006年（平成18）、嘉穂町、山田市、稲築町、碓井町の4市町が合併して嘉麻市になり消滅（⇩嘉穂郡）。

筑穂町 ちくほまち ［筑前国＋嘉穂郡］（現・飯塚市）

1955年（昭和30）、上穂波村、内野村、大分《だいぶ》村の3村が合併し、町制施行して筑穂町が成立。町名は福岡県北部の旧国名である筑前国の「筑」と、3村が所属する嘉穂郡の「穂」を取って命名したもの。2006年（平成18）、筑穂町、飯塚市、頴田《かいた》町、穂波町、庄内町の5市町が合併して飯塚市になり消滅。

方城町 ほうじょうまち ［伊方村＋弁城村］（現・田川郡福智町）

1889年（明治22）、町村制の施行により、伊方村と弁城村が合併して方城村が成立。村名は伊方村の「方」と、弁城村の「城」を取って命名したもの。１９５６年（昭和31）、町に昇格し、２００６年（平成18）、方城町、金田町、赤池町の３町が合併して福智町になり消滅。

糸島郡　いとしまぐん［怡土（いと＝糸）郡＋志摩（しま＝島）郡］

１８９６年（明治29）、怡土《いと》郡と志摩郡が統合して糸島郡が発足。郡名は両郡を平仮名で表記して「いと」「しま」とし、それに漢字の「糸」「島」を当てて命名したもの。２０１０年（平成22）、糸島郡の二丈町と志摩町が、前原市と合併して糸島市になったため糸島郡は消滅（⇩糸島市）。

▼佐賀県

浜玉町　はまたまちょう［浜崎町＋玉島村］（現・唐津市）

１９５６年（昭和31）、浜崎町と玉島村が合併して浜崎玉島町が成立し、１９６６年（昭和41）、浜玉町に改称。町名は浜崎町の「浜」と、玉島村の「玉」を取って命名したもの。２００５年（平成17）、浜玉町、唐津市、厳木《きゅうらぎ》町、鎮西《ちんぜい》町、呼子町、肥前町、相知《おうち》町、北波多村の８市町村が合併して唐津市になり消滅。

三田川町　みたがわちょう［田手村＋豆田村＋吉田村＋箱川村（三つの田＋川）］（現・神埼郡吉野ヶ里町）

１８８９年（明治22）、町村制の施行により、田手村、豆田村、吉田村、箱川村の４村が合併して三田川村が成立。村名は田手村、豆田村、吉田村の「三つの田」と、箱川村の「川」を取って「三田川村」としたもの。１９６５年（昭和40）、町に昇格し、２００６年（平成18）、三田川町と東脊振《ひがしせふり》村が合併して吉野ヶ里町になり消滅。

▼長崎県

愛野町　あいのまち［愛津村＋野井村］（現・雲仙市）

１８８９年（明治22）、町村制の施行により、愛津村と野井村が合併して愛野村が成立。村名は愛津村の「愛」と、野井村の「野」を取って命名したもの。1949年（昭和24）、町に昇格し、2005年（平成17）、愛野町、国見町、瑞穂町、吾妻町、千々石《ちぢわ》町、小浜町、南串山町の7町が合併し、市制施行して雲仙市になり消滅。

小長井町 こながいちょう［小川原浦村＋長里村＋井崎村］（現・諫早市）

1889年（明治22）、町村制の施行により、小川原浦村、長里村、井崎村の3村が合併して小長井村が成立。村名は小川原浦村の「小」、長里村の「長」、井崎村の「井」を取って命名したもの。1966年（昭和41）、町に昇格し、2005年（平成17）、小長井町、諫早《いさはや》市、多良見町、森山町、飯盛町、高来町の6市町が合併して諫早市になり消滅。

吉井町 よしいちょう［吉田村＋福井村］（現・佐世保市）

1889年（明治22）、町村制の施行により、吉田村と福井村が合併して吉井村が成立。村名は吉田村の「吉」と、福井村の「井」を取って命名したもの。1951年（昭和26）、町に昇格して吉井町になり、2005年（平成17）、佐世保市に編入されて消滅。

▼熊本県

岡原村 おかはるむら［岡本村＋宮原村］（現・球磨郡あさぎり町）

1889年（明治22）、岡本村と宮原村が合併して岡原村が成立。村名は岡本村の「岡」と、宮原村の「原」を取って命名したもの。2003年（平成15）、岡原村、免田町、須恵村、上村、深田村の5町村が合併して「あさぎり町」になり消滅。

鹿本町 かもとまち［山鹿郡＋山本郡］（現・山鹿市）

1955年（昭和30）、来民《くたみ》町、稲田村、中富村の3町村が合併して鹿本町が成立。町名は郡名に由来するが、郡名の鹿本郡は1896年（明治29）、山鹿《やまが》郡と山本郡が統合された際に、山鹿郡の「鹿」

と、山本郡の「本」を取って命名したもの。２００５年（平成17）、鹿本町、山鹿市、菊鹿町、鹿北町、鹿央《かおう》町の５市町が合併して山鹿市になり消滅（⇩鹿本郡）。

菊鹿町 きくかまち［菊池郡＋鹿本郡］（現・山鹿市）

１９５５年（昭和30）、菊池郡の城北村と、鹿本郡の六郷村および内田村の３村が合併して菊鹿村が成立。村名は菊池郡の「菊」と、鹿本郡の「鹿」を取って命名したもの。１９６５年（昭和40）、町に昇格。２００５年（平成17）、菊鹿町、山鹿市、鹿北町、鹿央町、鹿本町の５市町が合併して山鹿市になり消滅。

旭志村 きょくしむら［旭野村＋北合志村］（現・菊池市）

１９５６年（昭和31）、旭野村と北合志村が合併して旭志村が成立。村名は旭野村の「旭」と、北合志村の「志」を取って命名したもの。２００５年（平成17）、旭志村、菊池市、泗水《しすい》町、七城町の４市町村が合併して菊池市になり消滅。

岱明町 たいめいまち［小岱山＋有明海］（現・玉名市）

１９５５年（昭和30）、大野村、睦合《むつあい》村、高道村、鍋村の４村が合併して岱明村が成立。村名は近くにそびえる小岱山《しょうたいさん》の「岱」と、村の南側に広がる有明海の「明」を取って命名したもの。１９６５年（昭和40）、町に昇格し、２００５年（平成17）、岱明町、玉名市、横島町、天水町の４市町が合併して玉名市になり消滅。

長陽村 ちょうようむら［長野村＋河陽村］（現・阿蘇郡南阿蘇村）

１８８９年（明治22）、町村制の施行により、長野村、河陽《かわよう》村、下野村の３村が合併して長陽村が成立。村名は長野村の「長」と、河陽村の「陽」を取って命名したもの。２００５年（平成17）、長陽村、久木野村、白水村の３村が合併して南阿蘇村になり消滅。

天水町 てんすいまち［小天村＋玉水村］（現・玉名市）

１９５４年（昭和29）、小天《おあま》村と玉水村が合併して天水村が成立。村名は小天村の「天」と、玉水村の「水」を取って命名したもの。１９６０年（昭和45）、町に昇格し、２００５年（平成17）、天水町、玉名市、岱明町、横島町の4市町が合併して玉名市になり消滅。

富合町 とみあいまち［守富村＋杉合村］（現・熊本市）

１９５５年（昭和30）、守富《もりどみ》村と杉合村が合併して富合村が成立。村名は守富村の「富」と、杉合村の「合」を取って命名したもの。１９７１年（昭和46）、町に昇格し、２００８年（平成20）、熊本市に編入され消滅。

姫戸町 ひめどまち［姫浦村＋二間戸村］（現・上天草市）

１８８９年（明治22）、町村制の施行により、姫浦村と二間戸《ふたまど》村が合併して姫戸村が成立。村名は姫浦村の「姫」と、二間戸村の「戸」を取って命名したもの。１９６２年（昭和37）、町に昇格し、２００４年（平成16）、姫戸町、大矢野町、松島町、龍ヶ岳町の4町が合併し、市制施行して上天草市になり消滅。

鹿本郡 かもとぐん［山鹿郡＋山本郡］

１８９６（明治29）、郡制の施行により、山鹿郡と山本郡が統合されて鹿本郡が発足。郡名は山鹿郡の「鹿」と、山本郡の「本」を取って命名したもの。２０１０年（平成22）、鹿本郡に一郡一町で最後まで残っていた植木町が、熊本市に編入されたため消滅（⇩鹿本町）。

飽託郡 ほうたくぐん［飽田郡＋託麻郡］

１８９６年（明治29）、郡制の施行により、飽田《あきた》郡と託麻郡が統合して飽託郡が成立。郡名は飽田郡の「飽」と、託麻郡の「託」を取って命名したもの。１９９１年（平成３）、飽託郡の北部町、河内町、飽田町、天明町の4町が熊本市に編入されたことにより、飽託郡は消滅。

▼大分県

直川村 なおかわそん［直見村＋川原木村］（現・佐伯市）

1951年（昭和26）、直見村と川原木村が合併して直川村が成立。村名は直見村の「直」と、川原木村の「川」を取って命名したもの。川原木村も1889年（明治22）、町村制の施行により、横川村、仁田原村、赤木村の3村が合併した際、横川村の「川」、仁田原村の「原」、赤木村の「木」を取った合成地名。2005年（平成17）、直川村、佐伯《さいき》市、上浦町、弥生町、宇目町、鶴見町、蒲江町、本匠《ほんじょう》村、米水津《よのうづ》村の9市町村が合併して佐伯市になり消滅。

湯布院町 ゆふいんちょう［湯平村＋由布院町］（現・由布市）

1955年（昭和30）、由布院町と湯平村が合併して湯布院町が成立。町名は由布院町の「由」と、湯平村の「湯」を入れ替えたものだが、湯平村の「湯」と由布院町の「布院」を取った合成地名と同じ形になった。2005年（平成17）、湯布院町、挾間《はさま》町、庄内町の3町が合併し、市制施行して由布市になり消滅。

▼鹿児島県

日吉町 ひよしちょう［日置村＋吉利村］（現・日置市）

1955年（昭和30）、日置村と吉利《よしとし》村が合併し、町制施行して日吉町が成立。町名は日置村の「日」と、吉利村の「吉」を取って命名したもの。2005年（平成17）、日吉町、東市来《ひがしいちき》町、伊集院町、吹上町の4町が合併し、市制施行して日置市になり消滅。

小地名（字名）として残る合成地名

▼福岡県

安眞木 あまぎ［安宅村＋上眞崎村＋下眞崎村＋木城村］（田川郡川崎町）

1887年（明治20）、安宅村、上眞崎村、下眞

崎村、木城村の4村が合併して安眞木村が成立。村名は安宅村の「安」、上眞崎村および下眞崎村の「眞」、木城村の「木」を取って命名したもの。1889年（明治22）、単独で村制を施行。1937年（昭和12）、川崎村に編入され、1938年（昭和13）、町に昇格して川崎町になる。

猪位金　いいかね　［猪国村＋位登村＋金国村］（田川市）

　1889年（明治22）、町村制の施行により、猪《いの》国《くに》村と位登《いとう》村が合併して猪位金村が成立。猪国村は1887年（明治20）、猪膝村と金国村が合併した際に、猪膝村の「猪」と金国村の「国」を取ってつけたもの。新村名は猪国村の「猪」、位登村の「位」、猪国村の旧村名の一つである金国村の「金」を取って命名したもの。1955年（昭和30）、猪位金村は分割されて田川市と山田市に編入される。2006年（平成18）山田市は稲築《いなつき》町、碓井《うすい》町、嘉穂《かほ》町の3町と合併して嘉麻市になり消滅。

生岩　いきいわ　［生津村＋岩古賀村］（久留米市）

　1876年（明治9）、生津村と岩古賀村が合併して生岩村が成立。村名は生津村の「生」と、岩古賀村の「岩」を取って命名したもの。1889年（明治22）、町村制の施行により、生岩村、玉満村、福光村、壱町原村、清松村の5村が合併して犬塚村が発足。1955年（昭和30）、犬塚村と三潴《みづま》村が合併し、町制を施行して三潴町になり、2005年（平成17）、久留米市に編入される。

市場　いちば　［市津村＋草場村］（田川郡福智町）

　1887年（明治20）、市津村と草場村が合併して市場村が成立。村名は市津村の「市」と、草場村の「場」を取って命名したもの。1889年（明治22）、町村制の施行により、市場村、上野村、赤池村の3村が合併して上野村が発足。1939年（昭和14）、上野村が町に昇格して赤池町に改称。2006年（平成18）、赤池町、金田町、方城町の3町が合併して福智町になる。

今任原 いまとうばる［上今任村＋下今任村＋桑原村］（田川郡大任町）

1887年（明治20）、上今任村、下今任村、桑原村の3村が合併して今任原村が成立。村名は上今任村および下今任村の「今任」と、桑原村の「原」を取って命名したもの。1889年（明治22）、町村制の施行により、今任原村と大行事《だいぎょうじ》村が合併して大任《おおとう》村が発足。大任村も大行事村の「大」と、今任原村の「任」を取った合成地名。1960年（昭和35）、町制施行して大任町になる（⇩大任町）。

大草 おおくさ［大塚村＋草場村］（みやま市）

1876年（明治9）、大塚村と草場村が合併して大草村が成立。村名は大塚村の「大」と、草場村の「草」を取って命名したもの。1889年（明治22）、町村制の施行により、大草村、山門村、本吉村の3村が合併して清水村が発足。1907年（明治40）、清水村と水上村が合併して東山村になり、1956年（昭和31）、瀬高町に編入される。2007年（平成19）、瀬高町、山川町、高田町の3町が合併し、市制施行して「みやま市」になる。

大廣園 おおひろぞの［大木村＋廣安村＋宮園村］（みやま市）

1876年（明治9）、大木村、廣安村、宮園村の3村が合併して大廣園村が成立。村名は大木村の「大」、廣安村の「廣」、宮園村の「園」を取って命名したもの。1889年（明治22）、町村制の施行により、大廣園村、松田村、清水村、河原内村の4村が合併して緑村が発足。1907年（明治40）、緑村が瀬高町と山川村（1969年〈昭和44〉、町に昇格）に分割して編入されるが、2007年（平成19）、瀬高町、山川町、高田町の3町が合併し、市制施行して「みやま市」になる。

長行 おさゆき［長尾村＋能行村］（北九州市小倉南区）

1887年（明治20）、長尾村、能行《のうぎょう》村、祇園町村、高野村の4村が合併して長行村が成立。村名は長尾村の「長」と、能行村の「行」を取って命名したもの。1889年（明治22）、町村制の施行により、長行村、徳吉村、辻三《つじみつ》村、合馬《おうま》村、田代村の5村が合併して西谷村になり、1941年（昭和16）、小倉市に編入される。1963年（昭和38）、小倉市、八幡市、門司市、若松市、戸畑市の5市が合併して北九州市が発足。

尾野 おの［中尾村＋野町村］（みやま市）

1876年（明治9）、中尾村と野町村が合併して尾野村が成立。村名は中尾村の「尾」と、野町村の「野」を取って命名したもの。1889年（明治22）、町村制の施行により、尾野村、立山村、原町村の3村が合併して富原村が発足し、1907年（明治40）、富原村、竹海村、万里小路《までこうじ》村、緑村（一部）の4村が合併して山川村になる。1969年（昭和44）、町に昇格し、2007年（平成19）、瀬高町、山川町、高田町の3町が合併し、市制施行して「みやま市」になる。

川犬 かわいぬ［川合村＋犬馬場村］（八女市）

1876年（明治9）、川合村と犬馬場村が合併して川犬村が成立。村名は川合村の「川」と、犬馬場村の「犬」を取って命名したもの。1889年（明治22）、町村制の施行により、川犬村、平村、新庄村、国武村の4村が合併して八幡村が発足。1951年（昭和26）、八幡村、福島町、上妻村、三河村、長峰村の5町村が合併して福島町になり、1954年（昭和29）、福島町が川崎村、忠見村、岡山村（一部）の3村を編入し、市制施行して八女市になる。

川宮 かわみや［川原弓削田村＋宮床村］（田川市）

1887年（明治20）、川原弓削田《ゆげた》村と宮床村が合併して川宮村が成立。村名は川原弓削田村の「川」と、宮床村の「宮」を取って命名したもの。1889年（明治22）、町村制の施行により、川宮村、弓削田村、奈良村の3村が合併して弓削田村が発足。1907年（明治40）、町に昇格して後藤寺町に改称。1943年（昭和18）、後藤寺町と伊田町が合併し、市制施行して田川市になる。

島田 しまだ［中島村＋北牟田村］（筑後市）

1876年（明治9）、中島村と北牟田村が合併して島田村が成立。村名は中島村の「島」と、北牟田村の「田」を取って命名したもの。1889年（明治22）、町村制の施行により、島田村、水田村など8村が合併して水田村が発足。1954年（昭和29）、水田村、羽犬塚《はいぬづか》町、古川村、岡山村（一部）の4町村が合併し、市制施行して筑後市になる。

砂津 すなつ［砂原村＋中津口村］（北九州市小倉北区）

1887年（明治20）、砂原村と中津口村が合併して砂津村が成立。村名は砂原村の「砂」と、中津口村の「津」を取って命名したもの。1889年（明治22）、町村制の施行により、砂津村、足原村、富野村、赤坂村、三萩野村の5村が合併して足立村になり、1927年（昭和2）、小倉市に編入される。1963年（昭和38）、小倉市、門司市、八幡市、若松市、戸畑市の5市が合併して北九州市が発足。

井田 せいでん［井上村＋下牟田村］（筑後市）

1876年（明治9）、井上村と下牟田村が合併して井田村が成立。村名は井上村の「井」と、下牟田村の「田」を取って命名したもの。1889年（明治22）、町村制の施行により、井田村、水田村など8村が合併して水田村が発足。1954年（昭和29）、水田村、羽犬塚町、古川村、岡山村（一部）の4町村が合併し、市制施行して筑後市になる。

田隈 たぐま［田村＋干隈村］（福岡市早良区）

1889年（明治22）、町村制の施行により、田村、干隈《ほしくま》村など8村が合併して田隈村が成立。村名は田村の「田」と、干隈村の「隈」を取って命名したもの。1954年（昭和29）、福岡市に編入される。

竹飯 たけい［竹井村＋飯尾村］（みやま市）

1876年（明治9）、竹井村と飯尾村が合併して竹飯村が成立。村名は竹井村の「竹」と、飯尾村の「飯」を取って命名したもの。１８８９年（明治22）、町村制の施行により、竹飯村と海津村が合併して竹海村が発足。竹海村も竹飯村の「竹」と、海津村の「海」を取った合成地名。１９０７年（明治40）、竹海村、富原村、万里小路《までこうじ》村、緑村（一部）の4村が合併して山川村になり、１９６９年（昭和44）、町に昇格。２００７年（平成19）、山川町、瀬高町、高田町の3町が合併し、市制施行して「みやま市」になる。

武島 たけしま［安武村＋大島村＋小島村］（久留米市）

１８７６年（明治9）、安武村、大島村、小島村の3村が合併して武島村が成立。村名は安武村の「武」と、大島村および小島村の「島」を取って命名したもの。１８８９年（明治22）、町村制の施行により、武島村、安武本村、住吉村の3村が合併して安武村が発足。１９５５年（昭和30）、安武村と荒木町が合併して筑邦町になり、１９６７年（昭和42）、久留米市に編入される。

田浦 たのうら［飯田村＋浦村］（みやま市）

１８７６年（明治9）、飯田村と浦村が合併して田浦村が成立。村名は飯田村の「田」と、浦村の「浦」を取って命名したもの。１８８９年（明治22）、田浦村、舞鶴村、亀谷村、下飯江村、飯江村の5村が合併して飯江村が発足し、１９４２年（昭和17）、高田村に編入される。１９５８年（昭和33）、町に昇格し、２００７年（平成19）、高田町、瀬高町、山川町の3町が合併し、市制施行して「みやま市」になる。

辻三 つじみつ［辻蔵村＋三岳村］（北九州市小倉南区）

１８８７年（明治20）、辻蔵村と三岳村が合併して辻三村が成立。村名は辻蔵村の「辻」と、三岳村の「三」を取って命名したもの。１８８９年（明治22）、町村制の施行により、辻三村、長行《おさゆき》村、合馬《おうま》村、徳吉村、田代村の5村が合併して西谷村になり、

１９４１年（昭和16）、小倉市に編入される。１９６３年（昭和38）、小倉市、八幡市、門司市、若松市、戸畑市の５市が合併して北九州市が発足。

徳吉 とくよし［徳光村＋吉兼村］（北九州市小倉南区）

１８８７年（明治20）、徳光村と吉兼村が合併して徳吉村が成立。村名は徳光村の「徳」と、吉兼村の「吉」を取って命名したもの。１８８９年（明治22）、町村制の施行により、徳吉村、長行村、辻三村、合馬村、田代村の５村が合併して西谷村になり、１９４１年（昭和16）、小倉市に編入される。１９６３年（昭和38）、小倉市、八幡市、門司市、若松市、戸畑市の５市が合併して北九州市が発足。

中井 なかい［中原村＋井堀村］（北九州市小倉北区）

１８８７年（明治20）、中原村、井堀村、菜園場《さえんば》村の３村が合併して中井村が発足。村名は中原村の「中」と、井堀村の「井」を取って命名したもの。１８８９年（明治22）、町村制の施行により、中井村、板櫃《いたびつ》村、槻田《つきだ》村、馬島、藍島が合併して板櫃村が発足し、１９２２年（大正11）、町に昇格。１９２５年（大正14）、板櫃村が分割して小倉市と八幡市に編入される。１９６３年（昭和38）、小倉市、八幡市、門司市、若松市、戸畑市の５市が合併して北九州市が発足。

野田 のだ［立野村＋東小田村＋西小田村＋中小田村］（久留米市）

１８７６年（明治9）、立野村、東小田村、西小田村、中小田村、力常村の５村が合併して野田村が成立。村名は立野村の「野」と、東小田村・西小田村・中小田村の「田」を取って命名したもの。１８８９年（明治22）、町村制の施行により、野田村、豊城村、常盤村、殖木村の４村が合併して水分《みずわけ》村が発足。１９５４年（昭和29）、水分村、田主丸《たぬしまる》町など６町村が合併して田主丸町になり、２００５年（平成17）、久留米市に編入される。

藤光町 ふじみつまち［藤田浦村＋光勝寺村］（久留米市）

1876年（明治9）、藤田浦村と光勝寺村が合併して藤光村が成立。村名は藤田浦村の「藤」と、光勝寺村の「光」を取って命名したもの。1889年（明治22）、町村制の施行により、藤光村、藤山村、上津荒木村の3村が合併して上津荒木村が発足し、1951年（昭和26）、久留米市に編入される。

松田 まつだ［飛松村＋下田村］（京都郡みやこ町）

1887年（明治20）、飛松村、下田村など6村が合併して松田村が成立。村名は飛松村の「松」と、下田村の「田」を取って命名したもの。1889年（明治22）、町村制の施行により、松田村と大久保村が合併して久保村になり、1955年（昭和30）、久保村、黒田村、諫山村の3村が合併し、町制施行して勝山町が発足。2006年（平成18）、勝山町、犀川町、豊津町の3町が合併して「みやこ町」になる。

松田 まつだ［松延村＋北広田村］（みやま市）

1876年（明治9）、松延村と北広田村が合併して松田村が成立。村名は松延村の「松」と、北広田村の「田」を取って命名したもの。1889年（明治22）、町村制の施行により松田村、大廣園村、河原内村、清水村の4村が合併して緑村が発足。1907年（明治40）、緑村が分割されて瀬高町と山川村（1969年、町に昇格）に編入される。2007年（平成19）、瀬高町、山川町、高田町の3町が合併し、市制施行して「みやま市」になる。

三川町 みかわまち［三里村＋川尻村］（大牟田市）

1889年（明治22）、町村制の施行により、三里村と川尻村が合併して三川村が成立。村名は三里村の「三」と、川尻村の「川」を取って命名したもの。1912年（大正元）、町に昇格して三川町になり、1929年（昭和4）、大牟田市に編入される。

三萩野 みはぎの［三郎丸村＋萩崎村＋片野村＋片野新町

村」（北九州市小倉北区）

　1887年（明治20）、三郎丸村、萩崎村、片野村、片野新町村の4村が合併して三萩野村が成立。村名は三郎丸村の「三」、萩崎村の「萩」、片野村および片野新町村の「野」を取って命名したもの。1889年（明治22）、町村制の施行により、三萩野村、足原村、富野村、赤坂村、砂津村の5村が合併して足立村になり、1927年（昭和2）、小倉市に編入される。1963年（昭和38）、小倉市、八幡市、門司市、若松市、戸畑市の5市が合併して北九州市が発足。

▼佐賀県

久保泉町 くぼいずみまち ［川久保村＋上和泉村＋下和泉村］（佐賀市）

　1889年（明治22）、町村制の施行により川久保村、上和泉村、下和泉村の3村が合併して久保泉村が成立。村名は川久保村の「久保」と、上和泉村および下和泉村の「泉」を取って命名したもの。1954年（昭和29）、佐賀市に編入される。

高木瀬町 たかきせまち ［高木村＋東高木村＋長瀬村］（佐賀市）

　1889年（明治22）、町村制の施行により、高木村、東高木村、長瀬村の3村が合併して高木瀬村が成立。村名は高木村および東高木村の「高木」と、長瀬村の「瀬」を取って命名したもの。1954年（昭和29）、佐賀市に編入される。

二里 にり ［大里村＋中里村（二つの里）］（伊万里市）

　1889年（明治22）、町村制の施行により、大里村と中里村が合併して二里村が成立。村名は大里村の「里」と、中里村の「里」の、「二つの里」から命名されたもの。1954年（昭和29）、伊万里市に編入される。

▼長崎県

本野町 もとのまち ［中本明村＋大渡野村］（諫早市）

　1889年（明治22）、中本明村と大渡野村が合併して本野村が成立。村名は中本明村の「本」と、大渡野村の「野」を取って命名したもの。1940年（昭和15）、本野村、諫早《いさはや》町など7町村が合併し、市制施行して諫早市になる。

▼熊本県

秋津 あきつ ［秋田村＋沼山津村］（熊本市東区）

　1889年（明治22）、町村制の施行により、秋田村と沼山津村が合併して秋津村が成立。村名は秋田村の「秋」と、沼山津村の「津」を取って命名したもの。1952年（昭和27）と、1954年（昭和29）の2回に分けて熊本市に編入される。

麻山 あさやま ［麻生村＋山出村］（上益城郡山都町）

　1875年（明治8）、麻生村と山出村が合併して麻山村が成立。村名は麻生村の「麻」と、山出村の「山」を取って命名したもの。1889年（明治22）、町村制の施行により、麻山村など11村が合併して御岳村になり、1955年（昭和30）、御岳村、浜町、下矢部村、白糸村の4町村が合併して矢部町が発足。2005年（平成17）、矢部町、蘇陽《そよう》町、清和村の3町村が合併して山都町になる。

池永 いけなが ［池田村＋本山村永山］（山鹿市）

　1876年（明治9）、池田村、本山村永山、龍徳村、道場村が合併して池永村が成立。村名は池田村の「池」と、本山村永山の「永」を取って命名したもの。1889年（明治22）、町村制の施行により、池永村など7村が合併して城北村が発足。1955年（昭和30）、城北村、内田村、六郷村の3村が合併して菊鹿村になり、1965年（昭和40）、町に昇格。2005年（平成17）、菊鹿町、山鹿《やまが》市、鹿本町、鹿北町、鹿央町の5市町が合併して山鹿市になる。

今田 いまだ [今村＋益田村]（天草市）

1876年（明治9）、今村と益田村が合併して今田村が成立。村名は今村の「今」と、益田村の「田」を取って命名したもの。1889年（明治22）、町村制の施行により、今田村、河浦村、白木河内村の3村が合併して一町田《いっちょうだ》村になり、1954年（昭和29）、一町田村、新合村、富津村の3村が合併し、町制施行して河浦町が発足。2006年（平成18）、河浦町、本渡《ほんど》市、牛深市など10市町が合併して天草市になる。

今吉野 いまよしの [今村＋吉野村]（熊本市南区）

1876年（明治9）、今村と吉野村が合併して今吉野村が成立。村名は両村名の「今」と「吉野」を、そのまま繋ぎ合わせて命名したもの。1889年（明治22）、町村制の施行により、今吉野村など10村が合併して杉上村が発足。1955年（昭和30）、杉上村、隈庄《くまのしょう》町、豊田村の3町村が合併して城南町になり、2010年（平成22）、熊本市に編入される。

岩古曾町 いわこそまち [岩熊村＋布古閑村＋上古閑村＋曾畑村]（宇土市）

1876年（明治9）、岩熊村、布古閑《ぬのこが》村、上古閑村、曾畑村の4村が合併して岩古曾村が成立。村名は岩熊村の「岩」、布古閑村および上古閑村の「古」、曾畑村の「曾」を取って命名したもの。1889年（明治22）、町村制の施行により、岩古曾村、花園村など7村が合併して花園村になり、1954年（昭和29）、花園村、宇土町、轟《とどろき》村、緑川村、網津村の5町村が合併して宇土町が発足。1958年（昭和33）、網田村を編入し、市制施行して宇土市になる。

恵塚町 えづかまち [恵里村＋下恵里村＋飯塚村]（宇土市）

1874年（明治7）、恵里村、下恵里村、飯塚村の3村が合併して恵塚村が成立。村名は恵里村および下恵里村の「恵」と、飯塚村の「塚」を取って命名したもの。1889年（明治22）、町村制の施行により、恵塚村など6村が合併して緑川村になり、1954年（昭和29）、緑川村、宇土町、轟《とどろき》村、花園村、網津村の5町村が合併して宇土町が発足。1958年（昭和33）、網田村を編入し、市制施行して宇土市になる。

大井早 おおいそう ［大辻村＋勢井村＋越早村］（下益城郡美里町）

1876年（明治9）、大辻村、勢井村、越早村の3村が合併して大井早村が成立。村名は大辻村の「大」、勢井村の「井」、越早村の「早」を取って命名したもの。1889年（明治22）、町村制の施行により、大井早村など8村が合併して東砥用《ひがしともち》村になり、1955年（昭和30）、東砥用村が砥用町と合併して砥用町が発足。2004年（平成16）、砥用町と中央町が合併して美里町になる。

大平 おおひら ［大柿村＋平野村］（菊池市）

1876年（明治9）、大柿村と平野村が合併して大平村が成立。村名は大柿村の「大」と、平野村の「平」を取って命名したもの。1889年（明治22）、町村制の施行により、大平村、西迫間《にしはざま》村、豊間村、市野瀬村、重味《しげみ》村の5村が合併して迫間村になり、1956年（昭和31）、迫間村、隈府《わいふ》町など8町村が合併して菊池町が発足。1958年（昭和33）、市制施行して菊池市になる。

大平 おおひら ［大川村＋平野村］（上益城郡山都町）

1875年（明治8）、大川村と平野村が合併して大平村が成立。村名は大川村の「大」と、平野村の「平」を取って命名したもの。1889年（明治22）、町村制の施行により、大平村など8村が合併して朝日村になり、1956年（昭和31）、朝日村と小峰村が合併して清和村が発足。2005年（平成17）、清和村、矢部町、蘇陽《そよう》町の3町村が合併して山都町になる。

小木　おぎ［小楠野村＋白木村］（菊池市）

1876年（明治9）、小楠野村と白木村が合併して小木村が成立。村名は小楠野村の「小」と、白木村の「木」を取って命名したもの。1889年（明治22）、町村制の施行により、小木村、龍門村、雪野村、半尺村の4村が合併して龍門村になり、1956年（昭和31）、龍門村、隈府《わいふ》町など8町村が合併して菊池町が発足。1958年（昭和33）、市制施行して菊池市になる。

折崎　おりさき［折地村＋赤崎村］（玉名郡長洲町）

1876年（明治9）、折地村と赤崎村が合併して折崎村が成立。村名は折地村の「折」と、赤崎村の「崎」を取って命名したもの。1889年（明治22）、町村制の施行により、折崎村、永塩村、宮野村の3村が合併して六栄村になり、1956年（昭和31）、六栄村と腹赤《はらか》村が合併して腹栄《ふくえい》村が発足。腹栄村も腹赤村の「腹」と、六栄村の「栄」を取った合成地名。1957年（昭和32）、腹栄村が長洲町と合併して長洲町になる。

亀場町　かめばまち［亀川村＋食場村］（天草市）

1889年（明治22）、町村制の施行により、亀川村と食場《じきば》村が合併して亀場村が成立。村名は亀川村の「亀」と、食場村の「場」を取って命名したもの。1954年（昭和29）、亀場村、本渡《ほんど》町など8町村が合併し、市制施行して本渡市が発足。2006年（平成18）、本渡市、牛深市など10市町が合併して天草市になる。

亀松　かめまつ［亀尾村＋西松崎村］（宇城市）

1874年（明治7）、亀尾村と西松崎村が合併して亀松村が成立。村名は亀尾村の「亀」と、西松崎村の「松」を取って命名したもの。1889年（明治22）、町村制の施行により、亀松村と長崎村が合併して長崎村になり、1899年（明治32）、長崎村、不知火《しらぬひ》村、高良村の3村が合併して不知火村になる。1956年（昭和31）、不知火村と松合《まつあい》町が合併して不知火町が発足。２００５年（平成17）、不知火町、三角町、松橋《まつばせ》町、小川町、豊野町の５町が合併し、市制施行して宇城市になる。

川野　かわの［河（川）内村＋横野村］（上益城郡山都町）

１８７６年（明治9）、河内村と横野村が合併して川野村が成立。村名は河内村の「河」を「川」に置き換え、横野村の「野」を取って命名したもの。１８８９年（明治22）、町村制の施行により、川野村など11村が合併して御岳村になる。１９５５年（昭和30）、御岳村、浜町、下矢部村、白糸村の４町村が合併して矢部町が発足し、２００５年（平成17）、矢部町、蘇陽町、清和村の３町村が合併して山都町になる。

黒川　くろかわ［黒木尾村＋川俣村］（上益城郡山都町）

１８７６年（明治9）、黒木尾村と川俣村が合併して黒川村が成立。村名は黒木尾村の「黒」と、川俣村の「川」を取って命名したもの。１８８９年（明治22）、町村制の施行により、黒川村、下名連石《しもなれいし》村、御所村の３村が合併して名連川《なれかわ》村が発足。名連川村も下名連石村の「名連」と、黒川村の「川」を取った合成地名。１９５７年（昭和32）、名連川村は矢部町に編入され、２００５年（平成17）、矢部町、蘇陽町、清和村の３町村が合併して山都町になる。

神合町　こうあいまち［神原村＋神山村（神が合わさる）］（宇土市）

１８７４年（明治7）、神原村と神山村が合併して神合村が成立。村名は神原村の「神」と、神山村の「神」が合わさるという意味から「神合村」と命名された。１８８９年（明治22）、町村制の施行により、神合村など6村が合併して轟《とどろき》村になり、１９５４年（昭和29）、轟村、宇土町、花園村、緑川村、網津村の5町村が合併して宇土町が発足。１９５８年（昭和33）、網田村を編入し、市制施行して宇土市になる。

坂野 さかの ［坂本村＋平野村］（熊本市南区）

１８７６年（明治9）、坂本村と平野村が合併して坂野村が成立。村名は坂本村の「坂」と、平野村の「野」を取って命名したもの。１８８９年（明治22）、町村制の施行により、坂野村など10村が合併して杉上村が発足。１９５５年（昭和30）、杉上村、隈庄《くまのしょう》町、豊田村の3町村が合併して城南町になり、２０１０年（平成22）、熊本市に編入される。

三野 さんの ［上三ヶ村＋下三ヶ村＋上野中村＋下野中村］（阿蘇市）

１８７６年（明治9）、上三ヶ村、下三ヶ村、上野中村、下野中村の4村が合併して三野村が成立。村名は上三ヶ村および下三ヶ村の「三」と、上野中村および下野中村の「野」を取って命名したもの。１８８９年（明治22）、町村制の施行により、三野村、手野村、北坂梨村の3村が合併して古城村になり、１９５４年（昭和29）、古城村、宮地町、坂梨村、中通村の4町村が合併して一の宮町が発足。２００５年（平成17）、一の宮町、阿蘇町、波野村の3町村が合併し、市制施行して阿蘇市になる。

塩原 しおばる ［斗塩村＋黒原村］（上益城郡山都町）

１８７６年（明治9）、斗塩《としお》村と黒原村が合併して塩原村が成立。村名は斗塩村の「塩」と、黒原村の「原」を取って命名したもの。１８８９年（明治22）、町村制の施行により、塩原村、菅尾村など7村が合併して菅尾村になり、１９５６年（昭和31）、菅尾村、馬見原《まみはら》町、柏村の3町村が合併して蘇陽町が発足。２００５年（平成17）、蘇陽町、矢部町、清和村の3町村が合併して山都町になる。

島木 しまき ［中島村＋木鷺野村］（上益城郡山都町）

１８７６年（明治9）、中島村と木鷺野村が合併して島木村が成立。村名は中島村の「島」と、木鷺野村の「木」を取って命名したもの。１８８９年（明治22）、町村制の施行により、島木村、北中島村、金内村、田小野村、原村の5村が合併して中島村が発足。1957年（昭和32）、矢部町に編入され、2005年（平成17）、矢部町、蘇陽町、清和村の3町村が合併して山都町になる。

島田 しまだ ［櫛島村＋東無田村］（上益城郡益城町）

1876年（明治9）、櫛島村と東無田村が合併して島田村が成立。村名は櫛島村の「島」と、東無田村の「田」を取って命名したもの。1889年（明治22）、町村制の施行により、島田村、赤井村、小池村、砥川村の4村が合併して飯野村になり、1954年（昭和29）、飯野村、木山町、広安村、福田村、津森村の5町村が合併して益城町が発足。

島地 しまち ［東鹿島村＋新地村］（八代郡氷川町）

1876年（明治9）、東鹿島村と新地村が合併して島地村が成立。村名は東鹿島村の「島」と、新地村の「地」を取って命名したもの。1889年（明治22）、町村制の施行により、島地村、鹿島村、鹿野村、網道村の4村が合併して和鹿島村が発足。1954年（昭和29）、和鹿島村、吉野村、野津村の3村が合併して竜北村になり、1974年（昭和49）、町に昇格。2005年（平成17）、竜北町と宮原町が合併して氷川町になる。

上寺 じょうてら ［上司尾村＋寺川口村］（上益城郡山都町）

1876年（明治9）、上司尾村、寺川口村、大野村の3村が合併して上寺村が成立。村名は上司尾村の「上」と、寺川口村の「寺」を取って命名したもの。1889年（明治22）、町村制の施行により、上寺村など13町村が合併して浜町村になり、1912年（大正元）、町に昇格。1955年（昭和30）、浜町、下矢部村、白糸村、御岳村の4町村が合併して矢部町が発足し、2005年（平成17）、矢部町、蘇陽町、清和村の3町村が合併して山都町になる。

新小 しんこ ［新藤村＋小ヶ蔵村］（上益城郡山都町）

1876年（明治9）、新藤村と小ヶ蔵村が合併して新小村が成立。村名は新藤村の「新」と、小ヶ蔵村の「小」を取って命名したもの。１８８９年（明治22）、新小村など8村が合併して白糸村になる。１９５５年（昭和30）、白糸村、浜町、下矢部村、御岳村の4町村が合併して矢部町が発足し、２００５年（平成17）、矢部町、蘇陽町、清和村の３町村が合併して山都町になる。

神馬町 しんめまち ［城神山村＋馬場村］（宇土市）

１８７６年（明治9）、城神山村と馬場村が合併して神馬村が成立。村名は城神山村の「神」と、馬場村の「馬」を取って命名したもの。１８８９年（明治22）、町村制の施行により、神馬村など6村が合併して轟《とどろき》村になり、１９５４年（昭和29）、轟村、宇土町、花園村、緑川村、網津村の5町村が合併して宇土町が発足。１９５８年（昭和33）、網田村を編入し、市制施行して宇土市になる。

杉木 すぎき ［杉村＋梅木村］（上益城郡山都町）

１８７６年（明治9）、杉村と梅木村が合併して杉木村が成立。村名は杉村の「杉」と、梅木村の「木」を取って命名したもの。１８８９年（明治22）、町村制の施行により、杉木村など13町村が合併して浜町村になり、１９１２年（大正元）、町に昇格。１９５５年（昭和30）、浜町、下矢部村、白糸村、御岳村の4町村が合併して矢部町が発足し、２００５年（平成17）、矢部町、蘇陽町、清和村の３町村が合併して山都町になる。

須原 すばる ［高須村＋西原村］（上益城郡山都町）

１８７５年（明治8）、高須村と西原村が合併して須原村が成立。村名は高須村の「須」と、西原村の「原」を取って命名したもの。１８８９年（明治22）、町村制の施行により、須原村など11村が合併して小峰村になり、１９５６年（昭和31）、小峰村と朝日村が合併して清和村が発足。２００５年（平成17）、清和村、矢部町、蘇陽町の３町村が合併して山都町になる。

高木 たかぎ［高野村＋下高野村＋高山村＋甘木村］（上益城郡御船町）

高野村、下高野村、高山村、甘木村の４村が合併して高木村が成立。村名は高野村、下高野村、高山村の「高」と、甘木村の「木」を取って命名したもの。１８８９年（明治22）、単独で村制を施行し、１９５５年（昭和30）、高木村、御船町など８町村が合併して御船町になる。

田上 たがみ［田野宇楚村＋上良石村］（八代市）

１８７６年（明治９）、田野宇楚《たのうそ》村と上良石村が合併して田上村が成立。村名は田野宇楚村の「田」と、上良石村の「上」を取って命名したもの。１８８９年（明治22）、町村制の施行により、田上村、小川内村、久多良木《きゅうたらぎ》村、鶴喰《つるばみ》村、川岳村の５村が合併して百済来《くだらぎ》村になり、１９６１年（昭和36）、百済来村、上松求麻《かみまつくま》村、下松求麻村の３村が合併して坂本村が発足。２００５年（平成17）、坂本村、八代市など６市町村が合併して八代市になる。

千町 ちまち［千原村＋蓍町村］（熊本市南区）

１８７６年（明治９）、千原村と蓍町村が合併して千町村が成立。村名は千原村の「千」と、蓍町村の「町」を取って命名したもの。１８８９年（明治22）、町村制の施行により、千町村など10村が合併して杉上村が発足。１９５５年（昭和30）、杉上村、隈庄《くまのしょう》町、豊田村の３町村が合併して城南町になり、２０１０年（平成22）、熊本市に編入される。

津田 つだ［上津原村＋苧生田村］（玉名郡和水町）

１８７６年（明治９）、上津原村と苧生田村が合併して津田村が成立。村名は上津原村の「津」と、苧生田村の「田」を取って命名したもの。１８８９年（明治22）、町村制の施行により津田村、野田村、平野村、岩村、大田黒村の５村が合併して神尾村になり、１９５５年（昭和30）、神尾村、緑村、春富村の３村が合併して三加和村が発足。１９６８年（昭和43）、町に昇格し、２００６年（平成18）、三加和町と菊水町が合併して和水《なごみ》町になる。

鶴ヶ田 つるけた［鶴底村＋牛ヶ瀬村＋仁田尾村］（上益城郡山都町）

１８７５年（明治8）、鶴底村、牛ヶ瀬村、仁田尾村の３村が合併して鶴ヶ田村が成立。村名は鶴底村の「鶴」、牛ヶ瀬村の「ヶ」、仁田尾村の「田」を取って命名したもの。１８８９年（明治22）、町村制の施行により、鶴ヶ田村など８村が合併して朝日村になり、１９５６年（昭和31）、朝日村と小峰村が合併して清和村が発足。２００５年（平成17）、清和村、矢部町、蘇陽町の３町村が合併して山都町になる。

手野 ての［井手村＋下内野村］（天草市）

１８８９年（明治22）、町村制の施行により、井手村と下内野村が合併して手野村が成立。村名は井手村の「手」と、下内野村の「野」を取って命名したもの。１９５５年（昭和30）、手野村、二江町、御領村、鬼池村、城河原《じょうがわら》村の５町村が合併して五《いつ》和《わ》町が発足。２００６年（平成18）、五和町、本渡《ほんど》市、牛深市など10市町が合併して天草市になる。

寺迫 てらさこ［下寺中村＋迫村］（上益城郡益城町）

１８７６年（明治9）、下寺中村と迫村が合併して寺迫村が成立。村名は下寺中村の「寺」と、迫村の「迫」を取って命名したもの。１８８９年（明治22）、町村制の施行により、寺迫村、木山町村、宮園村の３村が合併して木山町が成立。１９５４年（昭和29）、木山町、福田村、津森村、飯野村、広安村の５町村が合併して益城町になる。

豊間 とよま［戸豊水村＋東迫間村］（菊池市）

１８７６年（明治9）、戸豊水村と東迫間村が合併して豊間村が成立。村名は戸豊水村の「豊」と、東迫間村の「間」を取って命名したもの。１８８９年（明治22）、町村制の施行により、豊間村、西迫間村、大平村、市野瀬村、重味《しげみ》村の５村が合併して迫間村になり、１９５６年（昭和31）、迫間村、隈府町など８町村が合併して菊池町が発足。１９５８

年（昭和33）、市制施行して菊池市になる。

中川 なかがわ［中富村＋川崎村］（山鹿市）

1875年（明治8）、中富村と川崎村が合併して中川村が成立。村名は中富村の「中」と、川崎村の「川」を取って命名したもの（同じ山鹿郡内の上中富村が改称して中富村となる）。1889年（明治22）、町村制の施行により、中川村（旧・中富村＋旧・川崎村）、中富村（旧・上中富村）、梶屋村、小柳村、分田村、中分田村、下分田村の7村が合併して中富村になり、1955年（昭和30）、中富村、来民《くたみ》町、稲田村の3町村が合併して鹿本町が発足。2005年（平成17）、鹿本町、山鹿市、鹿北町、鹿央町、菊鹿町の5市町が合併して山鹿市になる。

永塩 ながしお［永方村＋塩屋村］（玉名郡長洲町）

1876年（明治9）、永方村と塩屋村が合併して永塩村が成立。村名は永方村の「永」と、塩屋村の「塩」を取って命名したもの。1889年（明治22）、町村制の施行により、永塩村、折崎村、宮野村の3村が合併して六栄村になり、1956年（昭和31）、六栄村と腹赤《はらか》村が合併して腹栄《ふくえい》村が発足。腹栄村も腹赤村の「腹」と、六栄村の「栄」を取った合成地名。1957年（昭和32）、腹栄村と長洲町が合併して長洲町になる。

中島 なかしま［中野村＋平島村］（八代市）

1876年（明治9）、中野村と平島村が合併して中島村が成立。村名は中野村の「中」と、平島村の「島」を取って命名したもの。1889年（明治22）、中島村、有佐村、下有佐村、下村の4村が合併して有佐村になり、1955年（昭和30）、有佐村、鏡町、文政村の3町村が合併して鏡町が発足。2005年（平成17）、鏡町、八代市など6市町が合併して八代市になる。

長原 ながはら［長野村＋小原村］（上益城郡山都町）

1876年（明治9）、長野村と小原村が合併して長原村が成立。村名は長野村の「長」と、小原村の「原」を取って命名したもの。１８８９年（明治22）、町村制の施行により、長原村など８村が合併して白糸村になり、１９５５年（昭和30）、白糸村、浜町、下矢部村、御岳村の４村が合併して矢部町が発足。２００５年（平成17）、矢部町、蘇陽町、清和村の３町村が合併して山都町になる。

中松 なかまつ ［上中村＋下中村＋西中村＋松木村］（阿蘇郡南阿蘇村）

１８７６年（明治９）、上中村、下中村、西中村、松木村の４村が合併して中松村が成立。村名は上中村、下中村、西中村の「中」と、松木村の「松」を取って命名したもの。１８８９年（明治22）、町村制の施行により、中松村、吉田村、白川村、両併《りょうへい》村、一関村の５村が合併して白水村が発足し、２００５年（平成17）、白水村、久木野村、長陽村の３村が合併して南阿蘇村になる。

長山 ながやま ［下長田村＋山口村］（玉名郡南関町）

１８７６年（明治９）、下長田村と山口村が合併して長山村が成立。村名は下長田村の「長」と、山口村の「山」を取って命名したもの。１８８９年（明治22）、町村制の施行により、長山村など８村が合併して賢木《さかき》村が発足。１９５５年（昭和30）、賢木村、南関《なんかん》町、大原村、坂下村、米富《よねどみ》村の５町村が合併して南関町になる。

野鶴町 のづるまち ［伊津野村＋鶴見塚村］（宇土市）

１８７４年（明治７）、伊津野村と鶴見塚村が合併して野鶴村が成立。村名は伊津野村の「野」と、鶴見塚村の「鶴」を取って命名したもの。１８８９年（明治22）、町村制の施行により、野鶴村など６村が合併して緑川村になり、１９５４年（昭和29）、緑川村、宇土町、轟《とどろき》村、花園村、網津村の５町村が合併して宇土町が発足。１９５８年（昭和33）、網田村を編入し、市制施行して宇土市になる。

八木 はちぼく［八矢村＋神木村］（上益城郡山都町）

１８７６年（明治9）、八矢村と神木村が合併して八木村が成立。村名は八矢村の「八」と、神木村の「木」を取って命名したもの。１８８９年（明治22）、町村制の施行により、八木村など7村が合併して菅尾村になり、１９５６年（昭和31）、菅尾村、馬見原町、柏村の3町村が合併して蘇陽町が発足。２００５年（平成17）、蘇陽町、矢部町、清和村の3町村が合併して山都町になる。

花上 はながみ［花寺村＋神(上)動村］（上益城郡山都町）

１８７６年（明治9）、花寺村と神動村が合併して花上村が成立。村名は花寺村の「花」と、神動村の「神」を「上」に替えて、「花上」としたもの。１８８９年（明治22）、町村制の施行により、花上村など7村が合併して菅尾村になり、１９５６年（昭和31）、菅尾村、馬見原町、柏村の3町村が合併して蘇陽町が発足。２００５年（平成17）、蘇陽町、矢部町、清和村の3町村が合併して山都町になる。

久石 ひさいし［上久木野村＋久木野村＋二子石村］（阿蘇郡南阿蘇村）

１８７６年（明治9）、上久木野村、久木野村（一部）、二子石村が合併して久石村が成立。村名は上久木野村および久木野村の「久」と、二子石村の「石」を取って命名したもの。１８８９年（明治22）、町村制の施行により、久石村と河陰村が合併して久木野村が発足。２００５年（平成17）、久木野村、白水村、長陽村の3村が合併して南阿蘇村になる。

福浜 ふくはま［福浦村＋浜村］（葦北郡津奈木町）

１８７４年（明治7）、福浦村、浜村、泊村、赤崎村、平国村の5村が合併して福浜村が成立。村名は福浦村の「福」と、浜村の「浜」を取って命名したもの。１８８９年（明治22）、町村制の施行により福浜村、津奈木村、小津奈木村、岩城村、千代村の5村が合併して津奈木村が発足。１９６３年（昭和38）、町に昇格して津奈木町になる。

二浦町 ふたうらまち［亀浦村＋早浦村（二つの浦）］（天草市）

1948年（昭和23）、亀浦村と早浦村が合併して二浦村が成立。村名は亀浦村の「浦」と、早浦村の「浦」の二つの浦に由来する。1954年（昭和29）、二浦村、牛深町、深海村、魚貫《うおぬき》村、久玉《くたま》村の5町村が合併し、市制施行して牛深市が発足。2006年（平成18）、牛深市、本渡《ほんど》市など10市町が合併して天草市になる。

古石 ふるいし［古田村＋古道村＋石間伏村］（葦北郡芦北町）

1875年（明治8）、古田村、古道村、石間伏村、上木場村の4村が合併して古石村が成立。村名は古田村および古道村の「古」と、石間伏村の「石」を取って命名したもの。1889年（明治22）、町村制の施行により、古石村、湯浦村など9村が合併して湯浦村が発足し、1951年（昭和26）、町に昇格。1970年（昭和45）、湯浦町と葦北《あしきた》町が合併して芦北町になる。

水野 みずの［水島村＋小野村］（荒尾市）

1876年（明治9）、水島村と小野村が合併して水野村が成立。村名は水島村の「水」と、小野村の「野」を取って命名したもの。1889年（明治22）、町村制の施行により水野村、牛水村、高浜村、梅田村の4村が合併して清里村が発足。1955年（昭和30）、清里村が分割され、荒尾市と長洲町に編入される。

宮野 みやの［宮崎村＋宮崎出目村＋向野村］（玉名郡長洲町）

1876年（明治9）、宮崎村、宮崎出目村、向野村の3村が合併して宮野村が成立。村名は宮崎村および宮崎出目村の「宮」と、向野村の「野」を取って命名したもの。1889年（明治22）、町村制の施行により、宮野村、永塩村、折崎村の3村が合併して六栄村になり、1956年（昭和31）、六栄村と腹赤《はらか》村が合併して腹栄《ふくえい》村が発足。腹栄村も腹赤村の「腹」と、六栄村の「栄」を取った合成地名。1957年（昭和32）、腹栄村と長洲町が合併して長洲町になる。

良町 ややまち ［良間村＋四才町村］（熊本市南区）

1874年（明治7）、良間村と四才町村が合併して良町村が成立。村名は良間村の「良」と、四才町村の「町」を取って命名したもの。1889年（明治22）、町村制の施行により良町村、田迎村、田《た》井島《いのしま》村、出仲間村の4村が合併して田迎村が発足し、1953年（昭和28）、熊本市に編入される。

四ツ原 よつはら ［田原村＋上田原村＋南田原村＋柿原村（四つの原）］（玉名郡南関町）

1874年（明治7）、田原村、上田原村、南田原村、柿原村の4村が合併して四ツ原村が成立。村名は合併する4村からそれぞれ「原」を取り、四つの「原」で「四ツ原村」と命名したもの。1889年（明治22）、町村制の施行により、四ツ原村と三津川村が合併して米富村が発足。1955年（昭和30）、米富村、賢木村、南関町、大原村、坂下村の5町村が合併して南関町になる。

米迫 よねさこ ［米山村＋大迫村］（上益城郡山都町）

1876年（明治9）、米山村と大迫村が合併して米迫村が成立。村名は米山村の「米」と、大迫村の「迫」を取って命名したもの。1889年（明治22）、町村制の施行により、米迫村など7村が合併して菅尾村になり、1956年（昭和31）、菅尾村、馬見原町、柏村の3町村が合併して蘇陽町が発足。2005年（平成17）、蘇陽町、矢部町、清和村の3町村が合併して山都町になる。

両出 りょうで ［北出村＋南出村（両方の出）］（八代市）

1876年（明治9）、北出村と南出村が合併して両出村が成立。村名は北出村の「出」と、南出村の「出」の、二つの「出」を取って「両出村」と命名したもの。1889年（明治22）、両出村、貝洲村、塩浜村、宝出村の4町村が合併して文政村になり、1955年（昭和30）、文政村、鏡町、有佐村の3

町村が合併して鏡町が発足。２００５年（平成17）、鏡町、八代市など6市町村が合併して八代市になる。

▼大分県

浅瀬 あさせ ［浅水村＋宇対瀬村］（豊後大野市）

１８７５年（明治８）、浅水村と宇対瀬村が合併して浅瀬村が成立。村名は浅水村の「浅」と、宇対瀬村の「瀬」を取って命名したもの。１８８９年（明治22）、町村制の施行により、浅瀬村、宮野村、菅生《すごう》村、井迫村の４村が合併して菅尾村になり、１９５１年（昭和26）、菅尾村、三重町、百枝《ももえだ》村、新田村の４町村が合併して三重町が発足。２００５年（平成17）、三重町、大野町など7町村が合併し、市制施行して豊後大野市になる。

井迫 いさこ ［又井村＋森迫村］（豊後大野市）

１８７５年（明治８）、又井村と森迫村が合併して井迫村が成立。村名は又井村の「井」と、森迫村の「迫」を取って命名したもの。１８８９年（明治22）、町村制の施行により、井迫村、浅瀬村、宮野村、菅生村の４村が合併して菅尾村になり、１９５１年（昭和26）、菅尾村、三重町、百枝《ももえだ》村、新田村の４町村が合併して三重町が発足。２００５年（平成17）、三重町、大野町など7町村が合併し、市制施行して豊後大野市になる。

江須賀 えすか ［江島村＋中須賀村＋沖須村］（宇佐市）

１８８７年（明治20）、江島村、中須賀村、沖須村の３村が合併して江須賀村が成立。村名は江島村の「江」と、中須賀村の「須賀」および沖須村の「須」を取って命名したもの。１８８９年（明治22）、江須賀村など6村が合併して柳ヶ浦村になり、１９４０年（昭和15）、町に昇格。１９５５年（昭和30）、柳ヶ浦町、長洲町、和間村の３町村が合併して長洲町が発足し、１９６７年（昭和42）、長洲町、宇佐町、四日市町、駅川町の４町が合併し、市制施行して宇佐市になる。

大田俣水 おおたまたみず［大田村＋俣見村＋赤水村］（杵築市）

１８７５年（明治8）、俣見村と赤水村が合併して俣水村が成立。村名は俣見村の「俣」と、赤水村の「水」を取って命名したもの。１８８９年（明治22）、町村制の施行により、俣水村、波多方《はだかた》村、白木原村の3村が合併して朝田村になり、１９５４年（昭和29）、朝田村と田原村が合併して大田村が発足。２００５年（平成17）、大田村、杵築市、山香《やまが》町の3市町村が合併して杵築市になる。大田俣水は、旧村名の大田村の「大田」に旧村名で字名となっていた「俣水」をそのまま繋ぎ合わせたもの。

大鶴町 おおつるまち［大肥村＋鶴河内村］（日田市）

１８８９年（明治22）、町村制の施行により、大肥村と鶴河内村が合併して大鶴村が成立。村名は大肥村の「大」と、鶴河内村の「鶴」を取って命名したもの。１９５５年（昭和30）、日田市に編入される。

岡川 おかがわ［秋岡村＋石川村］（大分市）

１８７５年（明治8）、秋岡村と石川村が合併して岡川村が成立。村名は秋岡村の「岡」と、石川村の「川」を取って命名したもの。１８８９年（明治22）、町村制の施行により、岡川村など8村が合併して東植田村になる。１９５５年（昭和30）、東植田村、植田村、賀来《かく》村の3村が合併して大分村が発足し、１９５７年（昭和32）、町に昇格。１９６３年（昭和38）、大分町が大分市、鶴崎市、坂ノ市町、大在村、大南町の5市町村と合併して大分市になる。

小田 おだ［小津留村＋田村］（豊後大野市）

１８７５年（明治8）、小津留村と田村が合併して小田村が成立。村名は小津留村の「小」と、田村の「田」を取って命名したもの。１８８９年（明治22）、町村制の施行により小田村、玉田村、本城村、久田村の4村が合併して新田村になり、１９５１年（昭和26）、新田村、三重町、百枝《ももえだ》村、菅尾村の4町村が合併して三重町が発足。２００５年（平成17）、三重町、大野町など7町村が合併し、市制施行して豊後大野市になる。

小山町 おやままち [小畑村＋山手村]（日田市）

1875年（明治8）、小畑村と山手村が合併して小山村が成立。村名は小畑村の「小」と、山手村の「山」を取って命名したもの。1889年（明治22）、町村制の施行により、小山村、石井村、川下村、堂尾村、内河野村の5村が合併して五和村が発足。五和村も、五つの村が「和する」という意で つけた一種の合成地名。1955年（昭和30）、日田市に編入される。

上尾塚 かみおつか [上野村＋田尾村＋大塚村]（豊後大野市）

1875年（明治8）、上野村、田尾村、大塚村の3村が合併して上尾塚村が成立。村名は上野村の「上」、田尾村の「尾」、大塚村の「塚」を取って命名したもの。1889年（明治22）、町村制の施行により、上尾塚村など9村が合併して上井田村になり、1954年（昭和29）、上井田村と西大野村が合併して朝地村が発足。1955年（昭和30）、町に昇格し、2005年（平成17）、朝地町、大野町など7町村が合併し、市制施行して豊後大野市になる。

神堤 かみつつみ [神鉢村＋堤村]（竹田市）

1875年（明治8）、神鉢村と堤村が合併して神堤村が成立。村名は神鉢村の「神」と、堤村の「堤」を取って命名したもの。1889年（明治22）、町村制の施行により、神堤村、栗林村、綿田村、鳥田村、梨小村の5村が合併して西大野村になる。1954年（昭和29）、西大野村と上井田村が合併して朝地村が発足し、1955年（昭和30）、町に昇格。1956年（昭和31）、朝地町の神堤地区が直入町に編入され、2005年（平成17）、直入町、竹田市、荻町、久住《くじゅう》町の4市町が合併して竹田市になる。

越生 こしお［打越村＋漆生村］（豊後大野市）

１８７５年（明治8）、打越村と漆生村が合併して越生村が成立。村名は打越村の「越」と、漆生村の「生」を取って命名したもの。１８８９年（明治22）、町村制の施行により、越生村など7村が合併して緒方村が発足。１９５０年（昭和25）、町に昇格。２００５年（平成17）、緒方町、大野町など7町村が合併し、市制施行して豊後大野市になる。

下原 しもばる［下詰村＋原村］（大分市）

１８７５年（明治8）、下詰村と原村が合併して下原村が成立。村名は下詰村の「下」と、原村の「原」を取って命名したもの。１８８９年（明治22）、町村制の施行により、下原村、上詰村、太田村、竹矢村、辻原村の5村が合併して諏訪村になり、１９０７年（明治40）、諏訪村と野津原村が合併して野津原村が発足。１９５９年（昭和34）、町に昇格し、２００５年（平成17）、大分市に編入される。

城井 じょうい［城村＋東今井村＋西今井村］（宇佐市）

１８８７年（明治20）、城村、東今井村、西今井村の3村が合併して城井村が成立。村名は城村の「城」と、東今井村および西今井村の「井」を取って命名したもの。１８８９年（明治22）、町村制の施行により、城井村、四日市村、吉松村、石田村、葛原村の5村が合併して四日市村が発足。１８９１年（明治24）、町に昇格し、１９６７年（昭和42）、四日市町、宇佐町、駅川町、長洲町の4町が合併し、市制施行して宇佐市になる。

関園 せきぞの［関門村＋堂園村］（大分市）

１８７５年（明治8）、関門村と堂園村が合併して関園村が成立。村名は関門村の「関」と、堂園村の「園」を取って命名したもの。１８８９年（明治22）、町村制の施行により、関園村など6村が合併して高田村になり、１９５４年（昭和29）、高田村、鶴崎町、明治村、松岡村、川添村の5町村が合併し、市制施行して鶴崎市が発足。１９６３年（昭和38）、鶴崎市が大分市、大分町、大南町、坂ノ市町、大在村の5市町村と合併して大分市になる。

高原 たかはら［高沢村＋小原村］（大分市）

1875年（明治8）、高沢村と小原村が合併して高原村が成立。村名は高沢村の「高」と、小原村の「原」を取って命名したもの。1889年（明治22）、町村制の施行により、高原村、荷尾杵《におき》村、今市村の3村が合併して今市村になり、1955年（昭和30）、今市村と野津原村が合併して野津原村が発足。1959年（昭和34）、町に昇格し、2005年（平成17）、大分市に編入される。

高山 たかやま［高須村＋山路村］（臼杵市）

1875年（明治8）、高須村と山路村が合併して高山村が成立。村名は高須村の「高」と、山路村の「山」を取って命名したもの。1889年（明治22）、町村制の施行により、高山村など6村が合併して上南津留村になり、1907年（明治40）、上南津留村と中臼杵村が合併して南津留村が発足。1954年（昭和29）、臼杵市に編入される。

竹矢 たけや［竹内村＋矢野原村］（大分市）

1875年（明治8）、竹内村と矢野原村が合併して竹矢村が成立。村名は竹内村の「竹」と、矢野原村の「矢」を取って命名したもの。1889年（明治22）、町村制の施行により、竹矢村、辻原村、下原村、上詰村、太田村の5村が合併して諏訪村になり、1907年（明治40）、諏訪村と野津原村が合併して野津原村が発足。1959年（昭和34）、町に昇格し、2005年（平成17）、大分市に編入される。

坪泉 つぼいずみ［坪井村＋北泉村］（豊後大野市）

1875年（明治8）、坪井村と北泉村が合併して坪泉村が成立。村名は坪井村の「坪」と、北泉村の「泉」を取って命名したもの。1889年（明治22）、町村制の施行により坪泉村など9村が合併して上井田村になり、1954年（昭和29）、上井田村と西大野村が合併して朝地村が発足。1955年（昭和30）、町に昇格し、2005年（平成17）、朝地町、大野町など7町村が合併し、市制施行して豊後大野市になる。

鶴岡町 つるおかまち［鶴望村＋上岡村］（佐伯市）

1889年（明治22）、町村制の施行により、鶴《つる》望《み》村、上岡村、稲垣村の3村が合併して鶴岡村が成立。村名は鶴望村の「鶴」と、上岡村の「岡」を取って命名したもの。1937年（昭和12）、鶴岡村、佐伯町、上堅田村の3町村が合併して佐伯町が発足し、1941年（昭和16）、佐伯町、八幡村、西上浦村、大入島村の4町村が合併して佐伯市になる。

鶴瀬 つるせ［大鶴村＋鵜猟河瀬村］（大分市）

1875年（明治8）、大鶴村と鵜猟河瀬村が合併して鶴瀬村が成立。村名は大鶴村の「鶴」と、鵜猟河瀬村の「瀬」を取って命名したもの。1889年（明治22）、町村制の施行により、鶴瀬村など6村が合併して高田村になる。1954年（昭和29）、高田村、鶴崎町、明治村、松岡村、川添村の5町村が合併し、市制施行して鶴崎市になる。1963年（昭和38）、鶴崎市が大分市、大分町、大南町、坂ノ市町、大在村の5市町村と合併して大分市になる。

富清 とみきよ［富永村＋垣清村］（国東市）

1875年（明治8）、富永村と垣清村が合併して富清村が成立。村名は富永村の「富」と、垣清村の「清」を取って命名したもの。1889年（明治22）、町村制の施行により、富清村、両子村、糸永村の3村が合併して西武蔵村になり、1954年（昭和29）、西武蔵村、安《あ》岐《き》町など6町村が合併して安岐町が発足。2006年（平成18）、安岐町、国《くに》東《さき》町、国見町、武蔵町の4町が合併して国東市になる。

鳥田 とりた［鳥屋村＋田夫時村］（豊後大野市）

１８７５年（明治8）、島屋村と田夫時《たぶとき》村が合併して島田村が成立。村名は島屋村の「島」と、田夫時村の「田」を取って命名したもの。１８８９年（明治22）、町村制の施行により、島田村、栗林村、綿田村、梨小村、神堤村の5村が合併して西大野村になり、１９５４年（昭和29）、西大野村と上井田村が合併して朝地村が発足。１９５５年（昭和30）、町に昇格し、２００５年（平成17）、朝地町、大野町など7町村が合併し、市制施行して豊後大野市になる。

長畑　ながはた［長小野村＋小切畑村］（豊後大野市）

１８７５年（明治8）、長小野村と小切畑村が合併して長畑村が成立。村名は長小野村の「長」と、小切畑村の「畑」を取って命名したもの。１８８９年（明治22）、町村制の施行により、長畑村など6村が合併して長谷村になり、１９５５年（昭和30）、長谷村、犬飼町、戸上村の3町村が合併して犬飼町が発足。２００５年（平成17）、犬飼町、朝地町、大野町など7町村が合併し、市制施行して豊後大野市になる。

梨小　なしこ［梨原村＋小川野村］（豊後大野市）

１８７５年（明治8）、梨原村、小川野村、志屋村の3村が合併して梨小村が成立。村名は梨原村の「梨」と、小川野村の「小」を取って命名したもの。１８８９年（明治22）、町村制の施行により、梨小村、栗林村、綿田村、島田村、神堤村の5村が合併して西大野村になり、１９５４年（昭和29）、西大野村と上井田村が合併して朝地村が発足。１９５５年（昭和30）、町に昇格し、２００５年（平成17）、朝地町、大野町など7町村が合併し、市制施行して豊後大野市になる。

荷尾杵　におき［荷小野村＋尾原村＋杵ヶ原村］（大分市）

１８７５年（明治8）、荷小野村、尾原村、杵ヶ原村の3村が合併して荷尾杵村が成立。村名は荷小野村の「荷」、尾原村の「尾」、杵ヶ原村の「杵」を取って命名したもの。１８８９年（明治22）、町村制の施行により、荷尾杵村、高原村、今市村の３村が合併して今市村になり、１９５５年（昭和30）、今市村と野津原村が合併して野津原村が発足。１９５９年（昭和34）、町に昇格し、２００５年（平成17）、大分市に編入される。

西泉 にしいずみ［西原村＋法泉庵村］（豊後大野市）

１８７５年（明治8）、西原村と法泉庵村が合併して西泉村が成立。村名は西原村の「西」と、法泉庵村の「泉」を取って命名したもの。１８８９年（明治22）、町村制の施行により、西泉村、百枝《ももえだ》村、川辺村、上田原村、向野村の5村が合併して百枝村になり、１９５１年（昭和26）、百枝村、三重町、新田村、菅尾村の4町村が合併して三重町が発足。２００５年（平成17）、三重町、大野町など7町村が合併し、市制施行して豊後大野市になる。

野田 のだ［野村＋田井ヶ迫村］（臼杵市）

１８７５年（明治8）、野村と田井ヶ迫《たいがさこ》村が合併して野田村が成立。村名は野村の「野」と、田井ヶ迫村の「田」を取って命名したもの。１８８９年（明治22）、町村制の施行により、野田村、前田村、深田村、家野村、望月村の5村が合併して下南津留村になる。１９０７年（明治40）、下南津留村、臼杵町、市浜村、上浦村の4町村が合併して臼杵町が発足し、１９５０年（昭和25）、臼杵町と海辺村が合併し、市制施行して臼杵市になる。

日野 ひの［日明村＋野田村］（杵築市）

日明村、野田村、新庄村の3村が合併して日野村が成立。村名は日明村の「日」と、野田村の「野」を取って命名したもの。１８８９年（明治22）、町村制の施行により、日野村、矢坂村、本庄村、中村、相原村の5村が合併して八坂村が発足。１９５５年（昭和30）、八坂村、杵築町、北杵築村、奈狩江《なかりえ》村の4町村が合併し、市制施行して杵築市になる。

福良木 ふくらぎ［福青田村＋田良木村＋笠良木村］（臼杵市）

1875年（明治8）、福青田村、田良木村、笠良木村の3村が合併して福良木村が成立。村名は福青田村の「福」と、田良木村および笠良木村の「良木」を取って命名したもの。1889年（明治22）、町村制の施行により、福良木村、亀甲村、八里合《はちりごう》村、王子村、山頭《やまず》村の5村が合併して田野村になり、1951年（昭和26）、田野村と野津町が合併して野津町が発足。2005年（平成17）、野津町と臼杵市が合併して臼杵市になる。

船田 ふなだ［船木村＋田口村］（豊後大野市）

1875年（明治8）、船木村と田口村が合併して船田村が成立。村名は船木村の「船」と、田口村の「田」を取って命名したもの。1889年（明治22）、町村制の施行により、船田村、長峯村、石田村、新殿《にいどの》村の4村が合併して井田村になり、1941年（昭和16）、井田村と柴原村が合併して千歳村が発足。2005年（平成17）、千歳村、大野町など7町村が合併し、市制施行して豊後大野市になる。

古野 ふるの［古原村＋黒野村］（由布市）

1875年（明治8）、古原村と黒野村が合併して古野村が成立。村名は古原村の「古」と、黒野村の「野」を取って命名したもの。1889年（明治22）、町村制の施行により、古野村、赤野村、三船村、朴木《ほおのき》村、東院村の5村が合併して由布川村になる。1954年（昭和29）、由布川村、挾間《はさま》村、谷村、石城川村の4村が合併して挾間村が発足し、1955年（昭和30）、町に昇格。2005年（平成17）、挾間町、湯布院町、庄内町の3町が合併し、市制施行して由布市になる。

馬背畑 ませばた［馬背戸村＋小畑村］（豊後大野市）

1875年（明治8）、馬背戸村と小畑村が合併して馬背畑村が成立。村名は馬背戸村の「馬背」と、小畑村の「畑」を取って命名したもの。1889年（明治22）、町村制の施行により、馬背畑村など6村が合併して南緒方村になり、1932年（昭和7）、南緒方村が分割して緒方村と合川村に編入される。1950年（昭和25）、緒方村は町に昇格。2005年（平成17）、緒方町、大野町など7町村が合併し、市制施行して豊後大野市になる。

丸亀 まるがめ［上徳丸村＋亀甲村］（大分市）

1875年（明治8）、上徳丸村と亀甲村が合併して丸亀村が成立。村名は上徳丸村の「丸」と、亀甲村の「亀」を取って命名したもの。1889年（明治22）、町村制の施行により、丸亀村など6村が合併して高田村になり、1954年（昭和29）、高田村、鶴崎町、明治村、松岡村、川添村の5町村が合併し、市制施行して鶴崎市が発足。1963年（昭和38）、鶴崎市が大分市、大分町、大南町、坂ノ市町、大在村の5市町村と合併して大分市になる。

宮生 みやお［宮迫村＋瓜生村］（豊後大野市）

1875年（明治8）、宮迫村と瓜生村が合併して宮生《みやお》村が成立。村名は宮迫村の「宮」と、瓜生村の「生」を取って命名したもの。1889年（明治22）、町村制の施行により、宮生村など9村が合併して上井田村になり、1954年（昭和29）、上井田村と西大野村が合併して朝地村が発足。1955年（昭和30）、町に昇格し、2005年（平成17）、朝地町、大野町など7町村が合併し、市制施行して豊後大野市になる。

宮野 みやの［宮尾村＋深野村］（豊後大野市）

1875年（明治8）、宮尾村と深野村が合併して宮野村が成立。村名は宮尾村の「宮」と、深野村の「野」を取って命名したもの。1889年（明治22）、町村制の施行により、宮野村、菅生村、井迫村、浅瀬村の4村が合併して菅尾村になり、1951年（昭和26）、菅尾村、三重町、百枝《ももえだ》村、新田村の4町村が合併して三重町が発足。2005年（平成17）、三重町、大野町など7町村が合併して豊後大野市になる。

屋原 やばる［庄屋村＋代野原村］（豊後大野市）

１８７５年（明治８）、庄屋村と代野原村が合併して屋原村が成立。村名は庄屋村の「屋」と、代野原村の「原」を取って命名したもの。１８８９年（明治22）、屋原村、大原村、酒井寺村、北園村、桑原村の５村が合併して養老村になり、１９０７年（明治40）、養老村、大野村、田中村、中井田村、土《は》師《じ》村の５村が合併して西大野村が発足。１９５４年（昭和29）、西大野村と上井田村が合併して朝地村になり、１９５５年（昭和30）、町に昇格。２００５年（平成17）、朝地町、大野町など7町村が合併し、市制施行して豊後大野市になる。

▼宮崎県

波島 なみしま［阿波岐原町＋大島町］（宮崎市）

１９７８年（昭和53）、住居表示の実施により、阿《あ》波《わ》岐《き》原《はら》町と大島町が統合されて波島町が成立。町名は阿波岐原町の「波」と、大島町の「島」を取って命名したもの。

▼鹿児島県

湯島町 ゆしまちょう［湯浦＋平島］（薩摩川内市）

１９５１年（昭和26）、水引村の草道地区が川内市（現・薩摩川内市）に編入された際に、「湯島町」が新設される。地名は草道地区の字名である湯浦の「湯」と、平島の「島」を取って命名したもの。

▼沖縄県

伊原 いはら［伊礼村＋石原村］（糸満市）

１９０３年（明治36）、伊礼村と石原村が合併して伊原村が成立。村名は伊礼村の「伊」と石原村の「原」を取って命名したもの。１９０８年（明治41）、島嶼《とうしょ》町村制の施行により糸満町が発足し、同町の字名になる。１９７１年（昭和46）、市制施行。

今泊 いまどまり［今帰仁村＋親泊村］（国頭郡今帰仁村）

１９０３年（明治36）、今帰仁《なきじん》村と親泊村が合併して今泊村が成立。村名は今帰仁村の「今」と、親泊村の「泊」を取って命名したもの。１９０８年

（明治41）、島嶼町村制の施行により今帰仁村が発足し、同村の字名になる。

謝名城 じゃなぐすく［根謝銘村＋一名代村＋城村］（国頭郡大宜味村）

1903年（明治36）、根謝銘《うい》村、一名代《てんなす》村、城《ぐすく》村の3村が合併して謝名城村が成立。村名は根謝銘村の「謝」、一名代村の「名」、城村の「城」を取って命名したもの。1908年（明治41）、島嶼町村制の施行により大宜味《おおぎみ》村が発足し、同村の字名になる。

諸志 しょし［諸喜田村＋志慶真村］（国頭郡今帰仁村）

1903年（明治36）、諸喜田村と志慶真《しげま》村が合併して諸志村が成立。村名は諸喜田村の「諸」と、志慶真村の「志」を取って命名したもの。1908年（明治41）、島嶼町村制の施行により今帰仁《なきじん》村が発足し、同村の字名になる。

田嘉里 たかざと［親田村＋屋嘉比村＋見里村］（国頭郡大宜味村）

1903年（明治36）、親田村、屋嘉比《やかび》村、見里村の3村が合併して田嘉里村が成立。村名は親田村の「田」、屋嘉比村の「嘉」、見里村の「里」を取って命名したもの。1908年（明治41）、島嶼町村制の施行により大宜味村が発足し、同村の字名になる。

高平 たかひら［高宮城村＋平川村］（南城市）

1903年（明治36）、高宮城村と平川村が合併して高平村が成立。村名は高宮城村の「高」と、平川村の「平」を取って命名したもの。1908年（明治41）、島嶼町村制の施行により大里村が発足し、同村の字名になる。2006年（平成18）、大里村、佐敷町、知念村、玉城《たまぐすく》村の4町村が合併し、市制施行して南城《なんじょう》市になる。

束里 つかざと［東辺名村＋上里村］（糸満市）

１９０３年（明治36）、東辺名《つかへな》村と上里村が合併して東里村が成立。村名は東辺名村の「東」と、上里村の「里」を取って命名したもの。１９０８年（明治41）、島嶼町村制の施行により糸満町が発足し、同町の字名になる。１９７１年（昭和46）、市制施行して糸満市となる。

仲間 なかま［仲程村＋当間村］（南城市）

１９０３年（明治36）、仲程村と当間村が合併して仲間村が成立。村名は仲程村の「仲」と、当間村の「間」を取って命名したもの。１９０８年（明治41）、島嶼町村制の施行により大里村が発足し、同村の字名になる。２００６年（平成18）、大里村、佐敷町、知念村、玉城村の４町村が合併し、市制施行して南城市になる。

山里 やまざと［山口村＋仲里村］（南城市）

１９０３年（明治36）、山口村、仲里村、鉢嶺村の３村が合併して山里村が成立。村名は山口村の「山」と、仲里村の「里」を取って命名したもの。１９０８年（明治41）、島嶼町村制の施行により知念村が発足し、同村の字名になる。２００６年（平成18）、知念村、佐敷町、大里村、玉城村の４町村が合併し、市制施行して南城市になる。

日本全国 合成地名の事典 ● 索引

［あ行］

鮎河／あいが……161
愛荘町／あいしょうちょう……151
藍住町／あいずみちょう……188
会塚／あいづか……37
会津高田町／あいづたかだまち……33
会津坂下町／あいづばんげまち……26
会津本郷町／あいづほんごうまち……33
会津美里町／あいづみさとまち……27
会津若松市／あいづわかまつし……26
愛野町／あいのまち……233
阿讃山脈／あさんさんみゃく……184
赤磐郡／あかいわぐん……193
赤磐市／あかいわし……186
赤来町／あかぎちょう……191
赤穂／あかほ……125
昭島市／あきしまし……74
秋津／あきつ……246
秋ノ宮／あきのみや……38
安芸郡／あげぐん……155
安坂山町／あさかやまちょう……158
浅科村／あさしなむら……111
浅瀬／あさせ……261
麻溝台／あさみぞだい……96
浅谷／あさや……134
浅山／あさやま……47
麻山／あさやま……246
朝山町／あさやまちょう……206
芦品郡／あしなぐん……195
芦安村／あしやすむら……110
安代町／あしろちょう……30
東田／あずまだ……47
熱塩加納村／あつしおかのうむら……33
阿哲郡／あてつぐん……193
阿野／あの……220
海士有木／あまありき……88
安眞木／あまぎ……237
天津小湊町／あまつこみなとまち……79
天沼／あまぬま……48
綾歌郡／あやうたぐん……188
綾歌町／あやうたちょう……197
阿山郡／あやまぐん……155
鮎立／あゆたて……128
新磯野／あらいその……96
荒茅町／あらかやちょう……207
新島／あらしま……130
荒谷／あらや……38
有穂／ありほ……128
粟野／あわの……212
安丹／あんたん……42
猪位金／いいかね……238
五泉町／いいずみちょう……166
飯田川町／いいたがわまち……30
飯舘村／いいたてむら……27
生岩／いきいわ……238
生田／いくた……96
井口中町／いぐちなかちょう……158
猪倉野／いくらの……48
池田／いけだ……134
池永／いけなが……246
伊崎／いさき……80
井迫／いさこ……261
井沢町／いざわちょう……135
石江／いしえ……35
石木町／いしきちょう……177
石野町／いしのちょう……135
石橋／いしはし……161
猪高町／いたかちょう……135
井田川町／いだがわちょう……158
市貝町／いちかいまち……69
一川／いちかわ……48
市川三郷町／いちかわみさとちょう……102
いちき串木野市／いちきくしきのし……231
一ノ木／いちのき……49
市野郷／いちのごう……88
市場／いちば……238
市山／いちやま……200
一社／いっしゃ……135
糸島郡／いとしまぐん……233
糸島市／いとしまし……227
稲川町／いなかわまち……31

稲沢市／いなざわし……105
稲田／いなだ……125
稲武町／いなぶちょう……115
井内林／いのうちばやし……158
伊原／いはら……271
井吹台／いぶきだい……172
今金町／いまかねちょう……18
今田／いまだ……247
今任原／いまとうばる……239
今泊／いまどまり……271
今吉野／いまよしの……247
伊予三島市／いよみしまし……198
入間／いるま……128
岩古曾町／いわこそまち……247
岩瀬／いわせ（岐阜県）……129
岩瀬／いわせ（滋賀県）……161
岩田町／いわたちょう……212
岩中町／いわなかちょう……136
岩美町／いわみちょう……185
岩山／いわやま……166
岩吉／いわよし……200
植大／うえだい……136
上田町／うえだまち……218
宇城市／うきし……230
卯坂／うさか……136
牛川／うしかわ……49
内久保／うちくぼ……166
内林／うちばやし……167
宇生／うぶ……213
梅島／うめじま……92
梅山／うめやま……131
浦津／うらつ……201
雲伯／うんぱく……184
江川崎／えかわさき……223
江島町／えじまちょう……136
江須賀／えすか……261
恵塚町／えづかまち……247
海老細／えびさい……49
江和井／えわい……85
御池田／おいけだ……49
老富町／おいとみちょう……167
奥羽山脈／おううさんみゃく……22
大網白里市／おおあみしらさとし……72
大荒／おおあら……42
大泉町／おおいずみまち……70
大井早／おおいそう……248
大井戸／おおいど……89
大稲／おおいね……89
大沖／おおおき……50
大柿町／おおがきちょう……194
大金町／おおがねちょう……207
大上／おおかみ……50
大川郡／おおかわぐん……198
大川町／おおかわちょう……197
大冠町／おおかんむりちょう……171
大木谷／おおきだに……172
大木町／おおきまち……228
大草／おおくさ……239
大口町／おおぐちちょう……106
大熊町／おおくままち……27
大塩／おおしお……37
大鹿村／おおしかむら……103
大島／おおしま……201
大島町／おおしまちょう……172
大代町／おおしろちょう……207
大須賀町／おおすかちょう……113
大関／おおぜき……50
大田／おおた……50
大鷹沢／おおたかさわ……37
大高嶋／おおたかしま……84
大高味町／おおたかみちょう……137
大田木／おおたぎ……51
大田区／おおたく……73
大谷／おおたに……129
大田俣水／おおたまたみず……262
大田町／おおたまち……137
大玉村／おおたまむら……28
大田原／おおたわら……51
大月町／おおつきちょう……189
大津町／おおつちょう……221
大綱木／おおつなぎ……51
大鶴町／おおつるまち……262
大任町／おおとうまち……228
大殿／おおとの……201
大富／おおとみ……172
大豊町／おおとよちょう……189
大中／おおなか（千葉県）……89
大中／おおなか（兵庫県）……173
大中山／おおなかやま……19
大西町／おおにしちょう……198
大野村／おおのむら……76
大幡／おおはた……131
大原／おおはら……129
大張／おおはり……37
大平／おおひら（熊本県菊池市）……248

大平／おおひら（熊本県山都町）…248
大広／おおひろ…43
大廣園／おおひろぞの…239
大古／おおふる…180
大宮町／おおみやちょう…154
大柳／おおやなぎ…51
大柳町／おおやなぎちょう…137
大山／おおやま…52
大柳／おおりゅう…52
大和田町／おおわだちょう…178
大蕨岡／おおわらびおか…43
岡垣町／おかがきまち…228
岡川／おかがわ…262
岡木／おかき…201
岡島／おかじま…52
岡原村／おかはるむら…234
小川／おがわ…178
小木／おぎ…249
沖高／おきたか…52
荻杼町／おぎとちちょう…207
荻野町／おぎのちょう…115
沖美町／おきみちょう…194
奥崎／おくさき…201
奥田／おくだ…213
小久田町／おくだちょう…138
尾口村／おぐちむら…109
小社曾根／おごそそね…159
長行／おさゆき…239
押井町／おしいちょう…138
忍野村／おしのむら…103
押羽／おしは…125
小田／おだ…262
乙加宮／おつかみや…208
鬼高／おにたか…90
尾野／おの…240
小野上村／おのがみむら…77
尾野本／おのもと…53
小美玉市／おみたまし…68
小山町／おやままち…263
折崎／おりさき…249
尾張旭市／おわりあさひし…106

【か行】

海草郡／かいそうぐん…154
海津市／かいづし…104
加越／かえつ…100
加賀郡／かがぐん…187
鏡石町／かがみいしまち…28
笠梅／かさうめ…131
笠田笠岡／かさだかさおか…222
笠田竹田／かさだたけだ…222
風間浦村／かざまうらむら…23
鍛埜町／かじのちょう…138
鹿島町／かしまちょう…191
嘉島町／かしままち…230
樫山町／かしやまちょう…173
数神／かずこう…224
片原／かたはら…130
賀田山／かたやま…162
勝大／かつおお…53
勝田市／かつたし…76
勝原／かつはら…53
桂荒俣／かつらあらまた…43
金井町／かないまち…107
金江町／かなえちょう…218
金砂郷町／かなさごうまち…76
金田町／かなだちょう…222
金塚／かなづか…116
金橋／かなはし…53
金谷川／かなやがわ…54
家根合／かねあい…43
金田／かねだ…54
金田町／かねたちょう…208
金野／かねの…138
金野町／かねのまち…121
金平町／かねひらちょう…139
加濃越山地／かのうえつさんち…100
嘉穂郡／かほぐん…229
嘉穂町／かほまち…232
蒲郡市／がまごおりし…106
神泉村／かみいずみむら…78
神岡町／かみおかまち…31
上尾塚／かみおつか…263
加三方／かみがた…213
神川町／かみかわちょう…159
神河町／かみかわちょう…152
上川村／かみかわむら…107
神島／かみしま…131
上島町／かみしまちょう…208
神栖市／かみすし…68
香美町／かみちょう…153
神堤／かみつつみ…263
神林村／かみはやしむら…108
神谷城／かみやしろ…132
亀泉町／かめいずみまち…84
亀場町／かめばまち…249

亀久／かめひさ……83
亀松／かめまつ……249
加茂歌代／かもうたしろ……116
鹿本郡／かもとぐん……236
鹿本町／かもとまち……234
神森／かもり……159
萱根／かやね……54
狩勝峠／かりかちとうげ……16
苅原／かりはら……162
狩振岳／かりふりだけ……16
川犬／かわいぬ……240
川内町／かわうちちょう……198
川上町／かわかみちょう……222
河佐町／かわさちょう……218
河島／かわしま……44
河内長野市／かわちながのし……152
川鶴／かわつる……85
川野／かわの……250
川畑／かわはた……90
河原町／かわはらちょう……139
川平町／かわひらちょう……208
川部町／かわべまち……54
川宮／かわみや……240
川本町／かわもとまち……79
川柳町／かわやなぎちょう……86
河原林町／かわらばやしちょう……167
神花／かんばな……44
神氷／かんぴ……209
関門海峡／かんもんかいきょう……184
紀尾井町／きおいちょう……93
木川／きかわ……171
菊鹿町／きくかまち……235
木沢村／きさわそん……196
木城町／きじょうちょう……231
紀勢町／きせいちょう……154
木曾福島町／きそふくしままち……111
北岩岡／きたいわおか……86
木田郡／きたぐん……188
北崎町／きたさきまち……139
北塩原村／きたしおばらむら……28
北中／きたなか……86
北浜町／きたはまちょう……173
北広島市／きたひろしまし……17
北福／きたふく……202
紀淡海峡／きたんかいきょう……150
木原田／きはらだ……38
貴生川／きぶかわ……162
君田村／きみたそん……194
紀美野町／きみのちょう……153
木山／きやま……116
京ヶ瀬村／きょうがせむら……108
京田辺市／きょうたなべし……151
清川／きよかわ……19
旭志村／きょくしむら……235
清崎／きよさき……162
清里町／きよさとちょう……18
清瀬市／きよせし……74
清田／きよた……163
清滝／きよたき……159
清原／きよはら……202
茎崎町／くきざきまち……77
口田／くちだ……219
口和町／くちわちょう……194
国高／くにたか……123
国立市／くにたちし……74
六合村／くにむら……78
久保泉町／くぼいずみまち……245
熊手島／くまてじま……44
熊ノ目／くまのめ……55
熊味町／くまみちょう……139
久御山町／くみやまちょう……152
倉渕村／くらぶちむら……78
栗谷町／くりたにちょう……219
栗町／くりまち……173
黒井田町／くろいだちょう……209
黒川／くろかわ……250
京滋／けいじ……150
芸濃町／げいのうちょう……155
京阪神／けいはんしん……150
京浜／けいひん……66
京葉／けいよう……66
芸予諸島／げいよしょとう……184
気高郡／けたかぐん……190
気高町／けたかちょう……190
神合町／こうあいまち……250
神下／こうか……178
光木／こうき……214
神郷／こうざと……222
更埴市／こうしょくし……110
甲信／こうしん……100
甲信越／こうしんえつ……100
郷曾／ごうそ……219
耕田／こうだ……209
甲田町／こうだちょう……195
香寺町／こうでらちょう……157
幸福町／こうふくちょう……19

小金町／こがねまち……121
越生／こしお……264
小椿／こつばき……55
小橡／ことち……178
小長井町／こながいちょう……234
古原／こはら……90
甲武信ヶ岳／こぶしがたけ……66
小舟寺／こふなじ……55
小府根／こふね……56
古府町／こふまち……121
古豊千／こほうち……203
駒沢／こまざわ……93
小本／こもと……140
小茂根／こもね……93
故屋岡町／こやおかちょう……167
根釧台地／こんせんだいち……16

［さ行］

才金／さいかね……174
西庄／さいしょう……174
才栗町／さいくりちょう……140
坂井村／さかいむら……111
坂宇場／さかうば……140
坂長／さかちょう……203
坂野／さかの……251
佐久穂町／さくほまち……104
桜／さくら……80
佐倉河／さくらかわ……35
笹神村／ささかみむら……108
佐田町／さだちょう……191
薩摩川内市／さつませんだいし……231
里川町／さとかわまち……122
里庄町／さとしょうちょう……187
里美村／さとみむら……77
佐野目／さのめ……56
佐波郡／さわぐん……70
沢下条／さわげじょう……116
三遠南信／さんえんなんしん……100
三多摩／さんたま……66
三丹／さんたん……150
三野／さんの……251
山武郡／さんぶぐん……73
山武市／さんむし……72
山陽小野田市／さんようおのだし……187
山陽町／さんようちょう……192
三陸海岸／さんりくかいがん……22
三陸町／さんりくちょう……30
塩井町／しおいまち……44
塩狩峠／しおかりとうげ……16
塩瀬町／しおせちょう……174
塩庭／しおにわ……56
塩浜／しおはま……93
塩原／しおばる……251
塩山／しおやま……174
四賀／しが……126
四賀村／しがむら……111
静和／しずわ……83
七ヶ浜町／しちがはままち……24
島方／しまかた……83
島木／しまき……251
島須／します……80
島田／しまだ（熊本県）……252
島田／しまだ（新潟県）……117
島田／しまだ（福岡県）……241
島地／しまち……252
島津／しまづ……168
島本／しまもと……140
清水町／しみずちょう……109
下原／しもばる……264
下堀／しもぼり……56
下横町／しもよこちょう……209
謝名城／じゃなぐすく……272
周桑郡／しゅうそうぐん……199
城井／じょうい……264
荘成町／しょうじょうちょう……210
上信／じょうしん……66
上信越／じょうしんえつ……100
常総市／じょうそうし……68
常総台地／じょうそうだいち……66
上寺／じょうてら……252
上東／じょうとう……214
常磐／じょうばん……22
上武／じょうぶ……67
常紋峠／じょうもんとうげ……16
諸志／しょし……272
白王町／しらおうちょう……163
白沢村／しらさわむら……33
白谷／しらたに……210
城川町／しろかわちょう……199
新旭町／しんあさひちょう……156
信越／しんえつ……101
新宮町／しんぐうちょう……163
新小／しんこ……252
神郷町／しんごうちょう……192
信更町／しんこうまち……126

新斎部／しんさいぶ……45
信州新町／しんしゅうしんまち…111
真正町／しんせいちょう……113
新長／しんちょう……117
新津町／しんづちょう……132
新富町／しんとみちょう……231
神保原町／じんぼはらまち……87
新本／しんぽん……214
新宮／しんみや……117
神馬町／しんめまち……253
新横江／しんよこえ……124
須依町／すえちょう……141
菅合／すがあい……159
須賀沢／すかざわ……175
杉木／すぎき……253
杉清／すぎせ……178
杉屋／すぎや……57
杉山／すぎやま……163
砂津／すなつ……241
須原／すはら……132
須原／すばる……253
墨田区／すみだく……74
住田町／すみたちょう……24
駿遠／すんえん……101
清哲町／せいてつまち……124
井田／せいでん……241
関金町／せきがねちょう……190
関川村／せきかわむら……102
関園／せきぞの……264
関都／せきと……57
石北峠／せきほくとうげ……16
関堀町／せきぼりちょう……83
瀬ノ音／せのおと……164
仙塩／せんえん……22
仙岩峠／せんがんとうげ……22
千石／せんごく（東京都江東区）…93
千石／せんごく（東京都文京区）…94
千畑町／せんはたまち……31
釧北峠／せんぽくとうげ……17
総武／そうぶ……67
総領町／そうりょうちょう……195
薗田／そのだ……38
返吉／そりよし……45

［た行］

大栄町／だいえいちょう……190
大栄町／たいえいまち……79
大桷／だいかく……203
大紀町／たいきちょう……151
大京町／だいきょうちょう……94
代沢／だいざわ……94
大小／だいしょう……117
大信村／たいしんむら……34
大仙市／だいせんし……25
大東／だいとう……179
大東町／だいとうちょう……114
岱明町／たいめいまち……235
大雄村／たいゆうむら……31
田折町／たおりちょう……141
田賀／たが……214
高池／たかいけ……180
高尾／たかお……132
高木／たかぎ……254
高木瀬町／たかきせまち……245
高倉町／たかくらちょう……215
田嘉里／たかざと……272
高郷村／たかさとむら……34
高島／たかしま……203
高島町／たかしままち……118
高田町／たかだちょう……81
高千／たかち……118
高千帆／たかちほ……220
高津町／たかつちょう……223
高奈／たかな……160
高波／たかなみ……121
高西町／たかにしちょう……219
高浜市／たかはまし……106
高原／たかはら……265
高平／たかひら……272
高福／たかふく……204
田上／たがみ……254
高社／たかやしろ……141
高山／たかやま……265
高山村／たかやまむら（群馬県）……70
高山村／たかやまむら（長野県）……104
田川／たがわ……57
滝岡／たきおか……84
田隈／たぐま……241
竹飯／たけい……241
武島／たけしま……242
竹太／たけだ……122
武豊町／たけとよちょう……107
武野里／たけのさと……90
竹矢／たけや……265

田沢／たざわ……118
田島町／たじまちょう……97
田住／たすみ……204
立川町／たちかわまち……32
立田町／たつたちょう……164
龍山村／たつやまむら……114
田奈／たな……97
谷好／たによし……19
田根森／たねもり……39
田浦／たのうら……242
多野郡／たのぐん……70
田部／たべ……36
田万川町／たまがわちょう……196
田益／たます……215
玉野市／たまのし……186
玉野町／たまのちょう……141
玉湯町／たまゆちょう……191
田水山／たみやま……81
田原／たわら……36
築上郡／ちくじょうぐん……229
築上町／ちくじょうまち……228
筑肥山地／ちくひさんち……226
筑豊／ちくほう……226
筑穂町／ちくほまち……232
父井原／ちちいはら……215
千塚町／ちづかまち……84
千早赤阪村／ちはやあかさかむら……152
千町／ちまち……254
中主町／ちゅうずちょう……156
長生郡／ちょうせいぐん……73
長生村／ちょうせいむら……72
長陽村／ちょうようむら……235
束里／つかざと……272
摂河泉／せっかせん……150
津川町／つがわちょう……216
つくばみらい市／つくばみらいし……68
都窪郡／つくぼぐん……187
黄柳野／つげの……142
辻三／つじみつ……242
津田／つだ……254
津田沼／つだぬま……91
椿川／つばきかわ……39
坪泉／つぼいずみ……265
壺楊／つぼよう……57
津山町／つやまちょう……30
鶴岡町／つるおかまち……266
鶴ヶ田／つるけた……255
鶴沢／つるざわ……58
鶴瀬／つるせ（大分県）……266
鶴瀬／つるせ（埼玉県）……87
鶴奉／つるほう……91
手野／ての……255
寺迫／てらさこ……255
寺島／てらしま……133
天水町／てんすいまち……236
天北原野／てんぽくげんや……17
天間林村／てんまばやしむら……29
鶤和／てんわ……175
戸赤／とあか……58
樋島／といしま……58
東御市／とうみし……103
当山／とうやま……45
十和村／とおわそん……200
戸川／とがわ……87
常入／ときいり……126
徳王子／とくおうじ……224
徳吉／とくよし……243
土佐清水市／とさしみずし……189
戸島／としま……87
十島村／としまむら……232
戸部／とべ……130
富合町／とみあいまち……236
富加町／とみかちょう……105
富川／とみかわ……58
富若町／とみわかちょう……85
富清／とみきよ……266
富里市／とみさとし……72
富沢町／とみざわちょう……110
富州原／とみすはら……160
富津町／とみつまち……59
豊岩／とよいわ……39
豊岡金田／とよおかきんでん……40
豊岡町／とよおかちょう……223
豊川／とよかわ……40
豊崎町／とよさきまち……35
豊科町／とよしなまち……112
豊田村／とよたむら……112
豊能町／とよのちょう……152
豊浜町／とよはまちょう……195
豊間／とよま……255
豊実／とよみ……118
豊山町／とよやまちょう……107
鳥井／とりい……210
鳥田／とりた……266

［な行］

直川村／なおかわそん……237
中井／なかい……243
中泉／なかいずみ……59
長泉町／ながいずみちょう……105
中伊町／なかいちょう……142
中井町／なかいまち……75
中海町／なかうみまち……122
長岡／ながおか（東京都）……94
長岡／ながおか（福島県）……59
中川／なかがわ（熊本県）……256
中川／なかがわ（静岡県）……133
中川／なかがわ（新潟県）……119
名賀郡／ながぐん……156
中小松／なかこまつ……59
長貞／ながさだ……175
中三地／なかさんち……40
永塩／ながしお……256
中島／なかしま……256
中島／なかじま（愛知県）……142
中島／なかじま（新潟県）……119
長島／ながしま……36
中筋日延／なかすじひのべ……180
中曾野／なかその……210
中田／なかた……81
中楯／なかだて……45
仲多度郡／なかたどぐん……188
中田町／なかだまち……124
中津村／なかつむら……157
長門町／ながとまち……112
中泊町／なかどまりまち……23
永野／ながの……143
長野／ながの（新潟県）……119
長野／ながの（和歌山県）……180
中野区／なかのく……74
中延／なかのべ……81
中萩町／なかはぎちょう……223
中橋／なかはし……46
長畑／ながはた……267
長原／ながはら……256
長福／ながふく……211
仲間／なかま……273
中松／なかまつ（熊本県）……257
中松／なかまつ（長野県）……126
中本／なかもと……171
中屋沢／なかやざわ……60
中山／なかやま……60
長山／ながやま……257
中湯石／なかゆいし……211
名川町／ながわまち……29
長和町／ながわまち……104
和水町／なごみまち……230
名崎／なさき……82
梨小／なしこ……267
名島／なしま……211
那須烏山市／なすからすやまし……69
那須塩原市／なすしおばらし……69
灘崎町／なださきちょう……193
那智勝浦町／なちかつうらちょう……154
夏茂／なつも……46
七飯町／ななえちょう……18
波島／なみしま……271
楢川村／ならかわむら……112
成興野／なりこうや……46
成田西／なりたにし……94
成田東／なりたひがし……94
馴柴町／なれしばまち……82
南外村／なんがいむら……32
新島／にいじま……91
新鶴村／にいつるむら……34
新江木／にえき……60
荷尾杵／におき……267
西泉／にしいずみ……268
西片屋／にしかたや……46
西川町／にしかわまち……26
錦町／にしきまち……230
西木村／にしきむら……32
西坂町／にしざかちょう……168
西原村／にしはらむら……230
日勝峠／にっしょうとうげ……17
日胆／にったん……17
日豊海岸／にっぽうかいがん……226
仁摩町／にまちょう……191
二里／にり……245
抜月／ぬくつき……211
沼越／ぬまこし……61
納地／のうち……216
濃飛／のうひ……101
濃尾平野／のうびへいや……101
野栄町／のさかまち……79
野作／のさく……171
野沢／のざわ……35
野迫川村／のせがわむら……153
野田／のだ（大分県）……268
野田／のだ（福岡県）……243

野田町／のだまち……61
野鶴町／のづるまち……257
野林町／のばやしちょう……143
延吉／のぶよし……175

［は行］

羽島市／はしまし……105
橋丸／はしまる……61
蓮根／はすね……95
羽須美村／はすみむら……192
畑鮎／はたあゆ……216
秦荘町／はたしょうちょう……156
羽田町／はだちょう……36
畑野町／はたのちょう……168
幡山町／はたやまちょう……143
八開村／はちかいむら……115
八木／はちぼく……258
八峰町／はっぽうちょう……25
花上／はながみ……258
花川／はなかわ……20
花沢町／はなざわちょう……143
浜岡町／はまおかちょう……114
浜玉町／はまたまちょう……233
早宮／はやみや……95
羽吉／はよし……119
原鹿／はらしか……212
原田町／はらだちょう……220
原谷／はらだに……179
磐越／ばんえつ……23
東吾妻町／ひがしあがつままち……70
東久留米市／ひがしくるめし……75
東長原／ひがしながはら……61
東大和市／ひがしやまとし……75
久石／ひさいし……258
久木／ひさぎ……97
肥薩山地／ひさつさんち……226
久山町／ひさやままち……229
尾三／びさん……101
備讃諸島／びさんしょとう……184
菱平／ひしだいら……126
美星町／びせいちょう……193
日高市／ひだかし……71
常陸太田市／ひたちおおたし……68
常陸大宮市／ひたちおおみやし……69
日野／ひの……268
日原／ひはら……127
姫戸町／ひめどまち……236
樋目野／ひめの……40
美用／びよう……204
日吉町／ひよしちょう……237
平石／ひらいし……62
平田町／ひらたちょう……164
平田村／ひらたむら……28
平野町／ひらのちょう……223
平福／ひらふく……216
広神村／ひろかみむら……108
深安郡／ふかやすぐん……196
富木島町／ふきしままち……143
復井町／ふくいちょう……176
福稲／ふくいな……168
福重岡／ふくえおか……62
福二町／ふくじまち……82
福田／ふくだ……216
福地村／ふくちむら……29
福津市／ふくつし……227
福戸／ふくと……120
福浜／ふくはま……258
福浜町／ふくはまちょう……217
福部村／ふくべそん……190
福守／ふくもり……204
福屋／ふくや……144
福山／ふくやま……41
福良木／ふくらぎ……269
藤家舘／ふじいえたて……62
藤岡町／ふじおかちょう……115
富士河口湖町／ふじかわぐちこまち……103
藤上原／ふじかんばら……133
藤里町／ふじさとまち……26
藤城／ふじしろ……20
藤田町／ふじたちょう……181
藤光町／ふじみつまち……244
二浦町／ふたうらまち……259
両尾町／ふたおちょう……160
二ツ井町／ふたついまち……32
双葉郡／ふたばぐん……29
双葉町／ふたばまち……28
二海郡／ふたみぐん……18
双三郡／ふたみぐん……196
富津内／ふつない……41
太森町／ふともりちょう……160
舟下／ふなしも……120
船杉／ふなすぎ……63
船田／ふなだ……269
古石／ふるいし……259
古河町／ふるかわまち……122

古田／ふるた……176
古田台／ふるただい……220
古長／ふるなが……204
古野／ふるの……269
別宮／べつみや……205
宝坂／ほうさか……63
方城町／ほうじょうまち……232
鳳珠郡／ほうすぐん……102
房総半島／ぼうそうはんとう……67
飽託郡／ほうたくぐん……236
宝達志水町／ほうだつしみずちょう……102
防長／ぼうちょう……184
豊予海峡／ほうよかいきょう……226
防予諸島／ぼうよしょとう……185
北栄町／ほくえいちょう……185
北信越／ほくしんえつ……101
細野町／ほそのちょう……169
細八／ほそはち……63
細光町／ほそみつちょう……144
保塚町／ほづかちょう……94
保野田／ほのだ……169
保見町／ほみちょう……144
堀野／ほりの……47
堀船／ほりふね……95
本鹿／ほんが……205
本木／ほんき……122
本駒込／ほんこまごめ……95
本塩町／ほんしおちょう……95
本明／ほんみょう……120

【ま行】

舞川／まいかわ……36
前野／まえの……145
真神／まがみ……217
馬背畑／ませばた……269
松江／まつえ……95
松が谷／まつがや……96
松島／まつしま……120
松田／まつだ（福岡県みやこ町）……244
松田／まつだ（福岡県みやま市）……244
松野町／まつのちょう……189
松原町／まつばらちょう……217
松谷／まつや……85
松山町／まつやままち……63
真庭郡／まにわぐん……187
真庭市／まにわし……186
真宮／まみや……64
丸亀／まるがめ……270
円野町／まるのまち……124
見石／みいし……217
三方上中郡／みかたかみなかぐん……102
美方郡／みかたぐん……153
美方町／みかたちょう……157
三加茂町／みかもちょう……197
三川町／みかわまち……244
美川町／みかわまち……109
御国野町／みくにのちょう……176
三雲町／みくもちょう……155
三島／みしま……221
瑞江／みずえ……96
水岡／みずおか……91
水谷／みずたに……88
水野／みずの……259
三田／みた……127
三田川町／みたがわちょう……233
三岩／みついわ……20
御津郡／みつぐん……194
御津町／みつちょう……193
美都町／みとちょう……192
三豊郡／みとよぐん……198
三豊市／みとよし……188
南大須町／みなみおおすちょう……145
南三陸町／みなみさんりくちょう……24
峰田町／みねたちょう……220
美濃加茂市／みのかもし……104
箕郷町／みのさとまち……78
見能林町／みのばやしちょう……221
三萩野／みはぎの……244
三穂田町／みほたまち……64
宮生／みやお……270
宮加三／みやかみ……133
三養基郡／みやきぐん……229
みやき町／みやきちょう……229
宮前町／みやざきちょう……169
宮司町／みやしちょう……165
宮島／みやじま……172
宮代町／みやしろまち……71
宮地／みやち……123
宮津／みやづ……170
宮野／みやの（大分県）……270
宮野／みやの（熊本県）……259
宮場／みやば……205
三谷原町／みやはらちょう……145

宮原町／みやはらちょう……88
三山木／みやまき……170
みやま市／みやまし……227
宮若市／みやわかし……227
海吉／みよし……218
椋岡／むくおか……145
武蔵村山市／むさしむらやまし……75
睦沢町／むつざわまち……72
睦平／むつひら……146
室口町／むろぐちちょう……146
明和町／めいわちょう……151
本市場／もといちば……165
本岡／もとおか……64
本野町／もとのまち……246
本埜村／もとのむら……80
森小手穂／もりおてぼ……181
森川町／もりかわちょう……146
諸畑／もろはた……170
毛呂山町／もろやままち……71

[や行]

八金／やかね……206
八木町／やぎまち……176
八熊／やぐま……147
八潮市／やしおし……71
安井川／やすいがわ……165
八頭郡／やずぐん……186
八頭町／やずちょう……185
安富町／やすとみちょう……157
矢高／やたか……147
八千穂村／やちほむら……113
谷中／やなか……134
柳河町／やなかわちょう……82
柳谷村／やなだにむら……199
谷根千／やねせん……67
屋原／やばる……271
薮塚本町／やぶづかほんまち……78
山江村／やまえむら……231
山岡町／やまおかちょう……113
山谷町／やまがいちょう……147
山川町／やまかわちょう……197
山口町／やまぐちまち……123
山里／やまざと……273
山下／やました……212
山瀬／やませ……41
山添村／やまぞえむら……153
山滝野／やまたきの……92
山田町／やまだちょう……177
山奈町／やまなちょう……224
山辺三／やまべさん……179
山保／やまほ……125
山町／やままち……42
山本／やまもと（秋田県）……42
山本／やまもと（兵庫県）……177
山元町／やまもとちょう……25
谷和原村／やわらむら……77
良町／ややまち……260
行橋市／ゆくはしし……227
湯島町／ゆしまちょう……271
湯布院町／ゆふいんちょう……237
湯梨浜町／ゆりはまちょう……186
由利本荘市／ゆりほんじょうし……25
横芝光町／よこしばひかりまち……73
横田尻／よこたじり……47
横野／よこの……130
吉井町／よしいちょう……234
吉川村／よしかわそん……200
吉川町／よしかわちょう……170
吉沢／よしざわ……92
吉新／よししん……179
善田／よしだ……206
四ツ原／よつはら……260
米迫／よねさこ……260
読書／よみかき……127

[ら行]

陸羽／りくう……23
陸前高田市／りくぜんたかたし……24
竜岡／りゅうおか……92
竜洋町／りゅうようちょう……114
両総台地／りょうそうだいち……67
両丹／りょうたん……150
両出／りょうで……260
両三柳／りょうみつやなぎ……206
両毛／りょうもう……67
六郷町／ろくごうちょう……110
六ヶ所村／ろっかしょむら……23

[わ行]

若穂／わかほ……127
若美町／わかみまち……32
和島村／わしまむら……109
両月町／わちちょう……177
和野／わの……165

【参考文献】

『角川日本地名大辞典・全49巻』（角川書店）
『全国市町村要覧』（第一法規出版）
『市町村名語源辞典』（東京堂出版）
『コンサイス日本地名事典』（三省堂）
『市町村名変遷辞典』（東京堂出版）
『日本地名大百科』（小学館）
『平成の大合併県別市町村名事典』（東京堂出版）
『市町村名語源辞典』（東京堂出版）
『日本地名事典』（新人物往来社）
『世界大百科事典』（平凡社）
『ブリタニカ国際百科事典』（ブリタニカジャパン）
『マイペディア百科事典』（平凡社）
『広辞苑』（岩波書店）
『最新基本地図』（帝国書院）
『日本地図』（帝国書院）
都道府県市区町村の資料およびホームページ

〔著者略歴〕 浅井　建爾（あさい　けんじ）

地図、地理研究家。日本地図学会会員。青年時代に自転車で日本一周の旅行をして以来、「地理」を題材にした著作活動を続ける。著書に『駅名・地名 不一致の事典』『難読・誤読駅名の事典』『平成の大合併 県別市町村名事典』（以上、東京堂出版）、『ほんとうは怖い 京都の地名散歩』（ＰＨＰ研究所）、『京都謎解き街歩き』『知らなかった！驚いた！日本全国「県境」の謎』（以上、実業之日本社）、『日本の道路がわかる事典』（日本実業出版社）、『日本全国「駅名」地図帳』『50歳からの「青春18きっぷ」の旅』（以上、成美堂出版）など、多数。

日本全国 合成地名の事典

2017年３月20日　初版印刷
2017年３月30日　初版発行

ISBN978-4-490-10889-7 C0525

著　者　浅井建爾
発行者　大橋信夫
印刷製本　中央精版印刷株式会社
発行所　株式会社東京堂出版
http://www.tokyodoshuppan.com/
〒101-0051 東京都千代田区神田神保町1-17
電話03-3233-3741 振替00130-7-270